沈迪飞 孙洵 李璟 彭江岸

阅读与诠释学研究小组 著

阅读与诠释学

中国出版集团有限公司

世界图书出版公司
广州·上海·西安·北京

图书在版编目（CIP）数据

阅读与诠释学 / 阅读与诠释学研究小组著. —广州：世界图书出版广东有限公司，2023.5（2025.1重印）

ISBN 978-7-5232-0426-9

Ⅰ.①阅… Ⅱ.①阅… Ⅲ.①阐释学—研究　Ⅳ.①B089.2

中国国家版本馆CIP数据核字（2023）第087462号

书　　名	阅读与诠释学 YUEDU YU QUANSHIXUE
著　　者	阅读与诠释学研究小组
责任编辑	华　进
装帧设计	王　勇
出版发行	世界图书出版有限公司　世界图书出版广东有限公司
地　　址	广州市海珠区新港西路大江冲25号
邮　　编	510300
电　　话	020-34203432
网　　址	http://www.gdst.com.cn
邮　　箱	wpc_gdst@163.com
经　　销	新华书店
印　　刷	悦读天下（山东）印务有限公司
开　　本	787 mm × 1 092 mm　1/16
印　　张	16
字　　数	297千字
版　　次	2023年5月第1版　　2025年1月第2次印刷
国际书号	ISBN 978-7-5232-0426-9
定　　价	88.00元

版权所有　翻印必究
（如有印装错误，请与出版社联系）

前 言

有没有研究和指导阅读的理论？

"全民阅读"活动，是中宣部、中央文明办和新闻出版总署贯彻落实党的十六大关于建设学习型社会要求的一项重要举措。2006年，在中宣部、中央文明办、新闻出版总署等部门的共同倡导下，全民阅读活动在全国各地蓬勃开展。自党的十八大以来，开展全民阅读活动已经成为党中央的一项重要战略部署。此后在《国务院政府工作报告》和《国家"十二五"时期文化改革发展规划纲要》《国家基本公共服务体系"十二五"规划》等系列报告和规划中也多次对倡导和开展全民阅读活动、建设"书香"社会提出了明确要求。2017年6月，国务院法制办办务会议审议并原则通过了《全民阅读促进条例（草案）》。该条例旨在用法律保障公民的基本阅读权利，促进全民阅读。这一系列举措，代表着"全民阅读"已经由原先的纯民间自愿行为，上升为国家发展战略。

随着全民阅读的发展，作为一个与书结缘了七十余载的老读者，我开始思考：阅读，如果有理论，那么理论是什么，为什么广大读者不清楚？如果没有理论，那么轰轰烈烈发展到今天的全民阅读，难道不需要阅读理论的指导吗？

一、阅读路上的困惑——"寻寻觅觅"，什么是指导阅读的理论？

1. 书海泛舟七十载——寻觅指导阅读的理论

我十岁（1948）开始啃读《说岳全传》，从小学到大学，一直是个"书迷"。中学时期读《毛泽东的青少年时代》《红星照耀中国》《钢铁是怎样炼成的》《卓娅和舒拉的故事》等；大学时代读以四大名著为代表的中国古典小说和以列夫·托尔斯泰为代表的俄罗斯小说；退休后遍读西方经典小说，边读边记，写读后感40多篇。

在阅读实践中，我总是存在着一些阅读之惑，这些"惑"从感性到理性。

为什么读，读什么，怎样读？这是第一个层次之惑，是阅读过程中遇到的浅层次的问题。进而，是"推荐书目"之惑。几十年来，推荐书目何其多，眼花缭乱，不知所措，遵照哪个？英国著名作家沃尔夫名言"最好的推荐就是不推荐。"美国施瓦茨著的《读书毁了我》一书说，"阅读是对欲望的认知。"只要坚持阅读下去，每个人都会走出适合自己的阅读之路。这些说法，正确与否？再深入一步，白纸上面的那些黑字，哪里来那么大的魔力，让人泪落如雨，让人捶胸顿足，让人欲罢不能？还有更深些之惑，"一千个读者就有一千个哈姆雷特"，这种说法是否正确，为什么？人们常说的"经典"，是怎样产生的，是谁选定的……

带着这些问题求教于朋友，他们大都面露难色，少数人能说出一二，正确与否，不得而知。至于谈到从理论上进行解释，那几乎是梦想。难道这就是我们全民阅读的现状？到底有没有研究和指导阅读的理论？

2. 读国内外"书话"百册——见影而无踪

施瓦茨《读书毁了我》一书引起我从"书话"类书籍中寻求阅读理论的兴趣。我国从东汉起，开始有"书话"文体，"书之书"其实就是"书话"。其中最为读者熟悉的是郑振铎的《西谛书跋》、阿英的《阿英书话》、唐弢的《晦庵书话》。欲穷书林"千里目"，且读学海"书之书"。读国内外书话类的图书近百部，为我破解了诸多浅层次的"阅读之惑"，但对深层次的阅读理论，见影而无踪。

3. 读国内"阅读学"著作——茫然一片

20世纪80年代中期到90年代末，国内至少出版了9种关于"阅读学"的著作：1987年10月，高瑞卿主编《阅读学概论》；1989年9月，董味甘主编《阅读学》；1991年10月，胡继武著《现代阅读学》；1992年，曾祥芹等主编《阅读学原理》；1992年，洪材章等主编《阅读学》；1996年黄葵等编著《阅读学基础》；1998年，韩雪屏著《中国当代阅读理论与阅读教学》；1999年6月，王继坤主编《现代阅读学教程》；1999年，曾祥芹主编《阅读学新论》等。

我国在阅读学研究方面最著名的学者是曾祥芹教授。他曾任中国阅读学研究会会长，主编了《汉文阅读学导论》《阅读学原理》和《阅读学新论》等著作。学界公认他是中国当代阅读学的开创者和奠基人之一。曾教授著作等身，其《阅读学新论》是国内阅读学的代表作。该书可谓古今中外阅读问题的集大成者，涉及阅读的方方面面，颇有见地。全书共五编二十八章，另加导论和史论，总120节591页，可谓浩瀚巨著。读后，受益之余，总感觉似乎缺少些什么；再仔细比较，感到曾教授著作的浩瀚内容，基本上还是在"阅读"的感性范围之内，没有上升到理论高度，未能从根本上解我阅读之惑。

"阅读"和"阅读学"同"管理"和"管理学"一样，是有关系但却是完全不同的两个概念。从网上查找"管理学是什么时候出现的"，"360问答"这样讲："20世纪初科学管理兴起，管理活动古已有之。管理活动走向科学化并开始理论探讨，是从18世纪开始的。管理成为一门科学，则是20世纪初期的事。"可见，"古已有之"的管理，18世纪才开始探讨管理活动的"科学化"，而直到两个世纪之后的"20世纪初期"，管理才成为"一门科学"。其间经历了200多年的时间啊！相比之下，怎么能够阅读协会刚一成立，同时"阅读活动"就神奇般地成了"科学"而出现"阅读学"呢？

我又好奇地检索"运动"和"运动学"两个类似的概念，结果此"运动学"非彼"运动学"也！我本欲检索"体育运动"之"运动"，而出来的却是力学分支的"运动学"，检索的回答是："理论力学的一分支学科，从几何的角度研究物体的运动。"再检索"体育运动学"，没有查到。这一检索结果说明，有"运动"概念并不一定必然有相应的"运动学"概念。学术是严谨的，来不得一点模糊。

阅读和了解了国内的"阅读学"著作，但对"阅读理论"仍然是茫然一片。

4. 读国外阅读专著——触碰了阅读理论的"肢体"

再看看国外的"阅读学"吧。通过检索，令人大吃一惊，英文中并没有与"阅读学"对应的词，在各种书目中也没有发现国外出版过专门的阅读学著作。难道我们的国内学者在撰写"阅读学"著作时没有参考国外的"阅读学"书籍吗？前面的例子提醒了我，有些国内学者认为国外"有关阅读的著作"就是"阅读学著作"。概念混淆真是害人啊。

国外既然没有"阅读学"专著，我只好查找"国外阅读方面专著"：2011年版法国科学院院士斯坦尼斯拉斯·迪昂著《脑的阅读：破解人类阅读之谜》；2011年版美国玛丽安娜·沃尔夫著《普鲁斯特与乌贼：阅读如何改变我们的思维》；2011年版加拿大阿尔维托·曼古埃尔著《阅读史》；2009年版新西兰史蒂文·费希尔著《阅读的历史》。这些书使我受益匪浅。

国外虽然没有"阅读学"专著，却较早就有阅读心理学和阅读生理学著作。上述四部著作都对阅读心理学进行了论述，尤其是对"读者"做了阐释，费希尔在《阅读的历史》中写道:"最为重要的是,读者在阅读时,要把个人知识和经历与书面的句、段、篇章联系在一起,并以此生成意义。"可见,阅读时读者将个人思想融入阅读,通过想象、推理,同时进行其他许多复杂的大脑活动。沃尔夫在《普鲁斯特与乌贼》前言中认为,真正了解阅读时大脑的运作过程,会是"心理学家最大的成就,因为这将得以描述人类心灵中诸多错综复杂的运作,解开彼此纠结的现象,揭露出整个文明在历史中最了不起的成就。"这些学者认为,科学对于阅读,还有许多解决不了的令人迷惑不解的现象和许多未知的东西,曼古埃尔称这些为"阅读黑影"。在阅读不断的发展中,这些黑影将逐步消失,人类智能的进化将永不止步。

《脑的阅读:破解人类阅读之谜》一书的作者迪昂从大脑的结构到阅读的生理机制,进行了长达20年的试验和研究。口头语言约起源于5万年前,而文字约起源于5000年前;口头语言形成了遗传,而识别文字并没有花费那么长的时间形成遗传;人类的大脑早已有专门的基因组直接负责口语功能,但没有特定的基因组直接负责识字功能。不过人类的大脑具有可塑性。迪昂的研究证明:"由灵长类动物进化而来的人类大脑的神经通路可以用于书面单词的识别任务。……根据这种理论,阅读实际上是神经网络的'再利用'。"因此他对阅读学得出的结论是:"真正的阅读科学正在形成",当然他所指的不可能是全部的阅读科学,而只能是"阅读生理学"。

综上,在我国"阅读学"热之后的十多年,世界上尖端科学研究的结论仅仅是:"真正的阅读科学正在形成",而且"形成"的是阅读心理学和阅读生理学,仅触碰到了阅读理论的"肢体"。

5. 发现了诠释学——书海泛舟中一个值得纪念的日子

为什么在国外没有查到"阅读学"?难道没有"阅读理论"?不可能。有了文字就有了阅读,几千年了,怎么可能没有指导阅读的理论?那么,可不可能存在另一种情况:该理论既不称"阅读理论",也不称"阅读学",而是有其他的称呼?

2016年3月30日《深圳特区报》刊载了署名刘金祥的文章《读者是文本的生产者》。多么奇怪的标题,读者怎么能够生产文本?这不符合阅读常识,所以,引起了我的特别注意。文中谈到了国外的两本书——伊泽尔的《阅读活动:审美反应理论》和赫施的《解释的有效性》,使我产生了极大的兴趣。阅读后我才理解,他们是从读者角度谈论阅读理论的——阅读主体理论。从该文中,我发现了被称为诠释学的阅读理论，这是我书海泛舟路上一个值得纪念的具有里程碑意义的日子。

二、指导阅读的理论是诠释学

从学科范畴来看，诠释学首先是一种诠释世界各种现象的哲学。"360百科"解释为："西方哲学、宗教学、历史学、语言学、心理学、社会学以及文艺理论中有关意义、理解和解释等问题的哲学体系、方法论或技术性规则的统称。有关解释学（注：诠释学的另一称谓）的研究可以上溯到古希腊。它作为一种哲学学派形成于20世纪，第二次世界大战后在西方学术界产生了较大的影响。"

"有关意义、理解和解释等问题的哲学体系"，诠释学的这些内容已经囊括了全部的阅读理论。从起源看，诠释学源起于阅读；从发展历史看，圣经诠释和法律诠释，已经有两千多年的历史，17世纪中叶正式出现的"诠释学"名称也已经存在了三百多年。而中国出现"阅读学"概念还是20世纪80年代中期，即三四十年的事情。因为国外早已有了诠释学，而且诠释学已经囊括了阅读理论，还需要有"阅读学"吗？所以未见"阅读学"的踪影。

诠释学的宗旨和定义是"对于文本之意义的理解和解释的理论或哲学"，这不就是有关文本和读书的理论或哲学吗！它已经具有了两千多年历史的诠释实践和三百多年的学科成长，已发展成为哲学诠释学。在西方，早已成为了研究和指导阅读实践的理论；在中国，诠释学只是大学哲学系的课程，而在阅读领域却默默无闻。

七十多年阅读路上的迷惑，总算有了初步答案，七十多年的"寻寻觅觅"喜获成果：终于找到了研究和指导阅读的理论。当然，正确与否，还需要实践的考验和验证。

三、本书的由来

我联络了三位热爱阅读的志同道合者（即本书的四位作者），于2016年12月17日发起组成了"诠释学与阅读读书小组"，每周六下午活动一次，内容就是学习和讨论国内外诠释学著作。

从2016年至今，我们小组阅读和讨论以及我们个人阅读的国外诠释学著作：

美国赫施《解释的有效性》、法国利科《诠释学与人文科学》、德国耶辛《文学学导论》、德国姚斯《审美经验与文学解释学》、德国伽达默尔《真理与方法》《科学时代的理性》、加拿大让·格朗丹《诠释学真理？——论伽达默尔的真理概念》、意大利艾柯《误读》《诠释与过度诠释》和《别想摆脱书》、哈佛大学戴联斌《从书籍史到阅读史》，以及洪汉鼎译编的《理解和解释——诠释学经典文选》等十多部。阅读的国内诠释学著作：洪汉鼎编著4本《当代西方哲学两大思潮》《诠释学——它的历史和当代发展》《文本、诠释与对话》《现象学十四讲》、何卫平《解释学之维》、殷鼎《理解的命运》、张鼎国《诠释与实践》、潘德荣《诠释学导论》《西方诠释学史》以及《中国诠释学》丛书中的有关文章等。我没有想到，这些书基本上解决了多年萦绕在我头脑中的"阅读理论之惑"。

阅读和讨论之余，小组成员分头写心得、体会以及读后感，再拿到小组会上讨论、修改，由此逐步形成文章。当看到国内全民阅读开展得如火如荼，但尚缺乏相关阅读理论的指导，就萌发了将小组成员的文章奉献给全民阅读的念头，以此为阅读理论的普及略尽绵薄之力。尽管我们是初学者，水平有限，但作为抛砖引玉，还是值得的。欢迎读者们批评指正。

沈迪飞
2022年12月5日

目录 CONTENTS

第一部分　理论和历史篇 ……………………………… 1
1. 诠释学的起源 ……………………………… 李　璟　2
2. 诠释的普遍性 ……………………………… 沈迪飞　13
3. 经典是什么？ ……………………………… 李　璟　27
4. 看不见的历史，看得见的效果
　　——哲学诠释学"效果历史意识"释义篇 ………… 孙　洵　35
5. 谁都无法摘下的"有色眼镜"
　　——哲学诠释学为"偏见"正名 ……………… 孙　洵　43
6. 体验：通往理解彼岸的桥梁
　　——哲学诠释学"体验"释义篇 ……………… 孙　洵　49
7. 水中月
　　——《文学理论》视角中的诠释学 …………… 孙　洵　56
8. 理解必须涤净一切"先入之见"吗？ ………… 沈迪飞　65
9. 因阅读而源起的诠释学在改变着哲学 ………… 沈迪飞　75
10. 诠释学历史上诠释重心的三次转移 ………… 沈迪飞　84

第二部分　代表人物篇 ……………………………… 93
1. 哲学诠释学的创始人——伽达默尔 …………… 孙　洵　94
2. 海德格尔与诠释学的存在论转向 ……………… 李　璟　100
3. 诠释学之父——施莱尔马赫 …………………… 李　璟　106
4. 哲学诠释学的先驱——狄尔泰 ………………… 李　璟　112

5. 当代法国诠释学家保罗·利科 ………………………… 李　璟　117
6. 贝蒂：作为精神科学一般方法论的诠释学 …………… 李　璟　122

第三部分　指导阅读篇 ……………………………………… 125
1. 从文字记录本身的多义性特点看误读的必然性 ……… 沈迪飞　126
2. 文本、作品与阅读 ……………………………………… 彭江岸　135
3. 诠释学与间距 …………………………………………… 沈迪飞　141
4. 诠释学与语言 …………………………………………… 沈迪飞　148
5. 你永远不能两次浏览同一本书 ………………………… 沈迪飞　156
6. 误读的生成机制和意义 ………………………………… 沈迪飞　159
7. 诠释学发展中形成的四种阅读理解模式 ……………… 沈迪飞　173
8. 没有最好的导读和解读 ………………………………… 沈迪飞　179

第四部分　应用篇 …………………………………………… 189
1. 远古神话
　　——民族之根、国民之魂 …………………………… 沈迪飞　190
2.《荷马史诗》的诠释 …………………………………… 沈迪飞　206
3. 从昆曲《牡丹亭》到伽达默尔哲学诠释学视域下的戏剧观
　　——对青春版《牡丹亭》的诠释 …………………… 孙　洵　222
4. 湘西印象
　　——哲学诠释学"效果历史"和"前理解"概念的应用篇
　　……………………………………………………… 孙　洵　236

第一部分
理论和历史篇

 诠释学的起源

李 璟

诠释学是从西方翻译过来的名词,又译为阐释学、释义学和解释学,德文原文是Hermeneutik,英文为thehermeneutics,这个词的意思是(对书面文本的)解释学,阐释学;解经原则。诠释学是西方哲学、宗教学、历史学、语言学、心理学、社会学,以及文艺理论中有关意义、理解和解释等问题的哲学体系、方法论或技术性规则的统称。有关诠释学的研究可以上溯到古希腊。它作为一种哲学学派形成于20世纪,第二次世界大战后在西方学术界产生了较大的影响。

一、词源和翻译

"诠释学"一词的词根hermes就来自古希腊语,意为"神之消息"。来自希腊神话中的神使Hermes(赫尔墨斯),他往返于神人之间,传达神的信息,即神谕(oracle),因为诸神的语言和人类不同,赫尔墨斯的传达并不是简单的复述,而是需要翻译和解释。前者把诸神的语言转化成人类的语言,后者则对诸神的模棱两可的指令进行疏解。伽达默尔在《古典诠释学和哲学诠释学》中写道:"诠释学的工作就总是这样从一个世界到另一个世界的转换,从神的世界转换到人的世界,从一个陌生的语言世界转换到一个自己的语言世界。"

曾经有学者建议将thehermeneutics译为"解经学"或"释经学",因为词源涉及的人物Hermes主要是传递神的信息,从这个角度考虑,这个译法确实更妥当。但是"解经学"或"释经学"是用来翻译"Exegesis"的,而"Exegesis"的课程在各神学院中已开设多年,虽然解经学是诠释学发展中的一个阶段,但仍不应该将两者混用。其次,希腊神话中的诸神与圣经的神也大有差别,传递诸神的

信息与解释圣经的意义也不能相提并论。

也有学者将thehermeneutics译为"解释学",理由是"解释"包含了理解和解释两层意思,而"诠"也是解释的意思,"诠"和"释"可以合并为释。它们的共同点是都包含解释的意思,但我们翻译一个外来词时,不仅要考虑它本来的意思,也要综合考虑相关中文的源头和使用环境。

诠:具也(《说文解字》);择言也(《类篇》),又解喻也;具说事理也(《音义》)。解:解其四肢也(《注》);释也(《玉篇》)。可见从起源上来说,"诠"有详细解释事物的原理的意思,"解"最初的意思为用刀分解四肢,引申为让意思释放出来。

含"解"的古诗词:

何以解忧——魏晋·曹操《短歌行》

轻解罗裳,独上兰舟——宋·李清照《一剪梅·红藕香残玉簟秋》

解佩纕以结言兮,吾令謇修以为理——先秦·屈原《离骚》

虽体解吾犹未变兮,岂余心之可惩——先秦·屈原《离骚》

解落三秋叶,能开二月花——唐·李峤《风》

不解藏踪迹,浮萍一道开——唐·白居易《池上》

含"诠"的古诗词:

尔雅言言熟,传灯字字诠——明·徐威《中秋咏怀借杜子美秋日述怀一百韵和寄柳州假鸣桑先生》

十二部诠如说梦,百千万佛若空花——宋·释印肃《偈颂三十首其一》

教通方便入,心达是非诠——唐·李绅《题法华寺五言二十韵》

不空不有貌难诠——元·王吉昌《定风波·功炼心开智藏圆》

年来向浊世里,悟真诠秘诀绝幽深——宋·陆游《木兰花慢·夜登青城山玉华楼》

日哦二木间,妙意遗言诠——宋·陈棣《次韵葛教授新辟柏桐轩》

词源和传承有重要的参照意义,但是语言是动态的发展过程,在现代的使用方式是更为重要的。在《现代汉语词典》中,"解"(jiě)的基本意义包括:分开;把束缚着的东西、系着的东西打开;解除;解释;了解,明白等。"解释"的意义:分析阐明;说明含义、原因、理由等。"诠"的意义:诠释;事理,真理。"诠释"的意义:说明;解释。从字面上看差别不大,我们还要考虑这两个词的使用习惯，解释一词用得较多的是对行为、名词、法条等进行分析或说明，诠释往往用在对某种精神或艺术进行诠释。下面是某报纸在报道中分别含有"解释"和"诠释"的新闻标题。

含"解释"的新闻标题：

苹果双向无线充电：官方解释可给Apple Watch充电

电讯报：不支付萨拉转会费，卡迪夫城将向FIFA解释原因

原来是这样！单霁翔解释故宫为什么卖口红

苏大强什么时候老年痴呆的？他的"作死"有了合理解释

含"诠释"的新闻标题：

《青春斗》首播热度高，盖玥希诠释"别人家的孩子"

《让我听懂你的语言》邱泽诠释至情至性的人物亮点

杭州绿道诠释城市品质

用生命践行信仰，用行动诠释忠诚

吉克隽逸万丈豪情诠释《九万里风鹏正举》

从语言使用习惯这个角度看来，上述例子中的"解释"有从文本或事件多种可能性中给出确定的意义，"诠释"有对精神或者艺术进行了深入的理解，并通过行为、表演等方式进行再现的含义，而现代诠释学将理解和诠释当做研究对象，不做评价，由此可见"诠释"更贴近。

二、古代不同的诠释形式：从梦境到法律

早在人类远古文明时期就已存在如何理解卜卦、神话、寓言意义的问题，古希腊时代亚里士多德的学说已涉及理解和解释的问题。潘德荣和齐学栋两位先生的《诠释学的源与流》（登载于《学习与探索》1995年第1期）一文中指出诠释学的直接源头有两个：一是自古希腊以来的语言学传统和逻辑思想；二是基于这一传统的宗教教义学的发展，以及宗教法律理论的发展。西方诠释学的源头可以追溯到神学和历史语言学，也就是《圣经》解释和希腊罗马古典著作解释这两个评注传统。当时，人们已把如何使隐晦的神意转换为可理解的语言的研究看作一门学问。人们早已认识到理解并非轻而易举就能获得，在外表和实质之间、文字和意义之间都有差距，必须通过一定努力，也就是诠释的行为，才能理解。

Richard E. Palmer教授在《不同流俗的西方诠释学史》（中文版登载于《哲学与文化》三十五卷第二期，2008.2）中，全面性统摄了诠释学史，有别于当代一

般针对个别领域的诠释学研究。他从古埃及、希腊罗马神话、圣经诠释、新教发展、解放神学，直至当代拉丁美洲的解放神学等，阐释了各式重要的诠释形式。下面参考此文，结合中西方古代出现的各种不同诠释形式，从古代梦境诠释开始，并扩展到古老时代中某些文本诠释的类型。

1. 梦境诠释

因为梦境并非文本，梦境诠释从理论上来说并不能成为诠释学的一个类型。但对梦境的解释则是文本，而从古至今，从西方到东方，对这些梦境文本也已有着各式各样的诠释方法，这些与古代其他文本的诠释系统相对照，起到一个参考作用。

梦境诠释是最早的诠释形式之一。公元前2000年，埃及就有一个诠释梦境的手册。因为是用图画式的象形文字所写下的，因此很难破解。古希腊思想家斐洛（Philo，前30—40）留下了《论梦》等一些关于梦的文本或手册，但公元2世纪的希腊学者，阿特米多鲁斯（Artemidorus）所作的《解梦》一书，则是从古代留存下来最全面理解梦境的字典。

从殷人甲骨文占卜史料及《周礼·春官》推测，中国人至少在商周时期就开始对梦归类："占梦，掌其岁时，观天地之会，辨阴阳之气，以日月星辰占六梦之吉凶，一曰正梦，二曰噩梦，三曰思梦，四曰寤梦，五曰喜梦，六曰惧梦。"春秋战国至秦汉，沿用周朝的分类法。中医学巨著《黄帝内经》，论述了五脏气虚之梦、十二不足之梦、十五盛之梦等。汉代重新对梦进行了分类。东汉王符在《潜夫论》中说："凡梦有直、有象、有精、有想、有人、有感、有时、有反、有病、有性。"

中西梦境意象解读对比

梦境意象	《解梦》	《周公解梦》《敦煌解梦书》
光或光源	蜡烛：看到一支被点亮的蜡烛，预示一个新生命的诞生；展示一个点亮的蜡烛，预言满足与兴旺；昏暗微弱的蜡烛显示病痛、悲伤或迟延	天当照身疾病除。日光入屋宜位至。见独者主大发财。灯烛光明主大吉
树	硕果累累的果树：一个恒长欢乐与兴旺的梦	立树下贵人庇荫
吃饭	梦到在吃饭预示将受到良好的教诲	与人吃饭富贵至；饮食者，主哭泣事；与人吃蜜大言利

续表

梦境意象	《解梦》	《周公解梦》《敦煌解梦书》
桥	会见到某人、成功的许诺、应有转机;断桥:恐惧与麻烦,以及面对一个未知的路因而却步的警告;从桥上坠落表示将有脑伤	修桥梁者万事通,见渡桥主有官事,桥上生主禄位至,见桥坏主有官事,携手土桥妻有孕,桥过诉讼得理,新造桥者大相合,桥断者主口舌,桥路上住者一皆凶

东西方古代的论梦的书聚焦于梦境中的图象及其象征意义,而生动的梦通常可以诠释为预示未来。

2.《荷马史诗》的诠释

女神啊,请歌唱佩琉斯之子阿喀琉斯的致命的愤怒,那一怒给阿开奥斯人带来无数的苦难,把战士的许多健壮英魂送往冥府,使他们的尸体成为野狗和各种飞禽的肉食,从阿特柔斯之子、人民的国王同神样的阿喀琉斯最初在争吵中分离时开始吧,就这样实现了宙斯的意愿。

——《荷马史诗·伊利亚特》

古希腊人为后代留下两部光辉的长篇史诗《伊利亚特》和《奥德赛》,相传是由古希腊盲歌手荷马创作,因而统称《荷马史诗》。《伊利亚特》叙述的是古希腊人与特洛伊(又译作"特洛亚")人之间的一场战争。神话传说把这场战争的起因归结于希腊神明之间的争端,又波及凡人。《奥德赛》叙述的是特洛伊沦陷后,希腊军队的主要将领之一奥德修斯返回伊萨卡岛上的王国,与妻子珀涅罗珀团聚的故事。《荷马史诗》是古希腊最伟大的作品,反映荷马时期的社会、生活、民族等状况,被称为"希腊的圣经"。

远征特洛伊是希腊人第一次大规模的集体行动,从现在的研究看,史诗所描绘的特洛伊战争早在迈锡尼灭亡之前就已经在流传,反映了这些不同王国、部落和分支的希腊人之间存在彼此认同。这次行动打破了过去部落间彼此隔绝的状态,同时也促进了他们的交往和融合,在共同的军事行动和经济利益面前,产生最初的民族感情萌芽也是自然而然的事情。从历史发展看,这次远征也成为后来希腊人的共同的历史记忆,成为把他们凝聚在一起,团结一致对外的历史根源,象征着希腊人具有了初步的民族意识。

口语诠释是最早的诠释形式之一。《荷马史诗》的第一个诠释者就是吟唱诗人,他将荷马诠释给希腊,定义了怎样才配称之为希腊人:强壮、英勇、勇于冒险,但同时温柔、敏感而有时又很难缠。《奥德塞》中的英雄人物奥德修斯,就是一个总是能够从困境中找到出路的角色。他发明了特洛伊木马，让希腊人得以在十年的战争之后攻克特洛伊人。诗人的诠释，让后来的希腊人了解到：希腊人善于发明，他们建造了能航行于地中海的大船，但他们也同样狡猾。

然而，随着希腊人越来越聪敏狡黠，看事情越来越科学，荷马和赫西俄德的故事就显得越来越不可靠。以人类形式造就的诸神之殿、诸神间的不合、彼此欺骗、攻讦其他诸神与人类等，就变得越来越难取信于人。因此当荷马史诗的传唱要在希腊文化中诠释时，如果保留这些史诗就必须找到某些方法，但决不能用他们刻画诸神所用的字面看法，为此他们在寓言中找到解决之道。在《伊利亚特》的第六书中诸神间的拔河故事，宙斯站在绳索的一边，而所有其他诸神则在另外一边，就显得太古怪而不可信，宙斯夸口他们永远也赢不了他，而他们也的确办不到，诸神间并不可能有这样的行为。所以勒贝克在他的书《荷马的黄金锁链》提出希腊人重新诠释这个故事，乃是以用战争中彼此的生理因素作为一个寓言，即神性的尊贵超乎所有的生理因素，但战斗的诸神却以彼此的生理元素加以刻画。

寓言风格受到希腊人与腓尼基的影响，一直延续到基督宗教的诠释，在诺斯提学派新柏拉图主义乃至早期和晚期的基督圣经的诠释中都可以发现。

3. 古希伯来的诠释

希伯来人最初居住在阿拉伯半岛东南部，后经两河流域迁到巴勒斯坦。他们是游牧民族，在迁徙过程中与两河流域的农耕民族和地中海的海上贸易民族发生过碰撞。特别多灾多难的犹太民族，对于灾难有着一种特殊的、无与伦比的记忆力。《旧约圣经》中充斥着关于灾难的描写，这是古希伯来文学与世界其他民族古典文学的显著区别。在希伯来人的心灵中酿成一种带有强烈排他性质的民族情绪和团结统一的希望，反映在宗教上，就是对唯一真神的尊崇。公元前6世纪的巴比伦之囚后，在其亡国灭种的危急之时，摩西为了统一人心，团结一致，便假借上帝的名义，定出历史上著名的"摩西十诫"。这样，一神教在历史上第一次以一种契约的形式被提了出来。希伯来传说神话整理汇编在犹太圣典《圣经·旧约》中，更是宗教教义的汇编，能抓住希伯来人的精神世界。

犹太早期对文本口语的批注几乎从一开始就有了，由一个祭司用口语的方式传给另一位祭司的方式保留下来。这样的方式也逐渐发展成为一种书写体的评注文体"哈加达"。当时的犹太教除《妥拉》成文律法外，还有数百年来拉比诠释律法而形成的大量的"口头法规"。在犹大亲王的主持下，把自以斯拉时期以来一直收集的所有关于律法的评论汇集在一起，加以分类、整理和补充，经20多年时间，编成一部希伯来文巨著——《密什那》。《密什那》编成之后，犹太人生活与学习的中心渐渐从加利利移向巴比伦。自公元前596年，不少犹太人一直生活在那里。巴比伦的一些犹太教学者认为《密什那》有其局限性，因为它的许多解释只适于巴勒斯坦传统，没有结合巴比伦的实际情况，他们便着手整理这些补充材料，并进行诠释，终于在公元5世纪末编成另一部阿拉米文的口传律法释义汇编《革马拉》。在绝大多数《塔木德》"回"形或"L"形的"天书"经文里，一般都以一段短小的"密西拿"开始，而后面跟上篇幅不一但却经常很冗长的"革马拉"，版面的周围为犹太释经家拉什的评注，还有对拉什所评注的再评注，即是《补遗》。这就形成一层又一层评注的图象，此图象围绕在原始的文本，即《密西拿》经周围，这是一个持续更新与诠释的过程。这样做法使得《密西拿》得以透过批注，而今天仍然可以理解并切合实际。

尽管这些评注都是诠释学（诠释）的产物。诠释学本身的恰当主体，还是应当由专论所构成，而能为诠释提供指导。传统上有R.Ihsmael的"托拉解读十三法"以及著名的四层解读法。也就是说圣经的文句有四层含义：浅白的意义，即字面的或历史的意义；暗示的意义，即比喻的或道德的意义；引申的意义，即教义教规；最后是神秘的意义，即隐晦之教诲。这就是一个对神圣文本合宜的诠释规则。

4. 罗马对法律的诠释

古罗马对人类文明贡献最大的莫过于它的法律，以至于罗马法系后来成为西方近现代立法的基础和来源。而罗马法中从它第一部成文法《十二铜表法》的诞生到早期共和时代结束时的《李锡尼·绥克斯图法案》《霍腾西阿法案》和《彼提利阿法案》等的制定，再到东罗马帝国时代《查士丁尼法典》的颁布，无一不是强调公民的权利和义务的平衡问题。罗马法律中的"人权"观念浓厚，自然有其自身内在的因素，但罗马文化受古希腊的文化影响很大却是人所共知的。如前所述，希腊文化的某些方面又是受包括希伯来犹太上帝文化在内的东方文化所创造出的高度文明影响的，尤其是罗马法中的"法"与"权"相连的"法权"观念，实质上是罗马社会商品生产、交换和竞争的权利的反映。

尽管通常法律的诠释并未包含在传统的诠释学中，伽达默尔就将其视为当今将文本应用于特殊案例的一种应用实例。他某部分的论证方式，就是了解一文本就是视其如何应用在当今的情况。所以我在此简短地提及古代的法律诠释，特别是古代的罗马历史中的法律诠释。

虽然古典时期的罗马法起源可以回溯到《十二表法》，约公元前450年。公元528年的《查士丁尼法典》成为中世纪及其后所有欧洲国家的法律基础。此法典还包含了法律诠释的教本，使之够资格成为法律诠释的范本。《查士丁尼法典》被分为四部分：（1）法规汇编，作为学生与律师的教科书。（2）整理摘要，作为一种包含了许多审判与判决的案例手册。（3）法典本身：法令与法则的编辑。（4）草案，则是一些构想中的法律。

由此可见，《查士丁尼法典》不只是一套法律，更是一套这些法律如何被诠释的教本，从而建构了法律诠释的范本。事实上，这样的模板乃是西方文明最早的范本。它不仅留下了宪法的风格的基本法则与原理，而且为未来可能适用的法律，提供了特殊的案例和解释的图释。其后，根据这些所诠释的宪法与教科书，也会在西方的法律诠释中建构起后世的档案文件。

5. 早期基督宗教圣经的诠释

要如何正确理解基督宗教圣经文本一直是个大问题。古代教会内部形成两个重要的思想派别：一个活动于埃及的亚历山大城，倾向于对圣经进行寻求其超字面意义即隐喻意义或象征意义的阅读；另一个活动于叙利亚的安提阿，对释读经卷的字面意义更感兴趣。安提阿（Antioch）学派，因为从来没有背离圣经文本的文意解释而受到偏爱。亚历山大学派则因为寻求灵性的意义而超越了文本表露的意义。安提阿学派一度赢得不少追随者，但亚历山大学派以其灵活随意的隐喻解经法对后世形成更大冲击力。

对后来的诠释有着重大影响的是罗马帝国时代最杰出的教父思想家奥古斯丁（354—430），他算是亚历山大学派的继承者，笃信"字句是叫人死，精意是叫人活"，强调领悟圣经须与实践教义相结合，注释经文须以贯彻神学信仰为原则。他的释经理念进而确定了中世纪的释经路线。他把新柏拉图主义哲学和基督教神学完美融合，体现出拉丁基督教神学的成熟模式。他对大量经文做过注释，还写出一部释经理论著作《论基督教教义》。这本书不仅提供了规则，还结合了他那个时代的古典修辞学传统以及教会传统。他本人是教授修辞学的老师，他维护古典哲学资源的运用来支持真实性的解释。

他说："同样的，关于象征性的表达，我们可以观察到如同以下所言的一条规则，即小心地倒转回到我们的心灵，并思索我们所读到的，直到找到一个诠释，这个诠释能够趋向于建立爱的国度（reignoflove）。现在，如果采取文意上的解释，立刻给出了这样形态的意义，这样的表达就不要用象征的意义来考虑"

(《论基督教义》，第三册，16节）。第三册的最后一部分，奥古斯丁曾讨论了七个批注规则，他本人也写下了《创世纪》(Genesis)、《诗篇》(Psalms)、《约翰福音》以及《圣经》中其他部分的诠释。

奥古斯丁也论证了对《圣经》文本的多层面阅读，而反对只求其单一意义的僵硬思维。他探讨了"直接记号"和"象征性记号"的差异，试图兼取亚历山大学派和安提阿学派之长，开拓出一种能兼容字面意义和超字面意义的诠释学视野。如，他称"对于比喻的表达，如下原则应予以关注，即人对所读文本须进行细致思考，直至确立一种能抵达爱之王国的阅读。但若那文本听起来似乎是在其适当的字面意义上运用的，则其表达就不必依据比喻处理"。

总之，奥古斯丁对后世诠释学发展史上的许多理论，乃至当代语言学和符号学的某些观念都有预见。他将明察与盲目、机敏睿智与文化偏见奇特地融会起来，在西方文化史上留下一个深深的足迹。

6. 孟子的《诗经》诠释方法

中国文化以儒家为代表，其正统的学问就是经学。《诗经》是五经之首，是中国古代诗歌的开端，是最早的一部诗歌总集。它收集了西周初年至春秋中叶（前11世纪至前6世纪）的诗歌，共311篇。《诗》三百的出现与结集可以追溯到西周时期，然而东周中后期的礼崩乐坏却使得《诗》的经典性地位不再，《诗》逐渐从燕享会盟、礼乐教化的列国公卿生活中淡出。而孔子的出现，又使得《诗》重新回到了人们的视野，其经典地孔子于六经之中最重《诗》的原因之一，正是在于孔子把《诗》视为礼乐制度的重要载体。

孔子曰："志之所至，《诗》亦至焉；《诗》之所至，礼亦至焉。礼之所至，乐亦至焉；乐之所至，哀亦至焉。哀乐相生，是故正明目而视之，不可得而见也。倾耳而听之，不可得而闻也。志气塞乎天地，此之谓五至。"

在中国解经史上，历代儒者注重的是对经典的注疏与解释，较少有学者系统地阐发如何读经的方法论问题。孟子（公元前372？—前289？）作为继孔子之后的大儒，专门探讨过经典的诠释原则，尽管从当代诠释学的视野来看，缺乏集中的、成体系的表述，但其解经观念构成了儒家经典检释学的重要思想资源，对后世学者产生了深远的影响。

孟子在谈论如何解读《诗经》时，提出了"说诗者，不以文害辞，不以辞害志。以意逆志，是为得之"的主张，后世称之为"以意逆志"法。作为孟子提出的《诗经》诠释原则，"以意逆志"构成儒家的重要解经方法，为后代许多儒者所继承。值得注意的是，孟子在论及如何解读《诗经》《尚书》时，还提出了另一条诠释古代文本典籍的方法,"知人论世"法。但孟子提出该方法,原指与古人的相友之道,后代的注解也大多指出它是"尚友"(与古人为友)的原则,而不是"论诗"的原则。只是对此加以逻辑和理论的引申之后,它才会是一条诠释原则,因此历代学者论及"知人论世"法,大多是从"交友"的脉络中引申出孟子如何颂诗读书的问题。

"以意逆志"的诠释原则,具体而言,就是"说诗者,不以文害辞,不以辞害志。以意逆志,是为得之",即"文""辞""意""志"。关于"文",历代有两种解释:一作"文采""雕饰";一作"字""词"。通常而言,此二训皆能说通。而对于"辞"的含义,较少争议,解为"篇章",或指"词句","辞"是指(《诗经》)辞句(篇章 sentence)的字面意义。至于"志",孟子在此处提及两次,历代学者通常都解释为作者之"志",有当代学者指出"'志'是文本的意义,也是作者所赋予的意义"。在这里,可以看到,"志"前后的含义,分别指的是"文本的意义"与"作者所要表达的主观意图"。对于这两个层面的含义,不同于当代西方诠释学对于"文本的文义"与"作者的原意"的区分,历代的批注通常是将两者混同。而从孟子的本意来看,他也是以寻求"作者之志"作为文本诠释的旨归,认为两者的界限不明显,彼此尚未发生当代西方诠释学视域中的"间距"(即利科指出的文本意义与作者原意之间存在着诠释学距离)。对于"意"的解释,争议最多,历代的注解有四种:一是解为读者之"意";二是解为作者之"意";三是解为文本之"意";四是解为读者对于文本准确理解之"意"。

"以意逆志"法作为孟子诠释《诗经》的主要方法,其"不以文害辞,不以辞害志"的准确含义是指对《诗经》文本"部分"(文辞)之意义的解读,不能仅从其字句的字面意思来了解,而应通读诗句的"整体"之意,从诗歌的整体语境与意蕴出发,解读"部分"之意,这样才不偏离作者的原意,即"不以辞害志"。"以意逆志"所批判的是"断章取义"的读诗方法。所谓"断章",就是不考察"辞"(text)的"终始"(context),把篇章割断为文字的片段,只管文字片段的意义,而不顾篇章整体的意义。

三、结语

审视古代这些不同类型的诠释学史,我们会发现它们有共通之处。当文本以当时流行的世界观来看而无法理解时,诠释是需要的。

梦境文本无法让人明白它的意义，除非有一位诠释家出来阐明，而他通常以寓意的方式诠释。作为希腊文明基础的荷马文本，如果以哲学与科学的思考将会产生问题，因为荷马笔下所描写的诸神的奇异故事是不合常理的，所以他们求助寓意法，以现今如何看世界的方法调和早期神明的故事。面对创世纪的故事，也采取相同的做法，因为若按文意的历史来理解，则无法使人信服。

古代希伯来人的诠释环绕在带有注释的神圣文本。相同的情形也发生在罗马法律的诠释上，先是《十二表法》的发明，之后法官必须据以诠释现在的案子，后来演变成根据《查士丁尼法典》来诠释。对于早期基督徒的《圣经》诠释，从教会初期以来一般的策略是接受文意的含义，奥古斯丁建议若文意的含义不能使人明白，就可以使用寓意的含义，他认为寓意的含义有着道德层面或精神层面的含义，就好比人有肉体、灵魂与精神，所以文本也有着文意、道德与精神层面的含义。

现在，从历史发展来看，文本的情况不一，但是诠释的任务仍是将它的意涵带到现在。梦境对做梦者的生活有作用。法律必须应用到特定的案例，或是，法律的问题必须实现它们的用处。文学必须借由言词的背诵与意义的掌握，来与生活发生关系。而圣经文本，是否为文意或寓意，都必须对听者此时此地发生意义。

 **诠释的普遍性**

沈迪飞

我在阅读的过程中发现了诠释学,开始读诠释学有关著作的时候,只是为了解决阅读中作者、文本、读者以及写作语境、阅读语境等问题。我经常看央视四套中国文艺"向经典致敬"栏目,评论家们在评论中常常谈到歌唱家如何用他们的歌声"诠释"音乐作品,演员如何用他们的表演"诠释"英雄人物,演奏的艺术家们如何用他们精湛的技艺"诠释"音乐作品,等等。几乎所有的评论都谈到诠释对原作品具有创造性,称为"二度创作",如阅读理解对作品,歌唱和演奏对乐谱,舞者对舞蹈原创,演员对剧本,等等。

通过进一步的阅读,我发现"诠释"一词的应用很广泛。如,小学六年级语文书中《最后的姿势》课文:"谭千秋,一位普通的老师,他用自己51岁的宝贵生命诠释了爱与责任的师德灵魂。"陕西党建网有一句话:"用生命诠释初心。"山东旅游网:"青岛即墨:特色农旅诠释新山水经。"2016年全国两会期间,大庆集团公司党组提出四个诠释——"用担当诠释忠诚,用实干诠释尽责,用有为诠释履职,用友善诠释正气。"贝多芬最优秀的当属他的交响曲,九大交响曲每首都堪称不朽之作,其中最经典的当属第三"英雄"(最佳诠释者:克莱姆佩雷尔);第五"命运"(最佳诠释者:C·克莱伯)等。由此看来,"诠释"一词的使用已越来越普遍。到底什么是"诠释"?

一、"诠释"概念

对概念的了解,应该追根溯源,本文引用了"360百科"和汉语字典对"诠释"的解释。

1. "360百科"对"诠释"的解释

"指说明;解释;对一种事物的理解方式;或者是用心感受的一种方式,一种方法。也可理解为:对某事的讲解、证明。"

(1)基本解释

①加进书中的一段评论或解释性的文字。②解说;解释;阐明。

(2)引证解释:指说明;解释

①(唐)颜师古《策贤良问》之一:"厥意如何?伫问诠释。"

②(清)何琇《樵香小记·河图洛书先天后天》:"夫天下之事理,未有离其本始者,其诠释经文,乃全不从是生义,抑又何与?"

③阿英《敌后日记·停翅小撷·八月三十一日》:"依具体事实,详加诠释。"

④《读者》2015年第12期《私房钱效应》:当然,谚语也不能免俗地提到私房钱效应;"怎么来,就怎么去"这堪称此现象最真实的诠释。

⑤灵遁者诗歌《诠释》:遥遥而忘,再三踟蹰,对于这个世界的诠释,我不是只会疑问,也不是觉得简单,最终只有热泪盈眶。

2. 汉语字典对"诠"字的解释

(1)基本解释

①解释:诠解。诠注。诠释。诠证。诠言。诠次(a.条理、层次,如"辞无诠次";b.选择和编排,如"诠诠不精,致有差异")。

②事物的理:发必中诠(说出话来必定符合事理)。诠有专长。博诠多才。

③分门别类的、有系统的知识:诠说。哲诠。数诠。诠序。诠补(编次和补齐)。

(2)详细解释

①本义:详细解释,阐明事理。

②同本义:东汉许慎撰《说文》诠,具也。东汉末服虔撰《通俗文》释言曰诠。西汉皇族淮南王刘安及其门客集体编写《淮南子·诠言》,诠言者谓譬类人事相解喻也。

③又如:诠言(阐明事物意义、诠释人世真理的言论);诠证(依据事实加以解说);诠疏(诠释疏解);诠明(解释、说明);诠旨(阐明要旨);诠表(解释与表达);诠发(解释发明)

④通"铨"。权衡;考虑;比较。如:诠度(权衡度量);诠较(权衡比较);诠订(评判考订);诠评(评议);诠笔(评判文章的优劣);诠量(评判衡量);诠

藻（品评；衡量）。

⑤通"铨"。选择。如：诠录（选择录用）；诠授（选授官职）；诠简（选拔）；诠拣（选择）。

3.《康熙字典》对"诠"字的解释

《康熙字典》："诠，谓具说事理也。"如杨树达的《词诠》是解释文言文的，它属于古籍注释体例之一，其他的还有传、注、笺、正义、义疏、义训。《说文》释言曰："诠：诠解、诠注、诠释"。

补充：《类篇》择言也。又解喻也。《晋书·武陔传》文帝数与诠论。《陈书·傅缒传》言为心使，心受言诠。东汉赵晔撰《吴越春秋》惟夫子诠斯义也。
【注】择言也。

4. 从"诠释概念"的引证中得出结论

英文"Hermeneutics"在我国有四种翻译法：解释学、阐释学、释义学和诠释学。解释一词是指分析阐明和说明含义、原因、理由等；阐释的意思是解开疑问，答疑，让人明白；释义是指解释词语或文章的意义。

从上述对"诠释概念"的引证中可以得出结论："Hermeneutics"应该翻译为"诠释学"。理由很清楚：

第一，"诠"字和"诠释"一词，古已有之，仅就前面的词语解释就可以追溯到东汉时代。《吴越春秋》是东汉赵晔撰的有关公元前770年至公元前476年我国春秋时期的历史，已经用了"诠"字；东汉许慎撰的《说文解字》，成书于公元121年，是中国第一部系统地分析汉字字形和考究字源的字书，书中已经有"诠释"一词的解释（实际上"诠释"词的出现显然会更早）。这比"诠释学"的引进早了近1800年。另外，从西方诠释学的发展历史看，新约《圣经》的成书时间为公元1世纪末，那么《圣经》诠释学就是公元2世纪以后的事情，那时我国早已有了"诠释"一词。

第二，从前面的概念分析中，可见"诠释概念"不仅古已有之，而且其意义深厚博广。

第三，"诠释"的内涵和意韵厚重悠深，国内同"诠释学"并列的只有"解释学"，如果将本文开头介绍的应用越来越普及的"诠释"一词换为"解释"，则感意义直白，意韵尽失。

关于"概念"问题，这里作一点补充说明。伽达默尔诠释学的两大方法：现象学方法和辩证法方法，现在应该补充第三种方法，即概念史的分析方法。伽达默尔诠释学的基本思想是在被公认为西方现代诠释学经典《真理与方法》中，通过一系列概念史的分析展现出来的。伽达默尔本人曾建立了一个探讨概念史的圈子，编制了浩瀚的概念史文献库，举办概念史讨论会和报告会，产生了广泛影响（《哲学生涯》172—173页）。在谈到古希腊哲学语言时，伽达默尔认为这同日常语言十分密切，"与自然语言使用之间的持续存在的那些联系，使概念的陈述含义具体化，甚至从歪曲的教条化中解放出来"（伽达默尔《概念史与哲学语言》）。其实，任何学习或研究归根结底都是一个语言问题，都会涉及概念的语义分析。伽达默尔认为：哲学是将思想的自我展开作为自己的对象的，它离不开概念。（参见《真理与方法》上卷导言最后两段）

二、凡有人类的地方就有诠释

人不同于动物，人是有精神的。一个有思想的正常人活着就需要交流，需要理解，犹如需要空气和水一样。因此，"诠释"一词已经应用于人类生活的方方面面，几乎可以说是放之四海而皆可用之，凡有人类的地方就有诠释。

1. 古代的诠释

原始部落时期，人类用自己的喊叫声和肢体动作来互相传递信息，理解意义；再进一步则用图画交流，如世界保存至今、遍布各地的许多种岩画。

在希腊神话中，赫尔墨斯传达和诠释神意。信使赫尔墨斯（Hermes）往来于奥林匹亚山与人世之间，负责传递和解释诸神给人类的旨意及信息，于是，把神含义模糊的语言转换成人类惯用的语言便被称为hermeneuei。后来，hermeneuei渐渐成为宗教神学中探究如何阐释上帝旨意及《圣经》经文的独立的理论系统。

社会共同体中的人需要进行无形的思想、感情等的交流，必须借助媒介表现出来才能为人所知。人类表达思想的方式很多，包括动作、表情等，但最好的方式无疑是语言。诠释学家潘德荣认为："语言对人类的重要性怎么强调也不过分，在某种意义上，不仅是人类创造了语言，而且语言也同样造就着人类。"（《诠释学导论》219页）有一点是确凿无疑的，人类肯定是先有音声语言，然后才创造出文字的。语言是供交流的，交流就必须诠释，它们是相生相伴的，语言的产生和发展史就是诠释的历史。可设想，处于蒙昧时期人类的语言必定幼稚而贫乏。人们提供简单的音节表达所言之意、所指之物，音声与指涉物的关系，有些是纯粹的、偶然的、随意的约定，也有一些与所指对象有某种因果关系，这方面最早以象声词居多。无论如何，在人类早期，经约定的、包括含义不很明确的语词是有限的，人们的交流只能在低层次上进行，常伴随并不可笑的误解。这种语言交流上的障碍，在儿童语言中清晰可见。在发生的意义上，人类早期的语言与儿童语言是非常接近的，儿童的智力状况是人类早期智力水平的缩影。儿童语言尚未完善，缺乏逻辑性，词义也不确定，且自我主体意识形成较迟，几乎没有"我"这个概念，而用自己的名字来指代"我"。

关于语言起源和初期发展情况，我们知之甚少，现在只能是逻辑上的推测。

2. 对文本的诠释

从语言到文字的中间环节就是图画，图画是文字之源。现在学者们比较一致的看法：无论是象形文字还是拼音文字，毫无例外都起源于图画。人类文字的起源和演化过程就是活生生的人类文字诠释史。几千年的演变，人类形成了以"形义"联结为基本特征的象形文字，"形义"联结已被完全割断而演化为以"音义"联结为基本特征的拼音文字。诠释的核心就是追求意义。文艺复兴时代的语言学家和《圣经》注释学家通过语音分析追溯着神学原始经典的意义，中国的训诂学者通过字形的考察探究着最初的图画文字所蕴含的意义。这就是说，他们以不同的方式接近了原初的意义，可谓殊途同归。

德国哲学家施莱尔马赫于1819年将"普遍阐释学"定义为"理解文本的艺术"，使古典诠释学上升为现代诠释学，被后人称为现代诠释学之父。"文本"的概念被扩展为一切书面记录，社会上的任何事或人都可被记录，构成了"社会文本"。这样，任何一个人都可能存在于文本之中或者对文本进行诠释，"社会文本"现在已经成为人类诠释活动的主要途径。文本是由文字组成的，探究文本的诠释，离不开对文字的诠释。

仓颉造字是中国古代神话传说之一。仓颉，"造字圣人"、轩辕黄帝史官，传说他观鸟迹虫文，"始作书契，以代结绳"。实际上，应该是仓颉把曾流传于先民中的由象形文字形成的汉字加以搜集、整理和使用，在汉字创造的过程中起了重要作用。

春秋战国时期的兵器、陶文、帛书、简书等民间文字，则存在着区域差异。秦统一中国后，秦始皇即把统一文字作为当务之急，下令李斯等人进行"书同文"。李斯以秦国文字为基础，参照六国文字，创造出一种形体匀圆齐整、笔画简略的新文字，称为"秦篆"，又称"小篆"，作为官方规范文字；同时为适应书写的需要，将小篆加以简化，并将其匀圆的线条变成平直方正的笔画，称为隶书——"隶字"。这两种形体的文字均在全国推广，小篆作为秦国标准文字，隶书作为日用文字。

东汉时期许慎著的《说文解字》是我国第一部分析字形、说解字义、辨识字读和探究字源的大型字书，也是世界最古老的字书之一。它集古文经学训诂之大成，是我国早期的语言学著作，阐述了周代以前文字的源流以及周代到秦代文字的演变。我国具有悠久历史的训诂学，在译解古代词义的同时，也分析古代文献中的语法、修辞现象，它从语言的角度研究古代文献，被认为是理解与解释经典的"神圣原意"唯一正确的方法。在此意义上，训诂学完全可以看作是诠释学在中国的萌发。

公元前332年由马其顿国王亚历山大大帝所建的亚历山大城是希腊化时代托勒密王国都城和文化中心。亚历山大城的学者们发掘、整理出两部具有历史意义的重要文献——《荷马史诗》和用古希伯来文抄写的《圣经》（按时间推算应该是《圣经·旧约》），在哲学上形成了亚历山大城学派，建有人类历史上著名的亚历山大博物馆及图书馆。希腊哲学的代表人物苏格拉底、柏拉图和亚里士多德开创了西方哲学之源。亚里士多德是西方"语音中心论"的创始者，他的两部名著《范畴篇》和《解释篇》，可以说是人类历史上最早的"语言学"著作。他写道："口语是心灵的经验的符号，而文字则是口语的符号。"（《范畴篇》和《解释篇》合订本55页）不仅如此，《解释篇》的内容是我们所说的"诠释学"的雏形，因此现代研究者们把《解释篇》（又译《诠释篇》）视为西方诠释学的发轫之作。

3. 对精神科学和自然科学的诠释

这一短小的标题，其内容却涵盖了整个世界——自然、精神和社会。这里包括宇宙和自然界万物，包括人类生命和精神世界，也囊括了人的行为和人类社会。当然小标题的意思是讲，这一切都是可以被诠释的。似乎口气好大，且看下面的解释。

为分析这样庞大的内容，按照伽达默尔的做法，从概念着手。整个世界从学术上可以分为自然科学、精神科学和社会科学，当然还有"高居王位"的哲学。自然科学，人所共知，在此不再赘述。精神科学一词乍一听似也耳熟，但到浩瀚的网络上一查却没有对该词的专门解释，只有对书名中带有该词的很少的书的说明，其中最著名的就是19世纪德国诠释学家狄尔泰的《精神科学引论》。伽达默尔指出："精神科学形成于19世纪，其被采用似有偶然，它不是出现在经典作家的著作中,而是在翻译穆勒《逻辑学》的译著中首先被使用。"(《真理与方法》3页)进而从资料上看到,15世纪欧洲始用"人文"一词,以别于曾在中世纪占统治地位的神学,后其含义多次演变,发展到现代,精神科学已用作"人文科学"别称。所谓人文科学,是指一些以人的内心活动、精神世界以及作为人的精神世界的客观表达的文化传统及其辩证关系为研究对象的学科体系。所谓社会科学是以人类社会为研究对象的科学,它的任务是研究与阐述各种社会现象及其发展规律。其形成远远迟于自然科学和人文科学,其中的经济学、社会学、政治学等以经验的方法对社会进行实证研究的学科都是从18世纪中后期才开始独立出来,到19世纪才逐渐建立起自己的系统的理论结构。

狄尔泰曾于1910年发表《对他人及其生命的理解》。他认为,生命表现既呈现于感觉世界,也是精神和行为的表达。每个人的生命是独一无二的,正如世界上没有两片完全一样的树叶。这种独特性不仅体现在外貌、性格、兴趣、意志等方面,而且也表现在每个人的内心世界,如感情、心理、思想和欲望等,且实现人生价值的途径也呈现出多样性。他进而认为生命表现分三个不同的等级:第一个等级是由概念、判断和思想构成;第二个等级是由行为构成,行为的基本意思是举止行动,指受思想支配而表现出来的外表活动;第三个等级是由体验表达构成。生命表现这三层等级结构清楚地表明:第一层是思想和思维,是生命内在的基础;第二层是行为,行为是生命的特征,是生命的外在表现;第三层是体验表达,是将生命意义从思想意识不到的深处提升出来,近似于理解的基础。生命表现的这三个层次的等级结构可不简单,从学术上讲,第一个层次的内涵属于精神范畴,反映的是精神科学即人文科学的内容;第二个层次的内涵属于人类行为及其关系范畴,反映的是社会科学的内容;第三个层次的内涵属于对前两个层次的理解范畴,反映的是诠释科学的内容。三个层次的等级结构概括了两门学科及对其的理解理论,而且精神科学(人文科学)和社会科学同属于人类的生命表现,对它们都可以通过第三层的理解理论进行诠释。

那么,对精神科学和社会科学是怎么样进行诠释的呢?如上所述,两种科学归根结底都是研究人类生命表现的,即研究人类的思想和行为以及由之而产生出来的社会。而思想和行为都可以用语言加以客观化,构成"社会文本"。伽达默尔"把人定义为具有语言的存在"(《伽达默尔全集》英文版)。我国诠释学家潘德荣也说:"就终极意义而言,语言正是人类的本质和寓所,是科学、历史、文明之母,它是一切理解的基础,理解只是意味着对语言的理解,语言是理解本身得以实现的普遍媒介。"(《诠释学导言》108页）因而，人类思想和行为所构成的社会文本同其他文本一样，拥有意义和可能的世界，可以通过理解和解释展现出一个人类生存的潜在模式——思想和行为本身是诸多文本的实指。法国诠释学家利科强调说："人类行为与文献文本一样，它既展现了含义，也展现了指标；它既拥有内在的结构，也拥有一个可能的世界，可以通过解释过程展现出一个人类生存的潜在模式。"(《诠释学与人文科学》)

对自然科学又是如何诠释呢？自然科学拥有自己的以观察、实验为基础的方法论。在诠释方面，自17世纪初，意大利科学家伽利略开辟了一种新的解释取向，即自然科学的解释方法，其基本特征是因果关系解释，原因和结果之间有一种必然的规律上的联系。狄尔泰认为，自然科学依赖因果关系的解释方法，无法解答人的"生命"之谜，并认为哲学诠释学才是精神科学的真正基础。为此狄尔泰宣称："我们解释自然，我们理解精神。"他将精神科学和自然科学、理解和解释对立起来。但是，人类的认识总是不断前进的，科学的发展也不是停滞的，狄尔泰的观点为后来的诠释学家所不取。自然科学也是可以被理解和诠释的，如："克莱因瓶诠释了四维空间的存在"。实际上，精神科学和自然科学相互制约、交互作用，精神科学提供的是世界观和方法论，它指示了包括自然科学在内的人类活动的价值取向和与之相关的方法，构成了自然科学研究的前提和发展的内在动力；而自然科学的每一"划时代发现"无不促进了精神科学的发展，修正着既有的"世界观"。无论是精神科学还是自然科学，它们同为人类知识，它们之间的关系，唯有基于彻底的辩证法——把绝对与相对、确定和非确定、一般和个别等视为对立的统一才能得到合理的说明。理解和解释也不再是分属于精神科学和自然科学对立的方法，而是在这两个领域中共同执行着认识的使命。当然，也并不抹杀它们之间的区别，可以用简洁的公式来概括。*精神科学：理解——解释；自然科学：解释——理解*。具体地说，前者是从理解走向解释；后者则是从解释走向理解。换言之，在精神科学中，对象整体先于解释而被理解，解释乃是理解的展开，又在更高的层次回归到整体性的理解；而在自然科学中，对象先于理解而被解释，提供对部分的解释达到对整体的理解。

伽达默尔对语言的理解表明了当代诠释学家所追求的理想，那就是建立以精神科学为"统一"基础的一种"统一科学"。伽达默尔认为，不仅诠释学的问题从起源的意义上超越了现代科学方法论的范围，而且理解与解释显然组成了人类的整个世界经验。理解现象不仅渗透到人类世界的一切方面，而且在科学领域也有其独特的意义。他的代表作《真理与方法》根本宗旨就是:"在经验所及的一切地方和经验寻求其自身证明的一切地方,去探求超越科学方法论作用范围的对真理的经验。"(《真理与方法》导言)这里的"真理的经验"说明,这些观点充分地表达了他最终以精神科学为基础建立可以被理解和解释的统一科学。

4. 对历史的诠释

作为一个历史爱好者,在学习了一些诠释学知识后,我问自己:历史是什么?历史是历史书或教科书上写的,但写作者们能够写出真实的历史吗?历史是教授或老师们讲的,他们能够讲出历史真相吗?都不可能,因为历史上的时间、地点、事件和人物等都已经消失不见,真相是不可能还原出来的。那么,历史到底是什么呢?历史是一条看不到边界的时间长河,我们作为历史中的人、一个读者,在阅读历史书的时候,受到相当大的局限:第一,我们只能身处历史时空中的一时和一点;第二,我们无法直接观看到过去的历史;第三,由于所处时空的局限也无法看到我们所处时代的全貌,我们只能透过历史传承物尤其是文本,看到有限的历史资料。因此,在历史长河面前,我们实际上是看不到真实的历史实在的,但是,我们却能够感受到在人们的阅读和理解过程中,正在发挥作用的历史。通过阅读诠释学,"历史是什么"的问题获得了较为令人满意的解决,这要感谢德国哲学家伽达默尔,他首先提出了哲学诠释学的核心概念之一——"效果历史意识",这一概念包含着丰富的哲学内涵,为人类提供了一个崭新的哲学视角。

什么是"效果历史"呢?伽达默尔在《真理与方法》中给出了定义:"真正的历史对象根本就不是对象,而是自己和他者的统一体,是一种关系,在这种历史关系中同时存在着历史的实在和历史理解的实在。一种名副其实的诠释学将会在理解本身中展示这种特有的历史实在。我把这所要求的称为'效果历史'。理解是一种效果历史事件。"(《真理与方法》80页)伽达默尔对"历史传承物"这一概念进行说明:历史上遗留下来的东西,学术上称为历史传承物,它是指"流传于历史进程中而进入了理解事件的'文本'"。

伽达默尔所定义的"效果历史"是不太容易理解的,笔者在读后的一年里多次琢磨,直到写这篇文章的时候,才思考出如下几点不太成熟的理解:

(1)我们身处历史之中,谁也不能置身于历史之外;我们的一切理解都是在历史之中进行理解。正如诠释学家潘德荣所说:"这个际遇概念表明了我们与传统的关联,是我们与传统的遭际状态,这就是说,我们是在我们所遭际的境域之中理解。"(《诠释学导论》124页)这是我们所有理解的前提、根据和基础。际遇的一个基本要素就是视域,即可以视见的区域,它标志着理解的界限。

(2)按伽达默尔观点,实际上存在着两个视域:一是理解者自身的视域,二是特定的历史视域。理解者的视域又称"前见"(即前理解),这是他从自己特殊的、占主导地位的观点出发所能看到的一切。"前见"就是每个人的认识、经验、观点,甚至思想觉悟,是每个人在成长的道路上形成的,是历史塑造的,同时也受所处时代的影响,是历史与当代相结合的产物。每位理解者不可避免地携带着自己的"前见"进入理解。特定的历史视域主要指历史传承物即文本的视域。文本有其产生的历史时代和作者,继之又打上多时代多读者理解的历史烙印,世代流传供后人理解,是历史的产物。同时,在理解的时候又不可避免地受到当代意识的影响,被打上当代的烙印。

(3)按照"诠释学的"的理解观点,把特定的历史视域首先当做一个确定的视域,继而把理解者的视域(前见)置于其中,以使完成理解。当"前见"同文本相遇,这两个视域中所蕴含的意义当然是不同的。伽达默尔热衷于对话结构,理解历史就是与历史对话,"前见"与文本相互"提问—回答","倾诉"着、"倾听"着,坦诚而又不固执己见地交流着,并由于这种交流而使双方都克服各自的特殊性,都有所改变。理解者在历史的视域中充分发挥自己"前见"之作用,在对方的赞同中有所理解。最后两种视域相互结合从而构成了一个更为广阔的视域,它乃是包容了历史和现代的整体视域,伽达默尔将此称为"视域融合"。

(4)视域融合产生出了一个带有理解者个人色彩的新的理解,它一方面是基于理解者的视域,另一方面也是基于文本的视域,它既有别于"前见",也不同于文本的"原意",二者的融合形成了效果历史。这便是理解的真谛,理解最后所达到的就是获得以视域融合为标志的新视域,它是过去和当代相互作用的历史,是在理解中重新塑造的历史。历史的真实性应在这个意义上来理解,对我们发生影响的、构成着我们的历史的乃是我们所理解到的历史,真正能够为我们所用的历史,可以从中学到东西的历史,而不仅仅是将过去客观化的档案材料。这就是伽达默尔在定义中所说的"历史理解的实在"。我们意识到了这种效果历史,这种意识就是效果历史意识,它要求我们在历史之中理解历史,同时也就是创造历史。

(5)伽达默尔认为,"这个大视域是内在地运动发展而来的,而且超出了现在之疆域,统包着我们自我意识的深度。"(《真理与方法》中有关章节)这个新视域具有无限性，它形成了理解者的新视域，同时又是理解者再次出发的传统，成为将展开的、新的理解之"前见"；同样，文本的视域也不会由于理解者的这次理解而被固定，它必将在新的理解过程中被重新理解。"视域就是我们运动于其中而它随着我们运动的东西"，人类历史的理解永远在途中。效果历史意识就立足于这种视域的可变化性，并且是对视域的可变化性的意识，从根本上说，效果历史的作用就体现在变化着的视域之中，视域融合乃是这种可变化性的实现。

效果历史意识理论"标志着伽达默尔对'精神科学'基础进行思考的最高成就"（利科尔《解释学的任务》）。这一理论至少有三点同我们的观点大相径庭：（1）效果历史告诉我们，历史不再是我们研究的客观化对象，不是不依赖于认识主体而自在地存在着的"自在之物"，理解者和理解对象都同时存在于历史之中，永远是在历史的本体中理解着，这突破了理解者与历史对象之间的主—客体关系。（2）"效果历史意识"实际上就是：意识因拥有一个前历史而被历史影响，并通过具有一个后历史而反过来影响历史。历史限制了我们的知识，但也通过决定我们能理解什么而帮助了我们的理解的开展。（3）我们本身就是历史长河中的一分子，"我们总是已经处在历史之中"，谁也不可能将自己置身于历史之外，"我们每时每刻都可能从这种源自过去，迎面走来并传承给我们的东西中理解自己"。所以说，效果历史意识就是历史永远在其中起作用的意识。这样的一些观点，可能会让学过历史或懂得一些历史的人"换脑"，更新自己头脑中对历史的固有的认识。

5. 翻译与诠释

诠释学从一开始就同翻译息息相关。因赫尔墨斯对诸神语言的翻译和解释，诠释学就是一种从一个世界到另一个世界、一种神的世界到人的世界、一种从陌生的语言世界到自己的语言世界的语言转换。伽达默尔写道："在世俗的使用中，诠释的任务却恰好在于把一种用陌生的或不可理解的表达的东西翻译成可理解的语言。翻译这个职业因而总有某种自由。翻译总以完全理解陌生的语言，而且还以对被表达东西本来含义的理解为前提。谁想成为一个翻译者，谁就必须把他人意指的东西重新用语言表达出来。"（《真理与方法》第2卷92页）

在传统的翻译思想中，翻译过程仅仅被视为从原语到译语的简单的转换过程。20世纪西方哲学发生了语言论转向，伴随着这一人类认知方式的重大变革，人们逐渐认识到翻译是一个积极且富有创造性的过程。译者也并非绝对服从于原文作者的仆人，而是充满创造力的主体。在方法论诠释学阶段，诠释者的任务就是准确地再现作者原意，译者主体性问题被长期掩盖；本体论诠释学阶段，诠释者主体性问题也逐渐成为诠释学研究的中心。

译者既是历史的产物，被动地尊重历史、反映历史，又积极能动地与源语文本的历史视界进行互动，达到译者的新视域和源语文本视域的高度融合。译者在重新唤醒对原作者和源语文本意义的过程中，势必将自己的思想灌注其中。因此，作为一种特殊形式的诠释活动，翻译在本质上是主观的和开放的。不过，译者主体性的发挥不是无限的，而是有限与无限的统一，从而在根本上杜绝了译者决定论的误区。文本的开放性呼唤着来自不同译者的不同诠释，同一文本得到来自不同文化的诠释更是文化多样性的题中之义。在鼓励文化多样性的今天，译者不仅承担着传递原文意义的任务，更肩负着传递不同文化的使命。翻译中，文本意义的诠释永无止境，而翻译的永恒魅力也正体现在这永恒诠释的途中。

三、诠释学成为第一哲学

诠释学代表当代哲学主要思潮之一。关于诠释学的发展对当代的影响，这方面的论述有很多，当然也涉及诠释的普遍性，下面就笔者阅读所及，仅介绍一二。

1. 诠释学成为第一哲学

诠释学可谓20世纪欧陆哲学从现象学出发，承先启后，开启出的最重要思潮之一。诠释学富含无数技巧、方法检讨、理论发展，以至于一整套具有普全效用的哲学思索，本身源远流长。它不仅长久蕴借于自古以来传述阅读、宣讲、注解、翻译等活动的解经传统当中，而且始终和文化历史传统的承袭，有着深厚的相互依存关系。发展到19世纪后期，又更进一步与历史性和人文科学自身的特殊进展需求，结下不解之缘。诠释学问题不仅发生于各时代、各文化，更蕴藏于我们面对不同的史事乃至典籍文本和规章制度之际。同时它所涉及的关于人自身存在之历史性问题的考察，更日益成为当前哲学思考必须正视的一门学问，尤其在偏重科技成就的单向度思考已普遍威胁到人文精神时，诠释学的重要性也就愈发显著。什么使得诠释学上升到哲学理论？我们已经意识到诠释问题在今天具有的普遍性。与限制自身于严格解释科如注释学、语文学、法学和史学这四种直至19世纪传统上预先占有诠释学或解释艺术的学科不同，诠释问题在今天是作为一切知识的本质原则之一而出现。1998年，诺贝尔化学奖得主波普和库恩（他们的工作是运用实验和理论探讨分子体系的性质，使整个化学领域经历着一场革命性的变化，提出"化学不再是纯实验科学，未来化学的方向还是经验化"）教导我们在什么范围内科学理论总是解释，总是根据或多或少明显的研究要求和它的历史的、文化的脉络去切割或阅读实在。科学并不像实证主义者和常识所认为的那样限制于描述事实，它必须组织它们，概念化它们，即，它必须解释它们。当代认识论从康德关于现象与物自体的区分中推出诠释学结论。科学并不是对实在如前所是的单纯反思，而必须是由现象所引出的格式化、解释和翻译。

甚至更根本的，我们已经认识到诠释在前科学的存在领域内，即在我们想归于我们行为的定向里、我们所具有的意见里以及我们从我们的教育或环境而得来的价值判断中，均起一个主要作用。在尼采的大声呐喊中我们感受到这一暗示："根本不存在道德现象，而只有对现象的道德解释。"（《超越善恶》）尼采的透视主义首先在西方历史中使诠释学向度的实际普遍性成为可感可知的。在一切知识、态度和行为之后隐藏着一种对实在的解释。这允许我们肯定当代诠释学，由狄尔泰、海德格尔、伽达默尔、利科、哈贝马斯和罗蒂所代表的，致力于测量这种惊人的诠释宇宙的哲学。这一点尼采早已发现，只是诠释学的理论说明很少提到他。在考虑解释进入我们与世界的关系的基本方式里，诠释学并不放弃哲学的普遍要求：它就是它。因为每一种与实在的关系，因而每一种理论，都依赖于解释，因而诠释学能获得一种普遍重要性。解释的普遍性具有那种重新定向当代哲学为诠释学的权威性，以及使哲学能坚持它的基本的普遍性要求的权威性。诠释学名副其实地成为第一哲学。

诠释学的现象学转换似乎与多元论转向并行。本来只对一个意义开放的诠释学似乎变为对多元论开放的诠释学。中世纪《圣经》的多元性只是为了考虑《圣经》文本不可穷尽的丰富性。对于当代诠释学，在价值意义里被思考的文本意义，其"文本的意义超越它的作者""创造性的行为""不同方式"的理解取代"更好理解"等论述，都说明了文本意义的多元性。由于第一哲学的位置，诠释学不再明显局限为解释文本规则的科学，即规范的诠释学。当代诠释学教导我们，不是我们应当做什么，而是在我们解释时"什么超出我们的要求和行为而与我们一起发生"。这绝对是一种现象学的观点，这一观点已经意识到这一事实，即诠释学的层次先于任何旨在为解释工作提供规则或方法的尝试而进入本体论范畴。诠释学可以通过抛弃它的原本的规范目的和确立自身为一种解释现象学而被引导到第一哲学的尊严位置。

2. "诠释论"和"诠释哲学"

上述讲法是特指由狄尔泰、海德格尔、伽达默尔、利科所发展的"哲学诠释学"而言，但实际上，诠释学思想就其整体开展的各侧面而论，早已远超这样的仅止于一家一派之言，诠释学从20世纪60年代初一跃成为欧陆思考的显学开始，迄今约60年来经历过无数变化。

从以上背景看，诠释学如果指的是一切和诠释活动有关的理论，则它包含的意义和范围都极为宽广，并且会改良、结合各式各样旧学新说，远超想象。诠释学家、台湾政治大学教授张鼎国先生的著作《诠释与实践》，介绍了一些可称为诠释学的非主流学派，这恰好证明了正在蓬勃发展的诠释理论和诠释哲学。

"诠释论"的代表人物汉斯·兰克是德国一工科大学的哲学教授，主张"不经由诠释和诠释建构，不论它们是构成性质的或仅只是规则应用的，我们就不能够思考、设想，甚至于做任何事情。诠释是必要的。""诠释论"构词上非常接近"科学主义（唯科学论）"或"实证论"，中文也可译为"唯诠释主义"，因其基本性格就具有排他性的"唯诠释是尊"的意味。

"诠释哲学"同样标举"唯诠释是问"，是态度更极端的一套当代哲学学说。这一学说的代表人物是年轻的德国柏林科技大学哲学教授阿贝尔（Gunter Abel），自称欧陆哲学和英美哲学之间的第三条路，因为其建立在步步为营、层次分明且扎实牢靠的对诠释活动之一整套说明解析之上。他简洁有力地讲："人对世界的理解以及对自我的理解都是在符号以及诠释中进行的"，"诠释所及的界限就是世界的界限"。如此则一切都是在诠释的视域以及在诠释的实践当中所发生的，阿贝尔"诠释哲学"的代表著作就是《诠释世界》。

"诠释论"和"诠释哲学"的共同点是：诠释之绝对必要性或不可或缺性是它们的共同核心思想，不亚于一般诠释学上所主张的理解与诠释之"普全性"。（《诠释与实践》283—285页）

3 经典是什么?

李 璟

几千年来,书写的材料从泥板、甲骨、简帛到纸张,再到今天的各种电子存储设备;书写的文字也从古老的楔形文字、象形文字发展到今天的印欧语系、汉藏语系等多种多样的形态;人类也借以创造了浩如烟海的各种文献,内容涉及历史、政治、文学、科技等方方面面,这些文献对于人类文明的延续发挥了重要的作用。各种知识领域都有经典文献,美学大师朱光潜先生说过:"许多书都没有一读的价值。多读一本没有价值的书,便丧失可读一本有价值的书的时间和精力;所以须慎加选择。"人生最大的捷径,不是读得多,而是多读经典。很多中外学者指出,文献中属于"经典"的部分是我们特别应该研究的。

什么文献才可以称为经典呢?经典是如何确立的呢?本文对这两个问题进行了初步的探讨。

一、经典的语义学定义

1. 汉语中"经典"的定义

(1)现代汉语

《现代汉语词典》给"经典"一词分了四个义项,头两个直接涉及对经典的认定:一是"指传统的具有权威性的著作";二是"泛指各宗教宣扬教义的根本性著作"。

第一个直接点出"传统""权威"二词。这里所谓的传统,指的是文化、道德、思想、制度、风俗、艺术、行为方式等人类创造的世代相传的具有特点的社会因素;权威,指的是某些著作中,其言论中有令人信服的说服力和使人敬畏的重要内容。从这个定义看,经典需要由历史和社会来认定,某种著作是不是权威性的著作,需要由时间来检验,由社会共同体来检验。

(2)古代汉语

在汉语原始语境之下,"经"与"典"在其内涵与外延上都是并不完全重合的两个词汇。

许慎《说文解字》认为:"经,织也。"这里的"经"意为经线。"执经叩问","经"指的是历来被尊奉为典范的著作。

许慎《说文解字》认为"典,五帝之书也",并由此引申出"三坟五典"之说。"典"的内涵也逐步向"经"的意义靠拢。如《尔雅》中释"典"就认为"典,经也"。《释名·释典艺》认为:"经,常典也。"

《文心雕龙·宗经》指出:"经也者,恒久之至道,不刊之鸿教也。"古人认为能经得住长时间检验,并且承载着"至道"和"鸿教"的文本才称得上经典。

2. 英语中"经典"的定义

英语中与汉语"经典"对应的单词为canon和classic,均强调某些文本具有一种超越时空的价值,值得后世不断诵读。

canon一词源自古希腊语的"kanon"(意为"棍子"或"芦苇"),后来成为对度量工具或标准的代指。其早期含义与文本的优劣并没有直接关联,只是在后来的日常使用中,canon被逐渐引申使用,具有了"规则""律条"等含义,并被用于对文本进行划分时的评判,有了所谓"文学经典"(literarycanon)的说法。

classic一词源于拉丁文的classicus,是古罗马税务官用来区别税收等级的术语。公元2世纪开始用它区分作家的等级。在文艺复兴时期,它还被引申出"出色的""杰出的""标准的"等含义,成为"model"(典范)、"standard"(标准)的同义词。再后来人们又把它与"古代"联系起来,出现了"Classicalantiquity"(经典的古代)的说法,而古希腊和古罗马作家也就成了"Classicalauthors"(经典作家)。17世纪的"古典主义"(Classicism)正是以推崇古希腊、古罗马经典作家而得名。

二、名家论经典

1. 尧斯(Hans Robert Jauss,1921—1997)

(德国文艺理论家、美学家,接受美学的主要创立者和代表之一)

作品成为经典的过程依赖于一种审美经验的传统体系,而这个传统体系的权威性因为不断纳入新的优秀作品而得到强化,即便是很多作品在问世之初就呈现出否定传统的姿态,但经过审美传统的含纳和筛选,也会逐渐失去其否定性色彩。

2. 哈罗德·布鲁姆（Harold Bloom，1930—2019）

（出生于美国纽约,当代美国著名文学教授、"耶鲁学派"批评家、文学理论家）

现世中的个体要投入文学实践中,不断地参与其中的原因,唯有如此,才有可能打开"经典"的大门,不断扩展文本所能呈现的新的认知边界。(《西方正典》)

我们拥有经典的原因是生命短促且姗姗来迟。人生有涯,生命终有尽时,要读的书却前所未有的多。从耶和华文献作者和荷马到弗洛伊德、卡夫卡及贝克特,经历了三千年的旅程。但丁、乔叟、蒙田、莎士比亚及托尔斯泰是这一旅程所必经的深广港口,每一位作家都足够我们以一生的时间去反复阅读,实际的难题在于每次广泛的一读再读都要排除一些东西。于是,一项测试经典的古老方法屡试不爽:不能让人重读的作品算不上经典。(《西方正典》)

3. 伽达默尔（Hans-Georg Gadamer，1900—2002）

（德国哲学家）

它可以以一种直接的方式被我们接触,但不是以那种仿佛触电的方式,后一种方式我们有时用来刻画当代艺术作品特征。一种无时间性的当下存在,这种当下存在对于每一个当代都意味着同时性。(《真理与方法》)

4. 伊塔洛·卡尔维诺

（20世纪最重要的意大利小说家之一）

经典是那些你经常听人家说"我正在重读……"而不是"我正在读"的书。
经典作品是一些产生某种特殊影响的书。(《为什么读经典》)

经典作品是这样一些书,它们带着先前的解释的气息走向我们,背后拖着它们经过文化或多种文化（或只是多种语言和风俗）时留下的足迹。(《为什么读经典》)

5. 王符（约85年—约163年）

〔字节信,汉族,安定临泾（今甘肃镇原县）人,东汉政论家、文学家、进步思想家〕

圣人以其心来造经典,后人以经典往合圣心也。(《潜夫论》)

6. 潘德荣（1951—）

（德国鲁尔大学哲学博士,华东师范大学哲学系教授,博士生导师）

倡言"经典"的第一层用意，就是着眼于经典不同于一般性文本的作用，它在建构精神世界的过程中具有一种典范性功能。提倡"经典"的第二层用意，就是考虑到"经典"本身不仅是严格意义上的文本，而且是所有的文本之范本。

7. 王余光

（北京大学教授，致力于在文献学、阅读文化与现代出版业等方面的研究）

我们常说的经典，是指那些具有重要影响的、经久不衰的著作，其内容或被大众普遍接受，或在某专业领域具有典范性与权威性。

从以上古今中外的大量论述中，我们可以发现涉及"经典"的学科领域包括美学、文学、哲学、文献学等各个领域，每一位学者对经典有着不同的认识和理解。直到如今关于经典的定义、内涵等问题仍然存在着争论。

三、经典是如何确立的

1. 以西方社会为例，看经典确立的过程

对经典文本的讨论较早、影响也较大的要数柏拉图、亚里士多德等古希腊哲学家。基于理念论，柏拉图在《理想国》中对荷马表达了谴责的态度，认为他虽是最好的诗人，却不是理想国度最需要的人。在柏拉图看来，《荷马史诗》虽有动人的文学魅力，却败在对情感的宣泄以及对神的亵渎上，无益于人类追求真善美。在《诗学》中，亚里士多德一反柏拉图对文学的贬抑态度，强调作为模仿艺术的戏剧并非对虚空理念的再现，而是对可能发生之事的描述，具有比历史更多哲理性的价值。其中，索福克勒斯的《俄狄浦斯王》就被亚里士多德推崇为"十全十美的悲剧"，这一评价对后世创作及研究有着深远的影响。

除了古希腊有关文学经典的探讨外，西方正统教会针对应该保留哪些典籍、废除哪些典籍，也有着持续不断的争论。目前关于《圣经》正典化或正典书目的研究实践，均认为古代犹太教以及早期基督教在公元1世纪之前，并没有统一的正典书目。古代灵知派代表之一的马克安（Marcion），是最早对宗教文献进行经典化建构的宗教人士，但他的正典化行为与后世正统教会的观点相差甚远。作为回应，时至公元170年，基督教会才确定下一份由39卷书构成的圣书目录，并沿用至今。另外，《金刚经》（佛教）和《古兰经》（伊斯兰教）等，都是经过了千百年的持续影响，形成的经典。相反，洪秀全创立拜上帝会，所撰写的《原道救世歌》就不能称为经典。很多时候难以把握，这就决定了在边缘地带，人们很难将经典和非经典完全彻底划分清楚。

2. 经典的确立是动态的过程

从文学以及宗教等不同层面来看，经典的确立从不是一蹴而就的事情，一部著作，能否成为经典，也不是由任何个人确定的。个人能在推动一部著作成为经典中起到一定作用，但他无法决定某著作是否经典。如何鉴别一部著作是否是经典，也没有统一的标准和可操作性的科学手段，因而经典的认定经常会有见仁见智的情况。这过程中总是经历着不同势力的反复争夺、协商乃至妥协，才会逐渐显现出来。这里，究竟哪些文本被确立为经典并不重要，重要的是围绕具体文本展开的动态讨论，"经典"只是多方势力纠缠较量的结果。当这种讨论是以争夺、对抗的形式呈现出来时，"经典之争"就比"经典"更具有探讨的意义，前者是持续的角力过程，后者则是静态的历史记录。任何权威的经典观都不是一成不变的，针对文本的具体解读必然是持续不断的动态过程，是解构与建构并举的复合行为。

不论是在文学文本之中，还是在宗教文本中，"经典"背后的对抗性现象都是普遍存在的事实。"（文学）经典在一定程度上是权力的同谋。经典不仅使权力话语找到了赖以言说的对象，也强化了权力话语优越的文化身份。"

文学史、宗教史中这些争夺诠释机会或释经权利的行为，面对权威的诠释地位以及既成事实的诠释结果，任何后起的个体都会想着如何捍卫自己的诠释权利，如何建构自己心目中的宗教史、文学史。

任何个体，都不能将自己定义为经典著作的立法者或审判官，亦不能任由外部权威思想观念的左右。经典没有千篇一律的模式化样式，不是固定在纸面的特定符号形式，而是因为不同个体有着不同的阅读体验，因而形成不同的、没有高低之分的多元呈现，毕竟它们都是个体对内在自我以及终极意义的暂时性认知。

四、经典的意义和经典作品

语义学中关于经典的标准"权威性著作""根本性著作""超越时空的价值"等，都是比较模糊的概念，很难设置相应的标准来评判具体某一部著作是否是经典。本文根据相关文献和著作论述，对经典的意义进行了总结：

1. 教化作用

经典与一般性文本不同，它在建构我们的精神世界的过程中具有一种典范性功能。被视为"经典"的作品，包含了一个持久的观念和行为规范，对于一种民族精神、文化传统之形成，具有极其重要的作用，是其得以形成和发展的轴线。它们蕴含了一种基于社会共识的价值向度，体现了我们文化传统中正面的价值，对我们有教化作用，帮助我们形成我们的自我以及我们的文化观念，对提升整个社会的精神境界有所助益。

2. 文本范本

"经典"本身不仅是严格意义上的文本，而且是所有的文本之范本。综观历史与社会，"经典"对于我们的影响，不仅表现在观念上，而且也深刻地影响了我们的思维方式与语言表达。

3. 超越时空局限

经典作为文化价值的体现和载体，随时把过去和现在联系在一个传统之中。经典在任何时间都有意义。经典随时都作为现在有意义的东西存在，而不是过去的遗物，更不是往古的残余。它所说的话并不是关于已经过去的事物的陈述，是有意义的，似乎是特别针对着现在来说话。我们所谓"经典"并不需要首先克服历史的距离，因为在不断把过去和现在相联系之中，它已经自己克服了这种距离。

因此经典是"没有时间性"的，在任何时间都有意义。经典并非脱离历史而永恒，而是超越特定时空的局限，在长期的历史理解中几乎随时存在于当前，即随时作为当前有意义的经典存在。当我们阅读经典时，我们不是去接触一个来自过去、属于过去的东西，而是把我们与经典所能给予我们的东西融合在一起。

4. 传承人类文明

人类文明不可能自动延续下去，而必须靠一代代人自觉的选择，要"不断被确认、把握和培养"，才能继续存在。我们取什么态度，选择哪些方面加以保存，起到了非常重要的作用。世界历史上世世代代所形成和沉淀出来的经典，历经世世代代人们的阅读，在人类历史上形成了一条滔滔不绝的巨大的长河，传承和滋润着人类文明，从古代开拓到近代，发展到现代。

阅读经典的必要性已经是公认的，但对于经典内容的具体讨论，什么文献属于经典，涉及中西方经典、社会科学与自然科学经典的权重把握等问题，存在着界定的差异和不同的路径选择。

中华传统文化内容广博、传承有序，历代都有先贤大儒为后生学子开列经典作品阅读书目的传统。

元代程瑞礼编纂的《程氏家塾读书分年日程》被认为是学习中国传统文化的阅读书目之先驱。清光绪初年，张之洞因诸生"应读何书，书以何本为善"相问，根据当时情况，挑选了两千二百余种图书，编成《书目答问》一书，以指示诸生治学门径。

1923年，胡适应《清华周刊》记者之约，开有《一个最低限度的国学书目》，收录图书约190种，后来根据它修订精简成《实在的最低限度的书目》。1923年梁启超也应《清华周刊》记者之约，拟就《国学入门书要目及其读法》，约160种。后来他又为"校课既繁、所治专门"的青年学生精简此书目，开列出《最低限度之必读书目》五大类共126种。1942年，朱自清先生在《经典常谈》中介绍了中国古代文学、历史、哲学经典的启蒙读物，内容按照历史发展的脉络，梳理了包括《说文解字》《周易》《尚书》《诗经》《三礼》《春秋三传》《四书》《战国策》《史记》《汉书》、诸子、诗、文等经典内容。

1978年，香港中文大学新亚书院设立"钱宾四先生学术讲座"，请84岁高龄的钱穆先生作了《从中国历史来看中国民族性及中国文化》系列讲座。在讲演中，钱穆指出，"有七部书是'中国人所人人必读的书'，即《论语》《孟子》《老子》《庄子》《六祖坛经》《近思录》《传习录》"。1982年，蔡尚思在他的《中国文化基础书目》的基础上提出最能代表中国文化的40种书，刊载于《书林》1982年第5期上。未料此举引起了一些学者的质疑，如施蛰存、胡道静等，他们先后在《书林》上发表文章，提出自己的看法。如何拟定经典书目，这本身就是一个仁者见仁、智者见智的话题，没有一个既定的标准。但这一问题的讨论有助于人们对中国经典典籍的认识。此后，受国外"影响书目"的影响，由王余光主编的《影响中国历史的三十本书》，1989年在武汉大学出版社出版。该书目介绍了中国历史上对中华民族各方面产生过深远影响的30本书（另附3本），侧重于从书籍对历史进程的影响来剖析对读者在思想深处的巨大作用。20世纪80年代，北京大学、清华大学也在读书报上分别列出了经典阅读书目。

国外亦有开列经典作品阅读书目的传统。埃德温·桑慈在《西方古典学术史》中提供了一份来自亚历山大里亚时期、亚历山大图书馆长、拜占庭的阿里斯托芬开列的"不同诗体中最为杰出的古代诗人名录"，荷马被置于首位。亚历山大时代的《钦定选集》编入了九位抒情诗人的作品，作为诗艺学习的范例。中世纪课堂书目中的希腊罗马作家以及古典知识范本，构成了此时经典的重要来源。在但丁开列的经典名录中，他选出了五个最伟大的古代诗人——荷马、维吉尔、奥维德、贺拉斯、卢克来修，还收入了亚里士多德、苏格拉底、柏拉图、德谟克利特等，这些人有哲学家、自然科学家、几何学家、物理学家等。

到了16世纪，与民族国家的生成齐头并进，逐步建构了真正意义上民族文学新经典体系。之后，西方各国开始建构一个现代民族共同体。鉴于此，1901年哈佛大学第二任校长查尔斯·爱略特主编了《哈佛经典》（又名"五呎丛书"），联合全美100多位享誉全球的教授历时4年完成，共50卷，精选400多位人类史上最伟大思想家的136部专著。自1901年问世至今，畅销100多年，成为西方家庭的必备藏书，是西方学生接受古代和近代文明教育的最权威读物。后有阿德勒、赫钦斯所主编的《西方世界伟大的书》，力图在全景的文化意义上，重整被现代民族想象不断割裂了的西方文化整体性。近年来，在多元论争中，各种经典榜单不断出现，既有女性文学经典的张榜示众，也有黑人文学和少数族群作品的重新发掘。1994年，哈罗德·布鲁姆教授在《西方正典：伟大作家和不朽作品》一书中，选择西方历史上26位被他认定为大师的作品，辨析这些作家跻身经典的特性，这份恪守审美原则的经典名录，更是在学术界影响深远。

可以看出，每个具体经典名单的背后，都牵连着复杂的社会与个体取舍。随着时代的发展，"经典"收入的名录，也在应时有序地作出微妙的调整。经典书目背后隐含的恒一变调整、作为当下及历史的存在等问题，也将我们带入一个更具哲学氛围的学术空间中。

参考文献：

[1] 张隆溪. 阐释学与跨文化研究[M]. 北京：生活·读书·新知三联书店，2014：1.

[2] 潘德荣，孙义文. 诠释学的经典与经典诠释学——华东师范大学终身教授潘德荣先生访谈[J]. 甘肃社会科学，2012,（2）：37-41.

[3] 黄峰. 哈罗德·布鲁姆对经典文本及文学史的动态建构[J]. 阜阳师范大学学报（社会科学版），2020,（6）：77-83.

[4] 沈迪飞. 从《哈佛经典》所受到的启迪[J]. 山东图书馆学刊，2013,（2）：30-32.

[5] 李西宁，张岩. 图书馆经典阅读推广[M]. 北京：朝华出版社，2015：9.

[6] 徐迅. 阅读之经典与经典之阅读——从北大、清华开列的经典阅读书目说起[J]. 公共图书馆，2010,（1）：72-77.

[7] 哈罗德·布鲁姆. 西方正典：伟大作家和不朽作品[M]. 南京：译林出版社，2015.

 看不见的历史，看得见的效果
——哲学诠释学"效果历史意识"释义篇

孙 洵

我们今天将同读者一起讨论哲学诠释学创始人伽达默尔的重要思想之一，也是哲学诠释学的核心概念之一——效果历史意识。之所以特别强调"效果历史意识"的重要性，是因为在阅读家族中（读者、文本、阅读环境等）读者是最为重要的一员。读者是阅读的发起者，没有读者就激活不了处在僵死状态的文本，没有读者就掀不起来任何一次哪怕再短暂的阅读，没有读者就没有文本内容的再现和活跃，没有读者就没有阅读的创造性以及相关的人类文化的传承。而我们将讨论的"效果历史意识"这一概念，偏偏又是哲学诠释学中最难啃、难翻译、难理解和难掌握的硬骨头，我们阅读小组也是在阅读、研究和讨论中逐步清楚一点，至今也没有完全清楚。

众所周知，历史是一条看不到边界的时间长河，我们作为一个历史中的人，一个读者，在阅读历史的时候，受到相当大的局限：第一，我们只能身处历史长河中的一时和一点，"一时"是指一个人的一生只能是历史的短暂瞬间，"一点"是指所处地点之小之局限；第二，我们无法直接观看到过去的历史，更无法看到未来的历史；第三，由于所处时空的局限也无法看到我们所处时代（即将成为历史）的全貌，我们只能透过历史传承物尤其是文本，看到有限的历史资料。虽然在历史长河面前，我们实际上看不到真实的历史实在，但是我们却能够看到在人们的阅读和理解过程中正在发挥作用、起效果的历史。既然如此，那么我们常常在谈论的历史又是什么呢？历史又是如何在人们的阅读和理解过程中发挥作用、起效果的呢？本文所讨论的"效果历史意识"将帮助我们解释和理解这个问题。

可以说,"效果历史意识"(Wirkungsgeschichtliches Bewusstsein)是一个典型的舶来词。它是由哲学诠释学的主要创始人伽达默尔首先提出的,它是哲学诠释学的核心概念之一,也是伽达默尔的重要思想之一。

如果单纯根据"效果历史意识"这个中文词语的字面意思,我们很难揣摩出它的准确含义。确切地说,从"效果历史意识"的德语原初词翻译为中文、英文或其他语言,都不免令译者勉为其难。因为在使用其他语言的国度里,可能并不存在与这一术语对等的词汇。我国洪汉鼎先生在其翻译的伽达默尔哲学诠释学传世之作《真理与方法》中,将Wirkungsgeschichtliches Bewusstsein译成"效果历史意识",成为我国哲学领域内被大家一致接受的流行译名,但是中国读者对之难免一头雾水。我们应该如何理解和诠释"效果历史意识"呢?

一、"效果历史"和"效果历史意识"的概念解释

伽达默尔在《真理与方法》一书中,分别对"效果历史"和"效果历史意识"做了如下的定义。

1."效果历史":"历史理解的实在"

"真正的历史对象根本就不是对象,而是自己和他者的统一体,是一种关系,在这种历史关系中同时存在着历史的实在和历史理解的实在。一种名副其实的诠释学将会在理解本身中展示这种特有的历史实在。我把这所要求的称为'效果历史'(Wirkungegeschichte)。理解是一种效果历史事件。"[2]P80

伽达默尔关于"效果历史"的上述定义,首先突破了解释者或读者与被探究对象之间的主客体关系。无论是解释者或读者,还是被研究的对象,都不可能各自生存于真空之中,也不可能是沙漠里的绿洲。也就是说,它们都不可能是与世隔绝的、独立自在的存在,而总是与周遭的世界或他者发生着各种各样的联系,所以,也就无所谓"主""客"了,或者说因为"你中有我,我中有你",所以难分彼此、难分主客了。

因此,所谓的"历史对象"更像一个"自己和他者的统一体",或者是自我和周围与自己发生关系的一切事物或他者的无限延伸的关系网络,包括历史上所有解释者或读者以及他们给予它的理解和诠释。而且它不是固定的和僵死不变的,而是处于不断变化和不断更新中的常存常新的历史实在。

所以说,"理解从来不是对于某个被给定的'对象'的主观行为,而是指向

效果历史的"[3]P84。真正的诠释学就要求理解能够揭示这种特殊的历史实在。一旦理解者与被理解者的视域产生了视域融合，理解达成了，一个效果历史事件就发生了。

换句话说，"视域融合的积极效果就是伽达默尔所说的'效果历史'，意思是有用的历史，也就是说，真的能够为我们所用的历史，可以从中学到东西的历史，而不仅仅是将过去客观化的档案材料。"[4]P35

2."效果历史意识"：历史永远在其中起作用的意识

伽达默尔在提出"效果历史意识"这个术语之前，首先定义了另外一个术语"发生"："如果我们在传承物中遇到某些可以理解的东西，那么这种行为本身就是发生。"[2]P177历史传承物或历史流传物就是"流传于历史进程中而进入了理解事件的'文本'"[5]，世界上的历史传承物必定有许许多多，但是只有那些进入了人们的视野的、有待理解且可以被理解的才能称作一次"发生"。我们也可以使用我们更加熟悉的词汇对之加以理解："相遇""遭遇"。

"我们本身并不能和发生本身相分离，也不能与它相对立，从而把过去变成我们的客体。如果我们真的这样想，就难以认识到真正的历史经验。我们总是已经处在历史之中。用赫尔德的话来讲，我们不仅本身就是这种环环相扣的长链中的一环，而且我们每时每刻都可能从这种源自过去，迎面走来并传承给我们的东西中理解自己。我把这叫做'效果历史意识'"。[2]P177

因为我们和发生之间存在着千丝万缕的联系，所以难以分离，更不能将之置于我们的对立面、当作我们的客体或对象来研究。我们本身就是历史长河中的一分子，就像"环环相扣的长链中的一环"，谁也不可能将自己置身于这个历史和世界之外，或外在于这个历史和世界，而对历史或发生进行"客观"地和"理性"地考察。也就是说，"这里不存在研究者面对丰富研究对象的那种抽身旁观（或译为不参与的面对）"[2]P179。我们总是在对历史流传物的理解中理解着我们自身。所以说，效果历史意识就是历史永远在其中起作用的意识。

二、"效果历史意识"的本质就是视域融合

1."效果历史意识"受到"效果历史"的规定

伽达默尔在提出上述有关"效果历史意识"的定义后，紧接着就做了一个简短的说明："因为我想用这个概念说明，我们的意识受到效果历史的规定，受

到现实事件的规定,这种事件不可能像与过去遥相对峙那样与我们的意识相分离。"[2]P178 不难推理,伽达默尔在这里所说的"受到效果历史的规定"的这种意识,就是"历史永远在其中起作用的意识"或"效果历史意识"。根据上述有关"效果历史"或"效果历史意识"的定义,我们可以得知,我们每个人也都有自己各不相同的"效果历史",因此由"效果历史"所规定和限制的"效果历史意识"也就各不相同,甚至差异很大。

2. 不同的人"接触"到或"看"到的历史各不相同

对于同一段历史,如我国清朝的历史这个历史"对象",现代人不可能穿越时空回到已经逝去了的年代去研究它,只能通过阅读史书或史籍等文字传承物的方式去了解和认识当时的人类社会历史。由于各种机缘巧合,每个人读到的文字传承物肯定不尽相同,如图书《中国大历史:清史讲义》《哈佛中国史:最后的中华帝国——大清》《饥饿的盛世:乾隆时代的得与失》《雍正皇帝》《清朝那些事儿》《梦回大清》,每本书为我们展现和描述的清朝历史一定各有各的视角、各有各的理解,所以我们每个人所"接触"到或"看"到的那段历史,只是那些文字传承物告诉我们的"清朝历史",或者说是清朝历史的某个版本、某种样子。因此,不同的人"接触"到或"看"到的历史各不相同,甚至可能差异很大。

3. 真正理解了的"历史"才是"效果历史"

人们"接触"到或"看"到的多种多样的历史还不能算各自的"效果历史"。只有当"发生"的行为产生了,即"如果我们在传承物中遇到某些可能理解的东西"[2]P177,也就是说只有当这些文字传承物的视域与我们自己的视域产生了视域融合,这段"清朝历史"中的那些被我们理解和消化了的东西,即我们眼中的"清朝历史",才能成为我们的"效果历史",成为真的能够为我们所利用并从中学到东西的历史,能够对我们将来的理解和诠释发生作用和效果的历史。所以,即便两个人通过同一本史书,如《中国大历史:清史讲义》去了解清朝历史,他们理解到的清朝历史也一定是各不相同的。每个人会将同一本史书所展现和描述的"清朝历史"理解成什么样子的"清朝历史",完全由每个人自己的视域和"偏见"或"前理解"所决定。

4. "效果历史"就是历史的实在和历史理解的实在的结晶

所谓的历史"对象",如我们上述的清朝历史的这种历史的实在,实际上根本不是真正意义上的可以与我们相分离或对峙的对象,而总是我们个人与它的统一体。在我们阅读有关清朝历史的正式书籍之前,我们可能早已通过对有关清朝历史的各种文章、小说、诗词歌赋等各种文字传承物的理解和消化吸收,对之具有或多或少的了解和认识，并且与之成为不可分割的统一体，所以我们早已难以真正客观地或理性地看待清朝历史了。我们最后所形成的"清朝历史"是完全个性化的、掺杂了我们个人的理解和认识之后的"清朝历史"，成为我们每个人的"效果历史"。这种"效果历史"实际上就是历史的实在和历史理解的实在的结晶，但是在"效果历史"中，它们已经水乳交融，很难区分。

5."效果历史"促进了历史的发展

伽达默尔认为，"历史之所以能够成为历史，依赖于它所产生的'效果'，而这种效果始终是我们所理解的历史之效果"[6]。历史之所以能够成为被称作历史的这样一种存在，是因为它被人们理解和消化吸收后，成为将会在人们未来的理解和诠释过程中发挥作用、产生效果的"效果历史"，它因此才能存续下来，成为能够被我们"接触"到和"看"到的历史。

"由于我们在理解历史中事实上重新规定着历史，我们因此对历史也产生着某种作用，即效果。"[6]因为我们每个人所理解的历史各不相同，即"效果历史"各不相同，所以我们反过来又会对历史的发展发挥作用、产生效果，即重新规定和创造了历史。

"真实的历史正是构成历史的诸种要素相互作用的历史，这就是效果历史。"[6]真正的历史正是由构成历史的多种因素（包括每个人所理解的历史）相互作用的结果和产物，也是相互作用的历史。

三、"效果历史意识"的特征

1."效果历史意识具有经验的结构"[1]P489

（1）经验不是指用于自然科学的归纳逻辑里的经验概念

这里所说的经验，不是科学家眼里的那种消除和丢弃了自身内在历史性的经验，不是用于自然科学的归纳逻辑里的经验概念。科学总是将经验客观化或理想化，提倡理性完全可以摆脱一切前见或偏见而工作，并坚持认为基本的经验可以被每一个人重复，被反复地加以验证。

（2）真正的经验是我们"做出"的经验

我们一般在两种不同的意义上讲到经验："一是指那些与我们的期望相适应并对之加以证明的经验"[1]P499，如长辈教给我们的生活经验，如"善有善报、恶有恶报"，以及自然科学中牛顿定律等定律或定理，这些经验因为相对稳定，所以总是与我们的期望相适应,有待我们在生活实践或科研工作中被再次验证。"我们'做出'的经验"[1]P499,这种经验才是真正意义上的经验,而且这种经验总是一种否定的经验。我认为,所谓"做出"就相当于我们所说的"总结出"。比如我们在生活或工作中遭遇了挫折和失败,长辈或老师总是劝告我们应从失败中吸取教训,反思自省,总结经验。这其中就总是涉及对导致我们失败的旧经验的否定,并且必然会"总结出""产生""做出"新的经验,结果令我们对之做出新经验的对象能够拥有更好的知识,正如俗语"失败是成功之母"。从这个意义上来说,我们便能很容易理解"经验的否定性具有一种特殊的创造性的意义"。[1]P499

(3)真正的经验就是我们对自身有限性和历史性的经验

"真正的经验就是这样一种使人类认识到自身有限性的经验。"[1]P505存在和行动于历史中的人,经验越丰富,就越清楚自己的各项能力和自我认识的有限性,越明白自己的一切预见和计划的界限和不可靠性。例如,驾龄越长的司机,看到的车祸越多,越明白车技再好,也不能绝对避免所有的危险局面,开车时通常胆子越小。因为他们深知车祸的发生往往就在一瞬间,人的生命是极其脆弱的,所以不能有丝毫的松懈。"真正的经验就是对我们自身历史性的经验。"[1]P505无论处于历史长河的哪一个时刻,人的思想意识都不会是凭空而来的,都是历史与传统传承给我们的。人不能切断自己和历史之间的一切联系,人如果离开了历史与传统,就像离开空气一样,难以正常呼吸。"效果历史意识"的本质就是这种对我们自身有限性和历史性的真正经验。

2. "效果历史意识具有对传统的开放性"[1]P510

(1)真正的历史意识的诠释学关系

德国存在主义哲学大师马丁·布伯(1878—1965)提出了三种类型的我—你关系:"①'你'作为某领域内的客体;②'你'作为反思性的投影;③'你'作为在言说的传统。只有③才是伽达默尔所认为的真正的历史意识之诠释学关系。"[3]P250因为③体现了"我"对"你"的真正开放,像一场真正的平等对话关系。"我"愿意聆听"你"的所有言说,愿意修正我自己的思想,而不是像操作一部机器一样地操控"你"。这就是效果历史意识形成的基础。

(2)"效果历史意识""对传统所具有的真理要求开放"[1]P511

我们时刻处于历史与传统之中,"效果历史意识"是在我们对历史与传统的接触过程中被历史与传统生成的东西。"效果历史意识""让自身经验传统,并对传统所具有的真理要求保持开放。"[1]P511 "效果历史意识"在经验历史与传统时,也成了历史与传统的某种承载者。因为对历史与传统的真理要求始终保持着开放性,"效果历史意识"因而不断地改变自身,处于持续的变化中。

3. "效果历史意识"的基础是语言性

(1) 语言是人与周围的世界发生联系的媒介

语言不是人可以随意使用和掌控的工具,"不是人使用语言生活,而是人在语言中生活。"[6]P267 从早上起床的第一时间起,人就在使用语言,哪怕是最微小的一个念头、一声感慨、一缕思绪。如果没有语言,很难想象世界会变成何等混乱和混沌。而如果世界只拥有一种语言,即意味着世界各国、各地的人们都可以随意沟通和交流,世界会变成何等高效、发达的地球村,就像巴比伦塔的故事显示的语言的威力一样,连上帝都有所嫉妒和担心因此失去自己的威严和控制力。

(2) "历史通过语言,进入个人的历史意识"[6]P267

语言是保存和储藏历史与传统的"水库"。人类在接受和理解语言的同时,也就接受了由语言所负载、储藏和传达的历史、文化传统和观念,因而成为一个有社会性的人、有思想并与他人能够互相理解的人。对于我们来说,这是一个被动的接纳过程,人们无法选择,更无法摆脱。这也是人在历史中的存在状态。历史通过语言占有个人,进入个人的历史意识和效果历史意识,并形成个人理解和诠释的基础——前见或偏见。

(3) "语言就是理解本身得以进行的普遍媒介"[1]P511

人类的一切活动首先是理解,而理解是以语言为基础和媒介的。因为"一切理解都是解释,而一切解释都是通过语言的媒介进行的"。[1]P511 所有的历史传承物都是通过语言这种媒介而存在的,无论是字、词、成语故事、民间谚语、俗语,还是寓言、童话、传说、名著,无论是口头语言的表达形式,还是书面语言的表达形式。所以人类面对和理解的都是具有语言性质的东西,语言就是理解得以可能的基本条件和普遍媒介。

总的来说,"效果历史意识"是由每个人从出生伊始历经的历史积淀而成。每个人都有自己的"效果历史",因为各自的人生经历和生活体验不同,各自的视域和"偏见"或"前理解"不同,所形成的"效果历史"不同,由"效果历史"所规定和限制的"效果历史意识"也就各不相同。在人生的不同阶段,同一个人的"效果历史意识"也是不同的,它会随着时间的变化而变化。"效果历史意识"的形成过程是不受控制和把握的,没有人能够将自己的"效果历史意识"

造就成自己希望的某种样子。"效果历史意识"和我们的经验密切相关，它始终保持开放的姿态，而语言总是它的媒介。虽然"效果历史意识"的存在不被我们察觉，看不见，摸不着，但却在我们阅读和产生理解和诠释的时候发生实实在在的效果和作用。

参考文献：

[1] 伽达默尔. 真理与方法：诠释学Ⅰ[M]. 洪汉鼎，译. 北京：商务印书馆，2010.

[2] 伽达默尔. 真理与方法：诠释学Ⅱ[M]. 洪汉鼎，译. 北京：商务印书馆，2010.

[3] 帕尔默. 诠释学[M]. 潘德荣，译. 北京：商务印书馆出版，2012.

[4] 弗莱. 耶鲁大学公开课：文学理论[M]. 吕黎，译. 北京：北京联合出版公司，2017.

[5] 郭持华. "历史流传物"的意义生成与经典化[J]. 杭州师范学院学报（社会科学版），2005（02）：90-95.

[6] 张秀娟. 历史与现实的对话——浅析伽达默尔哲学阐释学对翻译文本的影响. 作家，2008（14）：191-191.

5 谁都无法摘下的"有色眼镜"
——哲学诠释学为"偏见"正名

孙 洵

虽然每个人接触"偏见"这个概念的时间早晚不一,但是我相信大家对它的认识和印象大致都是相同的。百度百科将"偏见"定义为:"偏见是某一个人或团体所持有的一种不公平、不合理的消极否定的态度;是人们脱离客观事实而建立起来对人和事物的消极认识与态度;大多数情况下,偏见是仅仅根据某些社会群体的成员身份而对其成员形成的一种态度,并且往往是不正确的否定或怀有敌意的态度。"百度百科对汉语词语"偏见"的定义为:"偏见是人们认识世界万事万物所萌动的臆断情由,它携带着主观意识情感看问题,论人就事。"百度汉语则将"偏见"解释为:"偏于一方面的见解;成见。"

可见,有"正"才有"偏","偏"是相对于或参照"正"而言的,"偏见"无疑就是偏离了"正见"的、不正确的或不符合客观事实的先入之见或认识,是抱着"一种不公平、不合理的消极否定的态度"时所产生的成见或主观臆测。怀有"偏见"的人,就像戴着"有色眼镜",看待人或事必定是有失偏颇的和不真实的。因而几乎所有人都认为"偏见"会干扰和阻碍我们获得正确的认识,所以是应该努力摒除和抛弃的东西,就像对待有色眼镜一样应该毫不犹豫地尽早摘掉。

那么,既然"偏见"是这样一种大家不约而同地共同反对的、饱含贬义色彩的"为害匪浅"的东西,那么我们又何须为它辩护和正名以争取它存在的合法地位呢?又有谁"敢冒天下之大不韪"为"偏见"击鼓鸣冤呢?

一、"偏见"的原意

"自欧洲文艺复兴以降,还没有一位哲学家公开声言,他的哲学是要为'偏见'(prejudices/Vorurteile)辩护。"[1]直到20世纪60年代初,哲学诠释学的主要创始人、当代德国哲学家汉斯·格奥尔格·伽达默尔(Hans Georg Gadamer,1900—2002)推出了他的哲学诠释学开山之作《真理与方法》(Wahrheit und Methode)一书,"提出他的哲学解释学要从人的历史存在来为'偏见'的合法性进行辩护,而整个启蒙运动以来的现代西方哲学应当重新反省它的致知取向,因为它一直在进行着一场从'偏见'反对'偏见'的战争,牺牲的却是人的历史性。"[1]诠释学也称为解释学、阐释学或释义学,可以被简要地定义为有关理解的理论。传统诠释学关注的问题是"如何实现理解","研究达到正确理解之方法的学问",或"理解的艺术",或"防止错误理解的方法"。而"伽达默尔著作的标题本身就包含了一个反讽:方法并非通达真理之路。相反,耽于方法之人不能把握真理。"[2]所以,《真理与方法》并不像传统诠释学那样,志在提供解释的方法论或整个人文科学的方法论,而"首先要从哲学上澄清使理解可能发生的先决条件是什么"[1],或者说,"是伽达默尔在研究一个预备性的与更为根本的问题,不仅在人文科学中,而且在人类对世界经验的整体中,理解何以可能?"[2]

伽达默尔在《真理与方法》一书中,"详尽地追述了'偏见'一词在欧洲几种主要语言中的意义演变,尤其是在德语和德国哲学中的历史变化。"[1]原来,"偏见""原是与法律相关联的词语,指正式法律判决前的临时判决或初判。它可以被更改或撤销,但在正式的最后法律判决确定之前,它具有法律上的效力和合法性。它可以被视为在判决最后形成前所达到的对案情的理解或认识,也是进行法律裁决的依据。因而,'Vorurteile'一词在这里指法官在作出最后判决前的一种对案情的判断,并没有我们现在通常的'先入的偏见'的意味。"[1]

在我国的《中华人民共和国民事诉讼法》中也有类似的相关规定:"先行判决,又称部分判决,是相对于全部判决而言的,是人民法院对已经审理清楚的部分事实和部分请求作出的判决。先行判决是全部判决的一部分,它与就要做出的后一部分判决是完整的对案件的判决,它具有判决的效力,当事人可以对其上诉。"

将我国的"先行判决"或"部分判决"与"偏见"做比较,可以很容易发现:"先行判决"或"部分判决"更注重对"部分事实"和"部分请求"的审理判决。但是在法律领域,无论是"偏见"还是"先行判决"或"部分判决",都没有人们公认的贬义含义,而只是案件判决程序的一个过程,一个比较中性的临时判断。这个判决可能是正确的,也可能不完全正确,需要在最后判决中予以修正。

因此,"偏见"的原意并不必然是否定的意义。

二、"偏见"或"前理解"状态的构成

"偏见"又可以称为"前理解"。"前理解"状态指在新的理解产生和发生之前，已经存在的一种理解状态，是"主体进行理解前的已理解的精神储备"[1]。20世纪存在主义哲学创始人、德国哲学家海德格尔认为，"任何理解的先决条件都要由三方面的存在状态构成"[1]。

"一是'先有'（Vorhabe）。人必要存在于一个文化中，历史与文化先占有了我们，而不是我们先占有了历史与文化。这种存在上的'先有'使我们有可能理解自己和文化。"[1]比如，一个中国人就降生于中国的历史与文化传统之中。我们从出生开始，就处于潜移默化地接受着中国的历史与文化传统的存在状态中。我们可以不假思索地说春节是中国一年中最喜庆、最令游子牵挂的节日，清明则是全年最令人伤感和悲凉的日子；我们对《三国》《红楼梦》《水浒传》的情节和人物有着或直接或间接、或丰富或稀薄的认识，《西游记》《聊斋》等故事早已家喻户晓、深入人心；我们对佛家和道家的了解一定胜过基督教和天主教。中国的历史与文化传统不由分说地熏陶和占有了我们，成为我们的"先有"。

"二是'先见'（Vorsicht）。'先见'是指我们思考任何问题所要利用的语言、观念及运用语言的方式。语言、观念自身会带给我们先入的理解，同时也把这些先入的东西带给我们用语言思考的问题。"[1]人无论出生在世界的哪个地域，都拥有自己的语言和观念。我们在从父母、家人、老师和社会习得语言的同时，也接受了由语言所保存和负载的历史、文化传统和观念。语言和观念对于我们来说好像是与生俱来的东西，我们每天沉浸其中而没有察觉，但它们却形成了我们理解问题时的"先见"。

"三是'先知'（Vorgriff）是指我们在理解前已具有的观念、前提和假定等。在我们开始理解与解释之前，我们必定有已知的东西作为推知未知的参照系，即使是一个错误的前提或假定，也是理解开始的必要条件。"[1]先知是指我们在理解之前积累的知识和经验等，由此而产生了对于被理解的东西的某种预期和期待。"一个人必须已在某种程度上了解被讨论的东西，这可称之为理解所必备的最低限度的前知识"[2]。例如，我们面对书店橱窗里展出的一本新书，我们会根据以往的知识和经验，大概将其分类，如科普、哲学、心灵鸡汤、股票投资等，随即产生一个有关该书的前提和假定，即它大约会涉及什么背景下的内容。又

如,"在文学诠释中,一篇抒情诗歌文本之最'无预设'的诠释着都有一些预先的假设。甚至在他探讨一篇文本时,他就可能已经将它视为一种特定的文本——比如一首抒情诗,并且使自己处于这种姿态:他将作出与这样一种文本相适应的诠释"[2]。

"理解所处的这种作为人的存在的状态,也可称作理解的'前理解'状态。它先于主体与客体区分的自觉意识,理解必须由'前理解'开始,而不是从'主体'开始。"[2] "偏见"或"前理解"使理解成为可能,它是一切理解赖以发生的前提和先决条件,也是一切新的理解的出发点。

三、"偏见"作为哲学观念的重要意义

伽达默尔在其《真理与方法》一书中"第一次以正面褒扬的态度,使用'偏见'作为一个哲学观念,去说明'偏见'是人的历史存在状态"。"海德格尔是以'先有''先见'和'先知'来作为人的'前理解'存在状态的内容,也可称作'前理解'的结构。伽达默尔把这三方面的内容融为一体,统称它们为'偏见'或'先见'。"[2] "偏见"作为哲学观念的具体意义体现在如下几个方面:

1. "偏见"是人的历史存在方式

人类在对语言的使用中存在着,人类在接受和理解语言的同时,也就接受了由语言所负载、储藏和传达的历史、文化传统和观念,同时接受了历史传递给我们的"偏见"。对我们来说,这是一个被动的接纳过程,我们无法选择,更无法摆脱。这也是人在历史中的存在状态。"人能够成为社会的人,思想的人,理解的人,赖于他接受并理解了语言中的文化。"[2] "'偏见'或'前理解'至少包含着下列几个关系到人的存在的因素:语言、经验、记忆、动机、意向"[2],其中,语言是使"偏见"成为人的历史存在方式的最为决定性的因素。

2. "偏见"来自历史、立足现在、创造未来

伽达默尔又称"偏见"或"先见"为"视野"或"境界",包含着三个时间段,即理解的历史性涉及的时间段。"始终依据过去、现在和未来观察世界的理解本身的内在时间性"[2]:一是来自过去的历史、文化与传统赋予了一个人理解的背景和前提,"唯有通过从过去承传下来的意向、关照方式和前观念,才能洞察和理解现在"[2];二是"偏见"或"先见"使他立足于现在或当下,能够从这个"视野"或"境界"出发展开理解的活动,这个"视野"或"境界"也同时决

定了他理解的广度和深度，决定了他的立场和角度，"绝不存在与当前无关的对历史的纯粹观照和理解，恰恰相反，唯有并始终通过立足于当前的意识，才能洞察与理解历史"[2]；三是人类从脚下起步，产生新的理解的同时，也在创造着新的历史、文化与传统，理解为未来可能的存在提供多种可能性。

3. 在哲学上具有重大的转折性意义

海德格尔将理解定义为"一种把握自身存在可能性的能力"[2]或"理解是人存在的方式"[2]。这一重新定义在哲学上具有重大的转折性意义，因为它不再被视为人的理性认识的一种能力、致知的手段，也不再被当作人的"主体意识"。"它超越了以主体客体相区别的关系去进行解释和理解的传统思维方式。"[2]它也超越了所有基于主—客体模式的认识论和方法论的观念，使诠释学从认识论和方法论上升到本体论的高度，"理解已被从本体论上进行了新的规定界说"[2]。这种新的理解意识逐步成为伽达默尔的哲学诠释学的基础。

四、所有的阅读都是戴着"有色眼镜"的阅读

阅读的定义多种多样，但"吉布森和利文（Gibson & Levin，1975）关于阅读的定义被认为具有一定的综合性而被许多人接受。他们认为：'阅读乃是从篇章中提取意义的过程'。"[3]而"道林和莱昂（Downing & Leong，1982）认为，阅读具有更为广阔的范围。"[3]所以，他们将阅读定义为："阅读乃是对于记号的解释。"[3]我国学者张必隐为了研究阅读心理学的需要，将阅读的定义修改为："阅读是从书面材料中获取意义，并影响读者的非智力因素的过程。"[3]百度汉语将阅读定义为："看（书、报等）并领会其内容"。由上述定义可见，无论是"提取意义"，还是"解释"记号，抑或是"获取信息"，理解和"阐释是阅读过程的基本要素"[4]。这与百度百科对阅读的进一步说明不谋而合："阅读是一种理解、领悟、吸收、鉴赏、评价和探究文章的思维过程"。

人们在日常生活和工作中，时刻发生着阅读行为，同时在不停地理解和诠释，阅读、理解和诠释如影随形、相伴相生，并卷入人生的各个层面。进而言之，阅读不仅是理解和诠释，它正是历史、文学和艺术作品的传承方式。人们在阅读时不可避免地在头脑中饱含着"前理解"，抱持着"偏见"，开始并进入阅读，人的所有阅读都是戴着"有色眼镜"的阅读。每个人都戴着自己的个性化的"有色眼镜"，虽然绝大多数人可能还没有意识到这个"有色眼镜"的存在，甚

至总是盲目自信地认为自己的阅读一向都是客观的、理性的、不带任何"偏见"的,但殊不知这副"有色眼镜"一直都伴随着他的一生,无法摘下。

参考文献:

[1] 殷鼎.理解的命运[M].北京:生活·读书·新知三联书店,1988.

[2] 帕尔默.诠释学[M].潘德荣,译.北京;商务印书馆出版,2012.

[3] 张必隐.阅读心理学[M].北京:北京师范大学出版社,1992.

[4] 弗莱.耶鲁大学公开课:文学理论[M].吕黎,译.北京:北京联合出版公司,2017.

 6 体验：通往理解彼岸的桥梁
——哲学诠释学"体验"释义篇

孙 洵

随着我们对哲学诠释学理论学习的不断推进，我们认识了哲学诠释学的另一个非常重要的概念："体验"。"体验"是由"哲学诠释学之父"、德国的哲学家、历史学家、心理学家和社会学家威廉·狄尔泰（Wilhelm Dilthey，1833—1911）引入诠释学的，这成为他对诠释学所作的最重要的贡献之一。另外，因为"体验"概念"还表征着狄尔泰诠释学的最主要特点"[1]P69，"构成了对客体的一切知识的认识论基础"[1]P69，解决了理解何以可能的问题，所以有学者甚至将狄尔泰的诠释学名为"体验诠释学"[1]P51，以区别于海德格尔、伽达默尔、贝蒂、哈贝马斯等其他形式的哲学诠释学流派。可见，"体验"概念在狄尔泰的哲学诠释学思想中具有极其关键的地位。

在中国，对于"体验"的解释（百度百科）主要有三种：①亲身经历，实地领会。如，南宋理学大师朱熹（1130—1200）的《朱子语类》卷一百一十九："讲论自是讲论，须是将来自体验。说一段过又一段，何补！……体验是自心里暗自讲量一次。"②通过亲身实践所获得的经验。如，著名文学家鲁迅（1881—1936）的《花边文学·看书琐记》："文学虽然有普遍性，但因读者的体验的不同而有变化，读者倘没有类似的体验，它也就失去了效力。"③查核，考察。如，北宋文学家苏轼（1037—1101）的《奏论八丈沟不可开状》："臣体验得每年颍河涨溢水痕，直至州城门脚下，公私危惧。"

在德国，直到18世纪，"体验（Erlebnis）"一词都不存在。该词最早出自德国哲学家格奥尔格·威廉·弗里德里希·黑格尔（Georg Wilhelm Friedrich Hegel，

1770—1831）的一封信（《黑格尔书信集》，霍夫迈斯特编，第3卷，第179页），在19世纪的40年代、50年代也只是偶尔出现。但是，在19世纪70年代，从一部德国著名思想家、作家、科学家约翰·沃尔夫冈·冯·歌德（Johann Wolfgang von Goethe，1749—1832）的传记（以及一篇关于这个传记的论文）开始，该词突然成为一个常用的词。是狄尔泰"首先赋予这个词以一种概念性的功能，从而使得这个词不久发展成为一个受人喜爱的时兴词，并且成为一个令人如此容易了解的价值概念的名称，以致许多欧洲语言都采用了这个词作为外来词。"[2]P93

一、"体验"的词源"经历"的定义

因为"Erleben（经历）"可视为"Erlebnis（体验）"的词源，"体验"是"经历"被再构造之后获得的新词，所以我们可以通过分析"经历"一词的意义从而获得"体验"的含义。伽达默尔在他的哲学诠释学经典名著《真理与方法》中将"经历"定义为"经历首先指'发生的事情还继续生存着'"[2]P92。说起"经历"来，我们通常会说某人的"某段经历"。这就是说，从时间上来说，"某段经历"一定有一个开启和展开的时间点，也有一个截止和结束的时间点，就像某件发生的事情一样有始有终。随着时间的流逝，某段经历或某件发生的事情终究都会过去。那么，某段经历或某件发生的事情如何才能"继续生存着"呢？如果它们能够"继续生存着"，那么它们又是以什么样的方式重获新生的呢？

二、从"经历"到"体验"的升华

按照伽达默尔的说法："如果某个东西不仅被经历过，而且它的经历存在还获得一种使自身具有继续存在意义的特征，那么这种东西就属于体验。"[2]P93 由此我们可以推理，并不是每段"经历"都能够使被经历的东西获得继续存在或生存的意义，并不是每个经历者都能够从每段"经历"得到值得"延续、重视和意味的"[2]P93收获或结果。只有当某段经历或某件发生的事情已经过去了，但被经历的东西却能够"获得了一个使其自身具有永久意义的铸造"，汇入了生命整体之流，这种东西才叫"体验"。"由于他的体验，所发生的事物变成了'被体验物'（Das Erlebte），当发生的事物沉没在时间长河中时，它作为'被体验物'却沉淀在体验里，构成了体验中经久不衰的内涵"[1]P52。

其实，在狄尔泰的学术生涯早期，"体验"一词并没有明确的意义。而"在狄尔泰后期，体验正是指直接的所与（das unmittelbar Gegebene），而这种直接的所与就是一切想象性创作的最终素材"[2]P95。可以说，主导狄尔泰铸造"体验"概念的是"所与"概念，或"被给定物"或"所给定物"。但这种"所与"或"被给定物""所给定物"，"包括文献、艺术品、历史、文化传统，乃至整个世界等一切与理解者发生关系的对象"[1]P111，并不是外界主观单方面、一视同仁地给予我们的东西，我们只需被动地、无差别地接受所给予的一切。如果我们在经历的过程中，完全没有内省和领悟到它，我们的经历就没有任何收获和结果，就没有任何体验留存下来。就像狄尔泰所认为的："体验并非如一种感觉物或表象物那样对立于我：它并非被给予我们，相反的，只是由于我们内省到了它，只是由于我将它看作为某种意义上属于我的东西，从而直接据有它，实在体验才为我们地存在着。"[1]P53 比较狄尔泰和伽达默尔有关"体验"的定义描述，我们可以看到这两种定义在本质上是一脉相承的。

由于传记文学比较典型地符合"体验"的定义，所以通过传记特别是自传，"体验"一词首先被采用。因为自传"主要叙述自己的生平事迹和著作，根据各种书面的、口述的回忆、调查等相关材料，加以选择性编排、描写与说明而成……纪实性是传记的基本要求。"（百度百科）如，我国西汉史学家司马迁（前145或前135—？）的《史记·太史公自序》，东汉思想家王充（27—约97）的《论衡·自纪篇》，南朝政治家、文学家江淹（444—505）的《自序论》，我国田园诗人、辞赋家陶渊明（352或365—427）的《五柳先生传》，美国著名作家和演说家马克·吐温（Mark Twain，1835—1910）的《马克·吐温自传》，古罗马帝国时期天主教思想家圣·奥勒留·奥古斯丁（354—430）的《忏悔录》，俄裔美籍作家弗拉基米尔·纳博科夫（Vladimir Vladimirovich Nabokov，1899—1977）的《回忆录》，这些自传高度凝聚和表达了对历史产生影响的著名政治人物、思想家、艺术家、诗人等重要人物的思想境界，是他们真实的经历留存下来的收获或结果，值得后辈的重视、研究和品味，因而流传百世，历久弥新，所以是经典的体验。

各种形式的游记，就像某部人物自传的一个片段，都是人们亲身经历的收获或结果，因而成为他们自己的体验的一种表达。因为这些人思想更深刻、眼光更敏锐、感触和内省更丰富，所以他们及时记录了自己的所见所闻、思想火花和灵感，获得了难以忘怀并值得回味一生的体验。就像尼采所说的："'在思想深刻的人那里,一切体验是长久延续着的。'他的意思就是:一切体验不是很快地被忘却,对它们的领会乃是一个漫长的过程,而且它们的真正存在和意义正是存在于这个过程中,而不只是存在于这样的原始经验到的内容中。因而我们专门称之为体验的东西,就是意指某种不可忘却、不可替代的东西,这些东西对于领悟其意义规定来说,在根本上是不会枯竭的。"[2]P101

三、"体验"的特征

1. 直接性的特征

"体验"必须有如"我"或"自我"的认知主体的亲自在场或参与,"体验"永远是我自己的亲身体验。我曾经有过参军、出国留学、一次可怕的海啸或地震的经历,因而获得了对部队生活、国外的风土人情、自然灾害的认识和体验。这样一种通过自我"体验"直接性地把握周围第一手材料或实在东西的方式,这样一种通过自身"体验"而证实或学习的方式,不同于从别人那里获得知识的方式,如向老师、家长或富有经验的年长者学习专业知识、生活常识或生活智慧的方式,也不同于"来自道听途说,或者推导、猜测或想象出来的"[2]P92方式,如世界三大数学猜想费马猜想、四色猜想和哥德巴赫猜想。如果说"所经历的东西始终是自我经历的东西"[2]P92,那么,所体验的东西始终也是自我体验的东西,即直接所与。可想而知,"这种直接性先于所有解释、处理或传达而存在,并且只是为解释提供线索、为创作提供素材"[2]P93。

2. 收获的特征

从"经历"的定义来看,如果经过自我直接性的"经历","发生的事情还继续生存着",那么所经历的东西或发生的事情继续存在的内容,"如同一种收获或结果,它是从已逝去的经历中得到延续、重视和意味的"[2]P93,这种继续存在的内容——"直接性留存下来的结果"[2]P93就是体验。同时,正是"由于他的体验,所发生的事物变成了'被体验物'(Das Erlebte),当发生的事物沉没在时间长河中时,它作为'被体验物'却沉淀在体验里,构成了体验中经久不衰的内涵"[2]P93。例如,汉语成语"吃一堑,长一智",意思是大多数人在遭受一次挫败的经历后,都会从中吸取经验教训,增长一分才智或智慧,以避免下次重蹈覆辙。这是从失败的经历中总结经验教训的收获或成果,即体验。这次失败的经历虽然已经过去了,但它却以增加了的才智或智慧的形式继续生存着,令失败的经历得到延续、重视和意味。

3. 个人性

"体验"无疑具有极大的个人性。就算经历同样一件事物，每个人的"体验"的差别一定是很大的，因为"体验则是一种活生生的'自我经历'，是在意识中直接给予的东西"[3]。在"自我经历"后所收获的体验是怎样的，是由一个人之前的经历、经验、感悟能力等多个方面的素养决定。它是内省、感悟后的产物，但不是通过内省得以阐明的，就像狄尔泰所说的"体验是一种质的所是，它等于一种现实性，它不是通过内省能够得到阐明的，而是在未被区分的向下所及之处里被占有"[3]。

四、"体验"是理解的前提和基础

1. 理解的对象和范围就是生命或精神的整个客观化领域

狄尔泰多次强调："理解和解释是精神科学使用的方法。在理解和解释中，所有的功能汇集于一身。它们自身包含着所有精神科学的真理。在每一点上，理解都打开了一个世界。"[3]同时，理解也永远是诠释学研究和追求的主题。但是，狄尔泰的"理解"概念有其特定的含义："我们把从外在感官上被给予的符号去认识内在思想的过程称为理解"[3]，因为"这些符号就是心理状态的表现"[3]。按照狄尔泰的这一定义，只有当理解的对象是"外在感官上被给予的符号时"，我们对于这些符号所反应的心理状态的表现、生命客观化的意义构成物、人类的内在精神的领会和把握才算真正的理解。在《解释学的起源》中，狄尔泰明确指出"这种理解的范围从对孩童喃喃口语的把握到对《哈姆雷特》或《纯粹理性批判》的理解。从石头、大理石和乐声中，从手势、话语和文字里，从行为、经济制度和宪法上，同样的人类精神都在向我们诉说……"[3]狄尔泰关于理解的对象和范围，其实和精神科学中理解的对象是基本一致的："与自然科学不同，在精神科学中，理解的对象是已成为历史，或将成为历史的'文本'（在某种意义上，一切文本均是历史的），文本所描述的对象及其所蕴含的意义"[1]P68。

2. 理解从来都是间接的，它必须以"体验"为中介

狄尔泰关于理解的这一定义，决定了他的理解"从来就不是直接的"[1]P67，不是可以直接关照或经验的，"而是一个间接的过程，它包含着一条从外到内的前进路线"[3]。理解者必须从外在感官上被给予的符号入手，从这些生命的客观

化物着手,进入作者当时的心理状态,"通过自身对作者心理过程的'体验'来重建这一过程,以达到对文本的理解"[1]P67。也就是说,"理解者必须首先对文本的创作过程作心理学上的还原,悉心体验,彼此认同,借此进入作者的视野,才能重建整个创作的心理过程,揭示文本的'原意'"[1]P67。

至于如何以"体验"为中介达到理解生命的客观化物的意义这一目的,伽达默尔给出了更具体的有关理解的机制解释。伽达默尔认为,"'在语言中理解'表现为'你'和'我'的对话结构。'你'涵盖着包括文献、艺术品、历史、文化传统,乃至整个世界等一切与理解者发生关系的对象"[1]P111,即我们所说的意义构成物。"伽氏进一步揭示了对话之所以能被理解的根据。他指出,沟通对话双方的桥梁乃是'体验'。"[1]P114虽然,"体验"一词在狄尔泰那里获得了概念性的功能,但到了伽达默尔该词变得更加重要了。理解的真正奥秘在于"理解者感知着语言所展示的被理解的经验和体验,通过此一感知到达构成意义的源头。这个源头便是一切理解的共同基础。不同理解者对这一最初构成意义的东西之再体验因之而具有某种共同性,并且,就体验而言,理解者通过语言与已逝去的意义构成物形成一种自接性关联、一种新的体验统一体。'我们'能够相互理解的秘密便在于此——我们的体验超越时空在构成意义的源头上达到了统一"[1]P114-115。

3. 一切对意义的理解都是一种返回生命本源的运动

伽达默尔认为:"生命对狄尔泰来说,完全意味着创造。由于生命客观化于意义构成物中,因而一切对意义的理解,就是'一种返回,即由生命的客观化物返回到它们由之产生的富有生气的生命性中'"。[2]P99

在解释或理解历史对象或历史流传物等精神科学中的意义构成物的时候,它们最初对于我们来说好像很陌生、很不可理解地站在我们的对立面。我们从我们的外在感官被给予的这些符号入手,探寻它们背后隐藏的真正意义。但我们能够追溯到的最初的所与或给定物,不会像自然科学那样是实验和测试的数据,而是一种意义统一体,也就是我们的意识中所与物或给定物的原始统一体。但是这个统一体对于我们来说已经不再是陌生的、不可解释和理解的对象性的东西,而是一种我们自己的体验统一体。也就是说,这种体验统一体就是我们的体验和"历史流传物所承载的生命之体验"[1]P56。在解释历史对象时所追溯到的最初的所与相互碰撞时的产物,是我们自己个性化的东西,所以不再陌生和不可解释了。就像伽达默尔所说:"在解释历史对象时所追溯到的最初的所与并不是实验和测试的数据,而是意义统一体(Bedeutungseinheiten)。这就是体验概念所要表达的东西：我们在精神科学中所遇到的意义构成物（Sinngebilde）——尽管还是如此陌生和不可理解地与我们对峙着——可能被追溯到意识中所与物的原始统一体。这个统一体不再包含陌生性的、对象性的和需要解释的东西。这就是体验统一体（Erlebniseinheiten）。这种统一体本身就是意义统一体（Sinneinheiten）。"[2]P98-99 所以，一切对意义的理解，都是一种返回，一种返回到意义构成物所承载、所凝聚的生命之体验。

参考文献：

[1] 潘德荣. 诠释学导论[M]. 桂林：广西师范大学出版社，2015.
[2] 伽达默尔. 真理与方法[M]. 北京：商务印书馆，2016.
[3] 付德军. 理解生命——狄尔泰生命解释学探微[D]. 复旦大学，2010.

水中月
——《文学理论》视角中的诠释学

孙 洵

如果不是因为一位书友的推荐,以我自己的见识,我可能暂时不会对保罗·H.弗莱(Paul H.Fry)的《耶鲁大学公开课:文学理论》(Theory of Literature)这本书感兴趣。或许,它一直都不会引起我的注意,在我已经拥有整整半排标题或副标题直接含有"诠释学"或"解释学"字样的书籍的背景下。对于像我这样致力于在诠释学(或阐释学)领域研究点儿什么名堂出来的人来说,竟未想到研究文学理论的书籍里会包含这么多有关诠释学的内容。

一、《耶鲁大学公开课:文学理论》简介

首先,这本书的形成令我觉得非常有趣。它的原始素材来自作者于2009年在耶鲁大学根据其"一页左右的潦草笔记即兴讲的"[1](以下除非特别说明,引用皆指该书)讲座的录音带。录音带经过机器的自动记录后成为文本,然后经由一位女子的校对,最后作者本人对之进行了"简单的修改"和"详细阐释",录音带便"转写成书稿"。

我翻开这本书,就好像站在作者为我打开的一扇窗前。透过这扇窗,我看到作者对阐释和阅读的诠释和反思。可是,在我精读了该书的前言、导论、"对阐释和阅读的第一组反思",并粗读了"文本和结构"和"社会语境"等部分章节之后,我才意识到该书在每章标题下列举的阅读材料,也就是该书对多位思想家著作的引用,都摘自一本"以其明智、丰富的选文(选文覆盖了整个批评史)

和通情达理的导读在这个领域独树一帜"、由大卫·里克特（David Richter）编纂的《批评传统：经典文本和当代趋势》(The Critical Tradition: Classic Texts and Contemporary Trends, 3rd ed. Boston: Bedford/St. Martin's, 2007)"而不是直接引自每位思想家的原著。无疑，这又为我开启了另一扇窗：《批评传统：经典文本和当代趋势》。

对于正在试图寻找诠释学和阅读之间不可分割的关系的我来说，因为语言的障碍，不可能直接阅读相关领域的德国、法国等外国知名学者的诠释学原著，连退而求其次的中译本原典也常常不得要领。现在，我只能诉诸面前这本"既权威、涉及范围广、又好读"[1]的理论导论。现在，我寄望于通过《耶鲁大学公开课：文学理论》对诠释学的诠释去了解诠释学，争取得到诠释学的"要领"，那么我是否能如愿以偿呢？以我在之前相当长的一段时间内关注诠释学而形成的惯性思维，我难免有些担忧。这本书是否能够正确理解和诠释诠释学，是否"充分地解读"了诠释学，是否真正把握了诠释学的真谛，以便我获取正确的诠释学知识、掌握诠释学的"要领"呢？这本书是否又能更好地理解和诠释诠释学、更好地按照"诠释学"的本来面目去认识它、以便我更好地获得诠释学的"要领"或真理呢？

我知道，如果我认可美国著名文论家赫施（Eric Donald Hirsch, 1928—？）在1967年出版的《解释的有效性》一书中所做的努力，认可赫施对含义（Sinn）和意义（Bedeutung）的区分，即"含义存在于作者用一系列符号所要表达的事物中……，而意义则是指含义与某个人、某个系统、某个情境或与某个完全任意的事物之间的关系"[2]，那么我理应相信"本文的意义处于变动不居的历史演变之中，而本文的含义则是确定的、不变的"[2]，相信本文中存在着固定不变的、客观的含义或意义（meaning）。因此，我的这一提问"是否能够正确理解和诠释诠释学"就显得比较合理了。

我们"从什么立场可以证明某个具体事情理解的正确性呢？"[3]我们既然没有对某件事物理解或诠释得是否正确的判断标准，因此也就无法做出相应的判断，所谓"理解和诠释得正确与否"就是一个伪问题了。这样一来，如果"正确解释的理想不在了，同样，浪漫主义的更好理解的模式也与它一起被取消了。如果'理解'可以这样地称之为被真理所招呼，那么想区分真理的'程度'就显然是一种愚蠢的要求。理解的成功，即与某事情来到谈话，是自我满足的，而从不会被一个更正确的理解所代替。'如果我们一般有所理解，那么我们总是以不同的方式在理解,这就够了'"[3]。基于如上的理论分析,我的上述两个疑问全都显得多余了。我想我不如坚信作者对诠释学真理无限接近的能力,尽快"凭窗远眺",尽早欣赏作者带给我们的精彩诠释。

二、诠释学简介

《耶鲁大学公开课:文学理论》在导论中提出了"阅读是怎样完成的"。"当我们说我们能够充分地解读某个事物,或对正在进行的阅读有某种依据,我们——任何人——是如何得出这样的结论的?阅读经验是什么样的?我们如何直面文本?文本在很多方面与我们相距遥远,我们应该如何与之发生联系,这些都是所谓的阐释学(hermeneutics)提出的问题。"

作者在第三章"进出阐释循环的方法"中,首先提出了"阐释学"的定义:"尽管这个词有着唬人的发音,'阐释学'可以很容易地被定义为阐释的科学"。具体地说,阐释学是"对我们如何阐释事物做一个系统的研究"的学科。

接着,作者解释道,虽然有关阐释学的研究工作至少从中世纪就开始了,"但事实上,人们对它感兴趣是很晚近的事情"。究其原因不外乎人们"一般不会在如何进行阐释、如何才能确定阐释的有效性等问题上纠结不已,除非意义对你来说变得非常重要,或者确定意义变得很困难。"基于此,可以说阐释学的产生和发展机缘与如下所述的几个节点事件相关:"导致我们所谓的'阐释学'在西方兴起的是宗教革命。"随着接踵而至的宪政民主,阐释学"逐渐从宗教的范围扩展到了法律研究上"。在浪漫主义时期(约1790—1900),"当文学开始在部分读者那里至少在一定程度上代替了宗教时,意义的重要性和理解上的难度都在增强,文学阐释学就变得很必要了"。这大概就是阐释学的研究对象或研究范围从圣经扩展到法律,再发展到文学作品的历史过程。

作者随后将阐释学传统进行了清晰的梳理,大致分成两条路线。在浪漫主义时期"一生都致力于建立一种既可以用于文学又可以用于圣经研究的阐释学"的神学家弗里德里希·施莱尔马赫所建立的阐释学传统中,"直接受施莱尔马赫影响的是19、20世纪之交的威廉·狄尔泰、1927年写作《存在与时间》的马丁·海德格尔和伽达默尔。"而他们的对立面有哪些学者呢?他们就是"从康德到胡塞尔,再到埃米利奥·贝蒂和赫施。"我个人以为这种区分非常必要,也非常重要。如若不然,人们可能只注意到施莱尔马赫、狄尔泰、海德格尔、伽达默尔之间观念的差异,而忽视了原来他们在较高的层次上来看还属于同一个"阵营"。

三、为"偏见"正名

在介绍了阐释学的研究范围、定义、发展机缘和发展历程之后，作者紧接着来到了第三章的核心议题"施莱尔马赫的基本问题框架"，即"阐释的循环"，"它描述了读者和文本的关系，或者在某些阐释学学者眼里是读者和作者的关系"。我想如果我们希望理解阐释的循环以及进出阐释循环的方法，则必须厘清和掌握如下这些重要概念的真正含义和它们所反映的哲学思想。除了著名的概念"视域融合"（Horizont-overschmelzung）和"效果历史意识"之外，其余的概念都显得意思相近。依照它们在该书中出现的先后顺序，列于如下："前投射""前理解""前结构""前有""偏见""前判断""先判断"。

在上述这些看上去意义相似的一堆概念中，作者唯一给出明确定义的名词是"前投射"："就是说在我们阅读之前就有的对文本的理解"。作者在下一句话中紧接着就说："这种前理解的作用方式就是理解存在着什么。"因而我认为可以推断"前投射"和"前理解"具有相同的含义，"前投射"等同于"前理解"。作者在提出"偏见（Vorurteil，前判断）"这个概念时，将"前判断"也一并提出，说明"偏见"也就是"前判断"，它们是同一概念，"偏见"等同于"前概念"。在作者解释海德格尔有关阐释循环的分析时，写道："我们之所以必须认识到，当我们是阐释者的时候（我们在生活中的每一刻都是阐释者），我们总是带有前理解，即'偏见'，这就是原因。"显而易见，作者认为"前理解"即"偏见"，"偏见＝前判断＝前理解＝前投射"。而"前结构"和"前有"在该书的前四章中并未给出明确的定义，也未给出其与其他术语的关联，所以暂不讨论。简单来说，"偏见"或"前理解"就是读者阅读之前对阅读对象拥有的假设、了解、看法或先入之见。按照诠释学的观点，读者是带着"偏见"或"前理解"进入阅读的，它是阅读者的存在状态，是一切理解的起点，也是阅读者的视角、视域、局限性、成见或"有色眼镜"。如果我们不承认"偏见"的存在，那我们就是抱持了对"偏见"的偏见。

海德格尔在其书籍《存在与时间》的"阐释循环的分析"一章中所做的论述能够比较明了地说明这层意思。"当我们要做某事的时候，对切近之物素朴的看源始地具有解释结构，如果相对某种东西不是以'作为'的方式来把握，恰恰需要作出某种调整。""切近之物"即我们在生活中可能看到的任何东西，如一个文本、一本书、一段历史或者一个物品，如"教室后方写着'出口'的指示牌"。"素朴"原指朴实、质朴无华，在这里我觉得应为不添加任何联想、推测和推敲。"源始地"就是源初地，在这里应该说的是阅读者见到某种东西之后的第一反应。无论我们阅读什么，或看到什么，从第一眼开始，我们就已经拥有了对于这个阅读对象或多或少、或深或浅、或正确或有失偏颇的概念、了解、认识、印象和理解，具有了某种解释结构，就像该书作者所说的："我已经把一千个前理解带到了'看'这个简单的动作上"。如，看到一块写着"出口"的指示牌，不用多想，你就知道它是一块指示牌，指引着出口的方向；看到一首诗，你就自然能认出它是一首诗。就像读者所说的，"我们在生活中的每一刻一直都是阐释者"。反之，在我们明明对某种东西拥有了一定的偏见或前理解，即一定的理解和认识的前提下，很自然地将这种东西作为某类东西来把握和看待的情况下，却偏偏要把自己头脑中的所有记忆全部清空，回到初生婴儿的无知、无瑕的原初、清明状态，悬置或撇开我们的视域，不做任何理解，这"将是非常不同寻常的经验"。这就好比对于一个具有独立思维能力的人来说，看到一块儿写着"出口"的指示牌，却不知其为何物，没有任何阐释，没有任何前投射，这才是"恰恰需要作出某种调整"的不正常行为，"是对思想进行极其艰难的扭曲"后的结果。

四、阐释的循环

基于前述的铺垫和准备，综合该书中有关"循环性的问题框架"和"思维的循环"的描述，我现以"切近之物"为一段文本或一件作品为例，并按照部分和整体的关系来表达，将阐释的循环重新梳理如下。

首先，当读者遇见某个文本或作品时，就拥有了"基于一个想象的或者假设的整体"，或者说偏见或前理解，即"先于初步阅读就拥有的一个意见"。这份偏见或前理解决定了他（她）以对某种意义的特别期待的方式去阅读这个文本或这个作品。然后，当读者"进入一个文本或一个作品时，首先读到的当然是一个词或者一个句子。文本还剩余很大一部分没有阅读，所以第一个片段是一个部分"。这个部分的"某些初步的意义"因为读者"以对某种意义的特别期待的方式阅读作品"而出现，也就是说这些初步的意义部分地由偏见或前理解所影响和决定。一旦"某些初步的意义在文本中出现"，读者"就把一个意义投射到作为整体的文本中"，即他（她）"一旦他知道部分是什么样的，他就投射或者想象包含了这个部分的那个整体应该是什么样的",偏见或前理解因此不断地被他(她)洞察到的意义所修正。对整个文本或作品的整体印象或偏见、前理解改变了,也会因而影响或者改变读者对这个部分的理解和诠释。接着,读者带着新的偏见或前理解以及"对整体应该是什么样子的理解继续读后面的部分——词、句子,无论什么东西"。当然,整体的样子也是经过读者更新过的"新样子",随着阅读的不断进行,偏见或前理解都在随之不断地更新和变化。"这种阐释活动的循环性呈现为从一个部分转移到对整体的预想,接着回到下一个部分,再回到一个修正过的整体感,如此这般不断循环。"需要特别说明的是这种阐释的循环性不仅仅适用于理解文本或作品,也适用于对历史视域的理解,适用于"跨越社会或者文化之间的鸿沟",甚至适用于人与人之间的对话。

该书作者认为伽达默尔的著作《真理与方法》(Truth and Method)的书名"暗示了真理和方法之间是有区别的","伽达默尔主要攻击的是被他称为'历史主义'的方法论"。而"伽达默尔所说的历史主义是这样一种信仰:为了能够进入其他时空,你可以撇开前理解,可以完全摆脱自己的主观性和自己对事物的看法。也就是说,你可以抛弃你自己的思想,然后完全进入别人的思想,这是达到'历史客观性'的'方法'"。伽达默尔认为这是不可能的。伽达默尔坚信"人们能做的就是承认另外一个视域","你试着寻找共同的基础,寻找融合现在与过去、这里和那里的方式,结果就是伽达默尔所说的'视域融合'。视域融合的积极效果就是伽达默尔所说的'效果历史',意思是有用的历史,也就是说,真的能够为我们所用的历史,可以从中学到东西的历史,而不仅仅是将过去客观化的档案材料"。在这里必须补充说明:"效果历史"即存在于每个人头脑中的"效果历史意识"。

五、期待视域

该书第十六章标题为"读者与文本的社会渗透性",该章"主要关注文学的社会语境和环境的理论",并从"主要关注点是生产文本的生活世界"的米哈伊·巴赫金和"主要关注点是作为文本接受者的生活世界"的汉斯·罗伯特·姚斯两位理论家开始。而接受史研究的内容"首先是一个读者在特定时刻阅读特定文本时接受传统并做出突破而变化了的期待视野,要区分哪些是新的视野哪些是旧的,它不只是此时此地发生的一次变化,而是在实践中相继发生的变化"。

关于"期待视野",该章节除了这段描述之外,并没有给出明确的定义。许多读者读完这段话后,估计也和我一样对什么是"期待视野"还是弄不明白,虽然我也认为一个英式足球的新闻报道对于"期待视野"一词的非专业用法很可笑——"足球爱好者的趣味都建立在一个较高的期待视野上"[4],因为这位新闻记者将"期待视野"简单粗暴地等同于"期待"了。但是,我从这则新闻中也朦胧意识到姚斯的"期待视域"与伽达默尔的"偏见"或"前理解"之间可能具有的某种关联。这使我联想到本文第四部分关于阐释的循环的一段话:"这份偏见或前理解决定了他(她)以对某种意义的特别期待的方式去阅读这个文本或这个作品"。难道"期待视域"就是"偏见"或"前理解"吗?这个猜测终于在《接受美学与接受理论》这本书中得到了部分印证。

姚斯和伊瑟尔是以现象学和解释学为基础的接受美学的代表人物。他们的许多核心概念都是从海德格尔或伽达默尔那里集成来的。"姚斯的'期待视野'和伊瑟尔的'流动视点'就是海德格尔的'先在结构''理解视野'以及伽达默尔'成见'等概念的衍化"。其中,"'期待视野'是阅读一部作品时读者的文学阅读经验构成的思维定向或先在结构,包括人们的思想观念、道德情操、审美趣味,同时也包括人们的直觉能力和接受水平等"。"读者的期待视野并不是一成不变的,它因人而异,因时代的变化而不断发展。""接受美学的一条重要原则就是'视野融合',只有读者的期待视野与文学文本的相融合,才能谈得上接受和理解。"[4]

现在让我们再仔细回顾接受史研究的内容。读者首先"接受传统"。这种"接受"不是一个人的主动行为,而是被动的,并在不知不觉中持续发生。因为每个人都"必须降生于某一传统之中,在这种存在的境况中开始解释理解传统。他必须接受某一传统文化的语言,并由语言来理解和解释传统。他接受并理解语言的同时,传统已通过语言进入了他的生活与存在。他的理解和解释之所以可能,是他已在传统中存在,拥有负载着文化传统的语言,并怀着对过去的疑问,对现实的困惑和对未来的期望"[4]。人必存在于一种历史与文化之中并被其所占有("先有")、思考任何问题时所要利用的语言、观念及语言的方式("先见")和我们在理解之前就具有的观念、前提和假定("先知")构成了理解的先决条件,也是作为人的存在状态,也可称作理解的"偏见"或"前理解"状态。所以可以比较确定地说,"期待视域"具有和"偏见"或"前理解"相似的内容和含义。

六、视域融合

关注读者行为或者阅读行为的理论家沃尔夫冈·伊瑟尔（Wolfgang Iser）一直是文学叙事作品的研究者，而不像伽达默尔那样是研究包括哲学著作、社会思想著作和古典文学著作在内的经典文本的学术史家，但他却以不同的述说方式重构了伽达默尔所说的视域融合："文本和读者的汇合让文学作品出现。'汇合''融合'意味着它不是文本的视域，也不是读者的视域，而是视域融合时产生的效果史。这些视域的融合构成了'作品'——部分是别人的，部分是作者的。这等于说，意义的空间是'虚拟的'，这正是伊瑟尔所用的词：'我们永远无法指出这种汇合的精确位置，它必须一直是虚拟的，既不能等同于文本的现实，也不能等同于读者的个人意向'。"

仅仅纵观《耶鲁大学公开课：文学理论》的目录，就不难发现，除了涵盖在大标题"对阐释和阅读的第一组反思"之下的两个章节"进出阐释循环的方法"和"构型的阅读"之外，该书的其余章节无不与诠释学有着各种各样、千丝万缕的联系。区别在于该书诠释的对象只限于文学文本或作品，如大标题"文本和结构"下的"符号学和结构主义""解构主义"，以及大标题"社会语境"下的"读者与文本的社会渗透性"等。

具体地说，第二十四章"文学研究的制度建构"的阅读材料包括斯坦利·费希的《当你看到一首诗时你怎么能认出它是一首诗》一文，仅这一标题就充分反映了伽达默尔哲学诠释学中重要的概念和思想："偏见"或"前理解"。该章还有这样的一段话："我一直在试图说明，如果你将某种假设带入你阅读的东西中，你将会进入某种阐释活动，这不是在某种压力下作出的阐释，而是差不多以自发的方式做出的阐释，因为这些都是你在习惯下做出来的。"其中的"某种假设"本质上就是"偏见"或"前理解"。第二十五章"理论的终结？实用主义"介绍了由两位年轻学者纳普和迈克尔斯合写的文章《反对理论》，并对该文评论道："'阐释学'（hermeneutics）应该是比纳普和迈克尔斯所谓的'理论'更合适的名称。他们是在'反对阐释学'，也就是为阐释寻找基本理论。"

如果我们能提早看到附录中的提议："在涉足其他的文学理论和文化阐释之前，想要加深对文学理论理解的学者，应该好好思考一下这个传统"。及"阐释学的世俗化"，那么我们就不会那么好奇为什么这本书中包含了如此之多有关诠释学（或阐释学）的内容了，反而因其对诠释学的精彩诠释而深受启发。

参考文献：

[1] 弗莱.耶鲁大学公开课：文学理论[M].吕黎，译.北京：北京联合出版公司，2017.

[2] 赫施.解释的有效性[M].王才勇，译.北京：生活·读书·新知三联书店，1991.

[3] 伽达默尔.真理与方法：诠释学Ⅰ[M].洪汉鼎，译.北京：商务印书馆，2010.

[4] 姚斯，霍拉勃.接受美学与接受理论[M].周宁，金元浦，译.沈阳：辽宁人民出版社，1987.

 8 理解必须涤净一切"先入之见"吗?

沈迪飞

子曰:"学而不思则罔",这是孔子提倡的一种读书及学习方法,指的是一味读书而不思考理解,就会因为不能深刻理解书本的意义而陷入迷茫。但是从古至今,对于怎么样思考理解,存在着两种观点:一种观点认为,要想理解书的内容和意义就必须排除或涤尽一切"先入之见";一种观点则相反,"先入之见"不仅不能排除而且是理解的基础和条件。

一、朱子的读书观

朱子即朱熹(1130—1200),南宋理学家、哲学家、思想家、教育家、诗人,其理学思想和读书观对后世产生了深远影响。

1. 对后世影响深远的朱子读书法

早年我非常喜爱朱熹有关读书的一首小诗《观书有感》:"半亩方塘一鉴开,天光云影共徘徊。问渠哪得清如许,为有源头活水来。"原来,大学者朱熹在赞美他因读书而收获的领悟,即心灵中感知的丰盈、清澈、畅快,以水塘和云影的映照畅叙出来了。他的心灵为何这样澄明呢?因为总有像活水一样的书中新知,在源源不断地给他精神以补充啊!

对于朱熹理学,实感高深莫测,我未敢问津;但对于其同读书有关的思想却颇感兴趣,特别阅读了陈国代等所著的《大教育家朱熹:朱熹的教育历程与思想研究》一书。这是中国社会科学出版社出版的一部544页的大书。全书45万多字。书的第五章是写朱熹的读书法与教学法,其第一节的标题是"百遍读书无技巧但归六法有章循——朱熹提倡的读书六法",书中专门介绍了一代大儒朱熹的读书方法。其读书六法是：循序渐进（打好基础），熟读精思（重视思考），虚心涵泳（细细品味），切己体察（身体力行），着紧用力（奋发向上），居敬持志（长久坚持）。（注：读书六法，每一法四字，括号中的四字是钱穆的简要说明）国学大师钱穆（1895—1990）在其《宋明理学概述》之读书笔记中写道："朱子读书法是我国古代最系统的读书法，集古代读书法之大成"，六条读书法"确实是经验之谈，确有其创造性和特点。……它是朱熹一生刻苦治学，五十载辛勤执教的切身体验和实践经验总结。"鉴于朱子读书法的巨大贡献，《四库全书》也收录了南宋张洪编的《朱子读书法四卷》。

2. 对作者原意的理解建立在对文本理解基础之上并深化

在朱熹看来，文本原义与圣人之原意都应求解，并且应当通过对文本的理解与解释来达到对圣人原意的理解："唯本文本意是求，则圣贤之指得矣。"（《朱文公文集》卷48《答吕子约》）因此，对文本的意义的解释被朱熹视为解释经典的第一个目标。在他看来，文本的原义只在文本之中，从文本之外来寻求文本的原义是不可取的。为此他认为："解书须先还它成句，次还它文义"（《朱子语类》卷11）。这就是说，阅读文本，需要"字字思索到"，处处下功夫，只要将文本"剖析得名义界分，各有归者，然后于中自然有贯通处"（《朱文公文集》卷42）。正如钱穆所说，朱子解释经典的最大用心处是为每一个重要的概念都定界说，也就是给以明确的定义。如，其老师程子对"仁"有定义，即"仁者天下之正理"，对此朱子回答学生说："此说太宽……仁者，本心之全德。"（见《朱子语类》卷25）由此可见朱熹对字义和文本研究之认真和深刻。有了这样的基础，我们才能真正理解文本的意义，也才能产生出上述的朱子读书法。

对作者原意的理解必须以对文本的理解为基础，并进一步深化。一种对文本意义的解释是否就是作者的原意，还须考察作者的思想之整体，即他所处的社会环境，他的出身和历史，他的社会地位，他的知识结构和他的所言所行等。

在国外，18—19世纪以施莱尔马赫（1768—1834）和狄尔泰（1833—1911）为代表的西方诠释学家，主张用"心理移情"的方法来理解作者原意，施莱尔马赫提出：理解是对作者思想的重构。他认为，只有重构了作者当时的心理状态和思想，才能设身处地地体会作者的原意，才能对文本进行无误解的理解。他假定解释者在理解历史时，可以有一种中立的、不受历史限制的认知意识，可以把解释者带入以往的历史中，在精神上重新体会和复制出已逝去的过去，从而达到"对作者思想的重构"。其核心理念是还原作者思想和文本的原始意义。朱子读书法的第四法是"切己体察",但其与施莱尔马赫和狄尔泰的西方诠释学所主张的"心理移情"是不同的。事实上,朱熹明确反对用"心理移情"的心理学方法来理解作者原意。在他看来,"生乎千百载之下,欲逆推乎千百载之上圣人之心"是不可能的,"况自家之心又未如得圣人,如何得知圣人肚里事。某所以都不敢信诸家解。除非得孔子还魂亲说出,不知如何?"(《朱子语类》卷83)朱熹是12世纪的人,而施莱尔马赫是18—19世纪的人,朱熹在600年前就批评了西方诠释学之父的"心理移情"之诠释法了,可见我国诠释思想之早。

应用朱熹的"切己体察"所得到的理解乃是读者根据自己的体验,并以文本为媒介而对作者原意的理解。我国魏晋时期盛行"言意之辩",是魏晋学者对语言、概念能否表达思想的争辩。"言"即语言,"意"即思想。《周易》中已提出"书不尽言,言不尽意"。"言意之辩"的一方发挥了这一思想,认为语辞不能完全表达事物深处的精微之理;辩论的另一方则认为"言尽意",相对于言不尽意而言,认为言意是统一的,"此犹声发响应,形存影附,不得相与为二。苟其不二,则言无不尽矣,故吾以为尽矣"。言意之辩是一个认识论命题,它对于揭示"言"和"意"在语言和逻辑上的本质与作用具有一定意义。而立足于"体验"理解文本,实际上是以"实践"作为认识的基础,使朱熹远远超越了魏晋言意之辩。如果说言意之辩尚停留在语言层次上的理解的话,那么体验概念则已深入到理解何以可能的问题。从立足于语言意义的言意之辩到理解的心理学和实践基础的体验概念之形成,是中国诠释思想的一个不可低估的发展。正是在这一点上,朱熹的诠释思想已达到了西方哲学诠释学创始人狄尔泰的水平。把"体验"概念引入诠释学是狄尔泰(1833—1911)对于西方诠释学所作的最重要的贡献之一,因此他的诠释学又被称为"体验诠释学"。朱熹的思想早他800年啊!

3. 朱子涤净"先入之见"的观点有违现代诠释学的"前见"理论

朱熹主张,对于读者(即理解之主体)来说,要想理解圣人原意(也包括理解文本)还必须遵守一个规则,即涤净一切"先入之见"。他认为"先入之见"乃是理解的障碍:"某如今看来,唯是聪明人难读书,难理会道理。盖缘他先自有许多一副当,圣人意思自是难入。"(《朱子语类》卷139)排除了先入之见,读者或解释者就会具有一种客观、公正的态度,此乃正确理解的前提。所谓"客观的"态度,是指:"读书且要虚心平气,随他文义体当,不可先立己意,作势硬说,只成杜撰,不见圣贤本意也。"(《朱文公文集》卷53《答刘季章》等)若不能涤净"己意",一味以自己的道理见识来理解圣贤之言,甚或与之争衡,"其为害反甚于向者之未知寻求道理"(《朱子语类》卷113)。读者应当暂时做一个不知不会的人，虚心依傍文义，推寻句脉，"如与古人对面说话，彼此对答，无一言一字不肯相可"，才能做到"客观地"理解隐含于文本的圣人之原意。所谓"公正的"态度，乃是指涤净读者个人的好恶，如朱熹所说，"先儒旧说，莫问他是何人所说，所尊所卑，所憎所恶，一切莫问，而唯本文本意是求，则圣贤之指得矣。若于此处先有私主，便为所弊，而不得其正"(《朱文公文集》卷48)。

涤净一切"先入之见"的朱熹的诠释观点，同晚于他3—6个世纪的西方文艺复兴和启蒙运动时期的诠释学家们的排除"前见"的观点，惊人的一致。看来，这可能是世界诠释学发展的必犯之错、必经之路，朱熹又远远地走在了西方的前面。

二、"前见"是理解之必要的基础、前提和条件

1. 概念："前见"或"前理解"

朱子的"先入之见"是指理解之前先进入头脑的观点，也就是"先见"或"前见"，又称为"前理解""前意识""前识""前结构""前有"等。"前见"是哲学诠释学中的一个非常重要的概念与理论。360百科对"前见"的定义是："所谓前理解，就是相对于某种理解以前的理解，或者是在具体的理解开始之前已有的某种观点、看法或信息，它主要表现为成见或偏见。"这个定义表明：①"前见"是在对文本或事物的理解之前，对要理解东西的某些内容已经在我们的"前理解"中了，是我们预先已有的东西。所以哲学诠释学家海德格尔说："这种解释总是根植在我们预先已有的东西——前有（Vorhabe）中"(《真理与方法》191页)。②"前见"往往表现为成见或偏见，旁观的人会持有这种看法，事实也确实如此。前见是隐而不显的，它决定了世人的理解，但却不能为人们条理分明地、理智地加以把握。它就像宇宙间某些最隐秘的法则，始终在起作用，但却永远也不会被人清楚地认知。然而，世人的理解却永不能摆脱它的制约，我们要解释的东西，总是为我们的前见所规定了的。

"前见"是人的历史性形成的。人绝不会生活在真空中，人是在历史中存在的，任何人都脱离不了历史，历史给予了在其中存在的每个人以前理解。在他有自我意识或反思意识之前，他已置身于他的世界，属于这个世界，因此，他不是从虚无开始理解和解释的。他的文化背景、社会出身、传统观念、风俗习惯，他

那个时代的知识水平、精神和思想状况、物质条件，他所从属的民族的心理结构等，这一切从他一出生就存在于环境中并注定为他所有，即影响他、形成他的东西，就是所谓的前见或前理解。初生婴儿和一个完全失去记忆的人，不可能具有前见，因为他们或没有历史或完全忘却了历史，也就不可能有理解。"前见"是我们与历史发生的最直接的存在上的联系，它产生于历史，又反映了人的历史存在，是个人与历史文化的相辅相成的关系，且"前见"使我们意识到了这种关系的存在。

历史铸成传统，传统就是历史性遗留下来的东西，我们理解事物时一定会受传统的影响。伽达默尔据此区分出两种性质各异的前见：①由人的存在状态而来的合法前见，这是人类永远无法摆脱的，它就是心灵自己的认知状态。一个涤净一切"先入之见"、人心若镜的比喻，这种期望本身不仅是不可能的，而且是一种历史的偏见，即人要求克服自身的历史局限性的非历史的幻想；除非人否定他自己存在于历史中，否则他始终不能摆脱他自身前见的存在。哲学致力的不是克服这种无法克服的前见，而是认识其如何作用于人的理解。②由后天经验形成的前见，这其中就包含有错误的前见。人可以部分地克服错误的前见对理解的干扰，但由于两种前见是处在主体的融合一体的心态中，难以区分。

辨别这两种前见的途径有两个：一是鼓励主体在理解过程中，保持向多元性的开放，以一种冒险的进取精神，尝试不已，使理解的过程一方面成为扩大合法前见的创造过程，另一方面也成为改变和去除某些错误的前见的自我认知过程；二是依赖时间距离，伽达默尔认为时间距离不仅不是某种必须被克服的东西，反而是一种促进正确理解的因素，具有真正的诠释学意义。他认为："时间不再主要是一种由于其分开和远离而必须被沟通的鸿沟，时间其实乃是现在植根于其中的事件的根本基础……事实上，重要的问题在于把时间距离看成理解的一种积极的创造性的可能性。"(《真理与方法》第1卷302页) 只有依靠某种时间距离才可能达到对事物的客观认识，在时间距离没有给出确定的尺度时，我们的判断出奇的无能。经验也告诉我们：时间够了，黑白自分；时间到了，意义自明。诠释学的本质见解是：时间距离不仅能消除个别的错误的前见，而且还能增强正确的前见。

2. "前见"是理解之必要的基础、前提和条件

"前见"体现了每一代人与历史的存在上的联系，这种联系至少包含着下列几个关系到人的存在的因素：语言、经验、记忆、动机、意向，任何理解只能在这些因素的基础上才可能发生。这就是说，任何新的理解产生之前，已经存在

着一种理解，新的理解必须由主体所处的如前述的某种前理解状态开始，才可能由此扩展开来，形成与先前的理解所不同的理解。所以，理解永远不可能是一张白纸似的意识状态，也不可能从没有某种理解的空虚的状态中产生出来。"前见"构成了理解的前提和条件，理解始于"前见"的发生构成，它使人类的理解成为可能。伽达默尔将前见和传统当作理解的必要条件，这是对理解过程的客观描述。因为这些前见是从历史环境中产生、并非解释者可以支配的。"占据解释者意识的前见和前理解，并不是解释者自身可以自由支配的。解释者不可能事先就把那些使理解得以可能的生产性的前见与那些阻碍理解并导致误解的前见区分开来。"（《真理与方法》第1卷301页）前见也是理解的可能性条件，在理解的过程中，这些可能性条件相互渗透和相互作用着，上升为理解中的具体关系。前见还是理解得以实现的条件，理解总是处于被"预见"所指引的状态之中，这种预见可能是清晰的，也可能是自我耽迷于其中的非澄明状态。由于理解只能在"预见"的领悟之前提下成为可能，它使人们拥有了在本质上可以为理解加以勾连的东西。前见标志着最终的意义预见的结构要素，就理解的生存论意义而言，它们是理解的"指引状态"。

新生儿不具备前见，但随着其成长的经历必将增益其前见；人类成长过程中的小学、中学和大学，从某种意义上讲，都是在培养和增强他们的前见；成年人的知识和经验对理解的影响和作用是显而易见的，知识和经验越丰富，对文本的理解相对也就越容易准确或正确。生活中经常会发生这样的事：对某一句话或某种思想，开始我们很难理解，但随着知识的增加或人生阅历与生活经验的不断丰富，原来不能理解的东西也就自然理解了。

伽达默尔认为理解者具有历史性，这决定了理解也具有历史性。理解的历史性使文本在不同时期呈现不同的内涵意义。对任何事物的理解都是建立在经验和传统所形成的"前见"的基础上，历史或传统对我们的理解具有无法克服的制约力。在理解的过程中人们无法超越历史时空的限制去对所要理解的对象进行客观的理解，没有纯"客观的"的理解，任何理解都处于历史或传统的影响之下从而带有偏见或成见。历史决定了我们知识的有限性和时间的单向性，我们永远也无法回到那时那地，但我们可以通过"前见"，决定我们能理解什么，从而帮助我们理解的开展。人的意识因拥有一个前历史而被历史影响，并通过具有一个后历史而反过来影响历史。这导致人的认识无法绝对客观，进而必然出现偏见。

意识到自己的前见并敞开它们，对事物或文本进行"一种事实的探究"，这样诠释就获得了一个坚固的基础。伽达默尔说："我们必须认识我们自己的先入之见，这样文本可以表现自身在其他在性中，并因而可能去肯定它实际的真理以反对我们自己的前见解。"(《真理与方法》253—254页) 真理是前见和事实之间的相互一致。因为我们所经验的一切将根据我们眼前已存在的东西或事实来衡量，没有前见，也就不可能对一个新事物有所衡量或评判。这样，前见告诉了我们历史所经验的事情，而现实和客观存在的事实，则可能产生对前见的确认或修正，从中我们就比较容易获取真理。

3. "涤净""前见"、摆脱"偏见"是西方文艺复兴以来延续至19世纪的主要致知倾向

"前见"成为认识论中被致力铲除和根绝的对象，是西方14—16世纪文艺复兴后逐渐形成的意识，17—18世纪启蒙运动以来也一直将"前见"作为否定性概念，当时和以后的浪漫主义诠释学家赫尔德和施莱尔马赫，也都认为正确的理解就是要摆脱"前见"的影响。这样就形成了一种普遍性的认识，作为思想运动的一个标志就是倡导以理性代替传统的"前见"或"偏见"。"偏见"喻指传统中一切不符合理性的思想势力，它也意指一切不经过理性思考判断，而沿袭传统信念，并加以信奉遵从的思想习惯。"偏见"从此成为一个与理性相对立的"恶势力"，偏见与理解的关系，也被一刀两断。理性地追求理解或真理，被规定为以"涤净""前见"为起点。这是文艺复兴以来延续至19世纪的主要致知倾向。哲学认识论几乎以全部精力投入到如何使认知主体摆脱"前见"中，每个人也都虔诚地相信这是真理。

与上述观点和做法相反，伽达默尔认为，这种看法恰恰是启蒙运动的前见，"如果认为全部的理解任务就是摈除前见，而不是依据前见，那么这只能说我们分享了启蒙运动的前见。"前见一词的拉丁文原意是法律终审之前的一种预先判断，是中性词。伽达默尔认为前见具有在先性，"一个前见可能是正确的，这就使具有成见的人直接地达到理解，但一个前见也可能是错误的，它也同样使他间接地达到理解。"由此他得出结论：从启蒙时代理性主义观点来看似乎是理解障碍的前见，现在成了历史实在本身和理解的条件，因此"摈除前见，不管这是否成功，就是摈弃理解"。正如历史学家，如果摆脱了历史要素，则如同摆脱了研究本身。进而，伽达默尔还强调，哲学诠释学将前见作为理解的必要条件，并不包含任何主观成分，而是客观地描述了理解的过程。

三、理解的机理

1. 概念：视域融合

"视域"一词，是由20世纪奥地利著名哲学家、现象学的创始人胡塞尔（1859—1938）首先提出的。胡塞尔认为，"一切意识都是视域意识，视域是流动着的、活的，具有时间性，涉及过去和未来，它属于一种经验之流"。在胡塞尔看来，视域指的是人的精神上的、主观的对待客观事物的看法，是从自身出发去感受客观的外在世界。

从字面意思上理解，视域（Horizon）就是我们看到的区域范围。视域融合指的是诠释者在进行诠释时，总是带着自己的视域（即前见），从自己当下情景出发，去和文本的视域相接触，去把握文本所揭示的意义，从而发生"诠释者的视域、文本的视域、当下情景的视域"的融合现象。它不仅是历史与现实的融合，也是诠释者和被诠释者之间的融合，这种新旧视域的融合产生了新的诠释，这种新的诠释又将随着时间的推移成为新的前见。

于是我产生了疑问：说解释者主体有一个具有意向的境界或视域，这不难理解和接受。但现在又提出被理解对象，如文本，也有一个能与主体精神上相往来的境界或视域，似乎显得荒唐了。如已消逝的不能复生的古代历史、典籍，与解释者作精神上的对话，即使强加于它们以曲解，它们也无从申辩，何以说只有历史和典籍的"视域"与解释者的"视域"相融合时，解释者才实现了对历史和典籍的理解？依传统诠释学（即浪漫主义诠释学）之"心理移情"的看法，解释者是以牺牲自己的历史视域，即涤净一切"先入之见"，才能重现和发现典籍的"境界"；何以"视域融合"又称典籍的精神世界是在融入解释者由"前见"展开的"视域"时，理解才可能实现？两种视域之间，是怎样融合方使理解成为可能的？

2. 理解是一种视域融合

在伽达默尔的哲学诠释学中，"前见"是一个重要的概念，它发展了视域，可以说前见相当于视域。那么，理解形成的过程走向，究竟是由认知主体进入历史或作品，还是历史的视域融入主体的视域之中呢？显然，这是两种相反的理解取向。伽达默尔哲学诠释学提出，理解的形成是历史的视域与解释者的视域的融合，而走向是历史的视域融入解释者的视域的运动。从心理活动上看，这种让历史的视域融入解释者的视域的理解过程，同时发生着接纳和开放的意识活动。解释者在理解活动中，其"前见"或视域是朝着理解开放的，当接触到他的"前见"所不熟悉的历史视域时，解释者首先向这个新境界开放，并接纳这个新境界或历史视域；进而，解释者视域对历史视域进行分析、消化、吸收（取其精华去其糟粕）和消弭，实现二者的视域融合；融合的结果产生了一个与二者不同的崭新的视域，这个崭新的视域就成为了解释者的新的"前见"，由之可以再进行新一轮的视域融合。这种融合表现在阅读及其理解过程中，就是读者视域接纳了文本视域，在文本视域的参与中，二者相互交融，从而使读者获得了新的意义。阅读使头脑更新，阅读使人进步，其道理就在于此。理解意味着接纳不熟悉的世界，它表现为解释者的视域接纳和消融它所不熟悉的境界的理解能力。它不可能离开"前见"所开拓的视域去接纳历史的视域，因为在这个视域之外，主体就像盲人一样。视域融合理论向我们清楚地展现了阅读理解的机理。

在理解历史或一部典籍之前，解释者与被解释对象之间存在着张力或矛盾，理解和解释是为了消除或至少减弱张力。视域融合使历史与现实、传统与当代之间的张力，在这两个视域或境界的融合中被暂时地克服了。对此，伽达默尔解释说："在历史意识中所发生的与传统的每一次接触，都会体验到（历史）作品和当代之间的张力。诠释学的任务，并不在于通过天真的重新吸收来消弭这种张力，而是有意识地把这种张力揭示出来。它也说明了何以解释的方法是要在解释活动中形成一个与自身不同的历史视域……。历史视域之形成，仅仅是理解进程中的一个阶段，并非凝固成为一种过去的意识的自我异化，而是为我们现在所具有的理解的视域所摄取和超越。在理解的过程中，所发生的是这两个视域的真正的融合，它意味着当历史的视域被注入之时，又同时被消弭而去。"（《真理与方法》德文本290页）

传统诠释学认为，认知主体需要通过"心理移情"的方法，摆脱自己的视域，然后进入作者或文本的视域来进行理解活动，这就是另一种解释取向，即认知主体进入历史或作品。这种观点否定了读者的存在和历史性，单纯地考虑到文本的视域。这是一种逆向运动，非历史地要求解释主体向历史反归，由其现实的视域中解脱出来，以进入历史。借用中国儒家欣赏的解释经典的箴言，即"复见圣人之心"，解释主体这才算完成了理解的使命。于是历史的理解葬送在这种认识上的逆向运动里，理解的历史性也消失于解释主体"进入"历史的幻觉之中。而伽达默尔认为理解的前提和必要条件是"前见"，理解只能是建立在前见的基础上，真正的理解活动是读者从当下出发，让文本的视域进入自己的视域，以达到双方视域的融合。在理解过程中，读者视域在文本视域的参与中获得意义，从而理解文本的含义。

伽达默尔认为，这种视域融合并不是封闭的，而是开放的，没有固定的模式，也没有固定的答案。"视域融合不仅是历史性的，而且也是共时性的，在视域融合中，历史和现在，客体和主体，自我和他者构成了一个无限的统一整体。"随着理解的深入，理解者的前见就会被改变，这种改变又成了新的前见，为新的视域融合做了准备。每一次的视域融合都是从前见发展而来，前见促成了视域融合的实现，反过来视域融合后又形成了新的前见。视域融合是一个不断运动的过程，理解并不是解释者放弃自己的视域去把握文本的视域，当然也不是想当然地将理解对象纳入自己的视域之中，而是解释者从自己运动着的、随着历史和自身意识不断变化而变化着的视域出发，与解释对象的视域融合形成全新的视域。视域融合的魅力正是在于它是一个开放的变化的运动，这种运动才能促使视域不断地丰富。视域融合就是对当下的视域的突破，对历史的继承。任何视域都是流动的，任何理解都是开放的。

可以说伽达默尔给予了视域融合更深层次的界定，视域其实一直就在我们身边，与我们的生活世界密切相关。当前的视域形成离不开历史传统，历史传统又不断融入当前的视域，二者相互联系、相互补充，使得新的视域不断产生。理解的过程实质上就是两种视域不断交融的过程。在视域融合的过程中，双方的视域需要被互相承认，主客体之间不断地互动，从而创造出新的理解，因此在视域融合的过程中，存在着互动性和创造性。

由此可见，伽达默尔及其诠释学为我们提供了一个崭新的哲学视角——视域融合理论。该理论包含着丰富的哲学内涵，强调了主体的存在性，从而将诠释学上升到了本体论的高度。视域融合的创造性与互动性使人们意识到，不仅仅是自然科学、社会科学、艺术创作需要视域融合，就连在日常生活中的对话、阅读等行为也需要视域融合。对视域融合的肯定，不仅仅承认了人的存在性，也承认了理解活动的创造性，使人们意识到在进行理解时，要拓展思路，运用视域融合理论来进行创新性的工作。视域融合使人类的认知不断深化、不断创新、不断前进。伽达默尔的《真理与方法》中，视域融合理论是其论述的重要内容，可以说是伽达默尔思想的精华部分。该书引起了国内外众多学者的关注，从而奠定了伽达默尔在哲学思想史上的地位，也使他成为世界20世纪最伟大的哲学家和思想家。

因阅读而源起的诠释学在改变着哲学

沈迪飞

一、与阅读关系最为亲密的学科——诠释学

阅读是指人类从符号、文字和图像等媒介中获取信息和知识,并进一步理解其内在意义的一种个性化的社会活动和心理过程。

诠释学又称解释学、释义学、阐释学,英文为 the hermeneutics,其作为一门学科发端于《圣经》诠释,逐步形成神学诠释学和法学诠释学。因此诠释学是一门关于理解、翻译和解释文本或其他对象,并进而探索其蕴含意义的技艺学。

对照阅读和诠释学两个定义,它们有许多相同或相近之处:阅读和诠释的对象都是以文字为主的文本或其他对象;二者的做法都是理解和解释;二者的目的都是获取对象所蕴含的意义。但阅读和诠释有根本不同之处:阅读是个性化的活动,诠释是促进这种活动的方法和智慧。阅读是一种个性化的社会活动,目的是使阅读者获得信息、知识和意义,并进而受到人性感悟,改变固有意识和阅读者本身。诠释学则是一种方法和技艺,更是一种哲理和实践智慧,通过经验而认识和理解对象,再经过思维而分析和综合出对象的意蕴。

诠释学最切合的应用就是阅读。在人类历史上诠释学源起于阅读,发展于阅读,成就和宏伟于阅读。没有诠释学也就没有作为人类精神食粮和文明源泉的阅读,诠释学是阅读的最基本的方法和智慧,是阅读得以成就功勋的最大功臣。然而,诠释学又不局限于阅读。它以阅读为基地而又冲破了阅读的范围局限,发展成为哲学诠释学,更广泛地应用于人文科学,并经发展同实践哲学一起组成了人类的第二哲学。

诠释一词中文有解释、阐明、说明、解说、注释等意思。但学术界的诠释一词，源自希腊语，它的词源是希腊动词hermeneuein，词干是由希腊诸神之一赫尔默斯的名字Hermes得来。赫尔默斯是神界的信使——"快速之神"，负责向人间传达神界的旨意。由于他跨越了神界和人间，充当"中介"，因此他又是神意的"解释者"。然而由于诸神和人间语言和语境的不同，赫尔默斯的工作中还有翻译的任务，即把诸神的意旨和命令翻译成人间的语言并传达。翻译任务中赫尔默斯需要具备两个条件：一是理解或懂得诸神的旨意和指令，并能够对其进行解释；二是用另一种语言将其传达出来。因此，诠释最基本的含义就是通过理解和翻译、解释，把一种意义关系从一个陌生的世界转换到熟悉的世界。这就是诠释学的源起。

对神意的诠释和传达是上帝的指令，必须被当作真理和命令一般地服从和执行，执行就意味着应用和实践。因而，诠释学至少包含四个方面的要素：理解、解释（含翻译）、应用和实践。前三者是技巧，但这些技巧是一种本身不能由规则保证的判断力，即所谓"规则需要运用，但规则的运用却无规则可循"，所以诠释也就需要由特殊精神所造就的一种技巧和能力。最后一方面实践的意义说明了诠释学的一个突出特点，它既不是一种单纯的方法，也不是一种单纯的语言科学或哲理，而是一种实践智慧。

从下述诠释学的历史可以清楚地看出，诠释学源起于阅读，发展于阅读，成就于阅读，宏伟于阅读。

在没有出现文字的史前时期，人类结绳以记事，"以对意义的理解作为诠释学的基本特征"，结绳标识就是在追求意义——记事或计数。在古代世界，埃及文、苏美尔文、古印度文以及我国的象形文字，其所含意义需要解释，相应人类生活就出现了解释活动以理解意义，如对卜卦、神话、寓言等意义的理解和解释等。这是没有诠释学的诠释萌芽时期。

在古希腊，具体的诠释实践，如对《荷马史诗》，一方面已经做到了对词语和含义的阐释，另一方面做出了超出词语含义而从时代自身的语境出发的多重解读。亚里士多德的文章《论诠释》，可能是人类有史以来的第一篇诠释学论文。诠释学作为人文科学的一门辅助学科，同语法学和修辞学一样，旨在为人文科学提供方法或工具，虽有实却还没有名义。

在中世纪，诠释学作为一门学科发端于神学诠释。《圣经》原本是逐步形成的，其中充满了矛盾、神秘或难以理解的地方，广大教众需要解释。《圣经》诠释和相继的法律诠释应运而生，虽还只是辅助作用而并未提升为系统学科，但已充分说明了诠释学因阅读而生。

1654年，文艺复兴和宗教改革时期，丹恩豪尔出版了《圣经诠释学或圣书文献解释》一书，"诠释学"一词第一次出现在文献中，诠释学也就揭开了面纱正式现身于学术界。自此以后，诠释学从神学诠释和法学诠释扩展到对一般世俗文本的诠释，出现了语文学诠释学。诠释学迎来了第一个发展高潮，从特殊诠释学升华到一般诠释学，并确立了诠释学作为一门关于理解和解释方法论学科的地位。这个时期诠释学还未上升到理论高度，多称作"释义学"。

到19世纪，诠释学从一门技艺学和文本解释规则的方法论转向了认识论，发展成为一门理论科学。这是诠释学发展的第二个高潮，代表人物为施莱尔马赫和狄尔泰。德国哲学家施莱尔马赫（1768—1834）被称为诠释学之父，他致力于圣经释义学中的科学性和客观性问题的研究，使神学的解释成为普遍解释理论的一种具体运用。同为德国哲学家的狄尔泰（1833—1911），同施莱尔马赫一起创立了古典解释学。狄尔泰还是生命哲学奠基人，他创立了一门新的学科"精神科学"即人文科学，并将诠释学确立为一切人文科学的普遍方法。

20世纪至今，学术界已公认诠释学为一门显学。代表人物当推德国哲学家海德格尔（1889—1976）和其学生伽达默尔（1900—2002），以及法国哲学家利科（1913—2005），他们共同使诠释学完成了从认识论到本体论的转向，从而使诠释学转变为一种哲学，并发展成为哲学诠释学。这是诠释学发展的第三个高潮。海德格尔是现代诠释学的开创者，代表作《存在与时间》（1927）。同为德国哲学家的伽达默尔是哲学诠释学和解释美学的创始人，其学说和代表作《真理与方法》（1960）成为20世纪60年代以来欧美现代诠释学的主要理论基础。利科认为只有把本体论、认识论和方法论三者结合起来，才能对文本做出有效的解释，其代表作是《诠释学与人文科学》。这里需要对"本体论"概念做简要说明：在我国古代哲学中，本体论叫做"本根论"，指探究天地万物产生、存在、发展变化根本原因的学说。

二、诠释学诠释对象的扩展

诠释学发展的标志，首先是其诠释对象的扩展。诠释学的诠释对象从符号、语言到文本，再从文本到行为和历史，再到生活世界，遍及人类社会的方方面面，不断扩充、发展和提高，诠释学已经发展成为有关意义、理解和解释等问题的哲学体系和实践智慧。

1. 符号和语言

在没有文字时，人类通过打手势或画图形来传递信息。手势需要破解，图形需要理解，这实际上就是人类最早期对意义的诠释。人类较早发展起来的口头语言，在交流过程中也需要有解释，甚至翻译。我国孔子（前551—前479）和古希腊苏格拉底（前469—前399），差不多处在同一个时期，孔子略早100年，那时可能因口头语言盛行，书写还没有那么发达，因而孔子"述而不作"，苏格拉底也没有留下文字著作。

我国诠释学家洪汉鼎教授在其所著《当代西方哲学两大思潮》中，对口头语言做了生动的描写。他认为，符号和语言是诠释学的源头，诠释源于口头翻译，口头语言是"非常丰富、有血有肉和活生生的"；一旦变成书面语言，一切都失去了，而变成了僵死的文字，如同从树上掉下来的水果。柏拉图曾强调书面语言的软弱性和无助性，施莱尔马赫也讲，书面语言"就像从火中救出来但具有烧伤痕迹的东西一样"，被异化了。所以，利科认为书面语言的翻译必须去除语境（口头变书面）和重构语境（翻译文本时），这些变化使理解与解释成为一种必然和必须做的事情。（《当代西方哲学两大思潮》下册439—440页）但是，口头语言的致命缺点和问题是无法保存。因此，在人类历史长河的发展中，尤其在学术界，它必将逐步让位于书面语言。

同语言相关的诠释学有语言诠释学、话语诠释学和语文学诠释学等。

2. 文本

文本含义丰富而不易界定。文本是书面语言的表现形式，通常指具有完整、系统含义的一个句子或多个句子的组合。如任何文字材料、思维导图、广告材料等，都可看做文本，长短和内容不限。文本作为诠释学的对象是不言而喻的，而且诠释学作为一个学科就源起于对宗教文本的诠释。

文本最根本的特征是由语言和载体结合而成的书面语言。同各种语言形式一样，书面语言是诠释学最基本的诠释对象。但书面语言又有它自己的特点，即形态的固定性、存在的独立性和对环境的适应性，从而更适合于被诠释和保存，成为人类历史的记录。正是由于这些特点和社会阅读的迫切需求，《圣经》才能够成为西方世界被诠释的第一种文本，基于同样的原因，紧接着被诠释的是法律文本。这也充分显示了阅读与诠释学的密切关系。

文本诠释之所以能够扩展到下述其他各种对象的诠释，诠释学的语言性起到了决定性作用。伽达默尔说："一切理解都是诠释，一切诠释都以语言为中介而发生。"(《真理与方法》下卷38页)由于语言在一切理解与解释中的突出作用,它已居于诠释活动的中心地位,并成为诠释学的核心内容。它不再单独限于与文本的接触,而是遍及一切有意义及创造意义的践行活动,贯通各式各样的,可能的与现实的,过去、现在与未来的经验世界。语言中的观见所得即是对世界的观见所得。这是现代诠释学发展上得来不易的一个突破,这也显现出与传统诠释学完全不同的局面。

3. 行为与历史

对于诠释学来讲,行为同文本一样,也可以作为诠释对象。

如,义务教育六年级上册语文课本:"谭千秋,一位普通的老师,他用自己51岁的宝贵生命诠释了爱与责任的师德灵魂。"又如,阿英《敌后日记·停翅小撷·八月三十一日》:"依具体事实,详加诠释。"很明显,两个例子说明了可以用行为和行为所产生的事实来诠释灵魂和道理。在这里,"行为"一词包含"事实"的意思。

伽达默尔认为,诠释学研究的是对文本的理解问题,不过这个文本的含义是非常广泛的,它可以指各种社会文化现象。行为可以以某种方式被客观化而成为客观化物(如文字记录、行为的物化结果等),从而被视为文本。从意义的理解和领会出发,当代诠释学注意的焦点早已从文本的解读转移到对行为实践之考量和诠释,并放在重点。利科讲的更为具体,他写道:"人类行为与文献文本一样,它既展现了含义,也展现了指标;它既拥有内在的结构,也拥有一个可能的世界,可以通过解释过程展现出一个人类生存的潜在模式。"(《诠释学与人文科学》15—16页)裁定人类行为意义的法官不是当代,而是如黑格尔所说,"是历史本身"。利科进一步解释说:"人类行为是一部开放的作品,是一种'悬置'起来的意义。正是由于它'打开了'一个新的指称,并从其中接受了新的相关性,所以,人类行为同样也等待着确定意义的新解释。"(同上171页)人类行为和事件都在向任何一个可以阅读的人开放,并以同样的方式,这些行为和事件也可以提供给未来解释,当代的解释并不具有特权。

历史同行为一样,也可以作为诠释对象。

历史是看不见、摸不着的,研究历史只能依靠历史的客观化物——历史档案和考古发现物。历史本身就是人类行为的记录,就是人类行为在其上留下的"踪迹",历史就是建立在踪迹之上的科学。"档案"和考古发现物都是人类的历史行为打上的印记。利科指出:"在由记忆意向性地书写下来的档案面前,存在的是

'记录'人类行为的持续性过程,就是作为'印记'总和的历史本身,它规避了单个行为者控制的命运。"(同上170页)

4. 生活世界

在这里,"生活世界"是一个哲学名词,我国诠释学家张鼎国指出:"生活世界"概念出现于19世纪末科学理论的探讨中,意指有一前于科学的、直接的人类世界,值得重新作为科学活动所回溯指涉的思索场域(《诠释与实践》337页)。这指的是科学没有发展之前的初始场所,比较难以理解,不如就理解为日常生活、人际交往的一个现实的世界和一个直观的世界。张鼎国教授进一步指出:"因为诠释学原先是以文本乃至经典为主,但一经发展后,所有理解沟通之活动,是更直接放置在社会人际活动及整体生活世界的范围下进行考量的。议论生活世界之主题和诠释学所看重的文本世界或经典世界,也并不是表面上看来那样互不相干的。"(同上,338—339页)因此,"生活世界"的方方面面都可以看做"社会文本",都可以被诠释,实际上任何一个人都在对"社会文本"进行理解、解释和交流。在这些诠释中,"用心感受"是一种较佳的方式,一种运用较多的方法。如日常生活中平平常常的听音乐,"用心感受"可以诠释音乐之美。如,贝多芬最优秀的当属他的交响曲,九大交响曲每首都堪称不朽之作,每首都有最佳诠释者,其九大交响曲最经典的当属第三"英雄",最佳诠释者是克莱姆佩雷尔。"如此一来,理解与诠释不只是面对典籍、处理文本时的特殊方法技巧,而是整个个人生命活动历程中普遍运作的轨迹,而对话交谈,则进一步拓展到更大的可能经验层面,是历史性生命的行为履践所能达致的全部效用范围。"(同上,68页)

三、诠释学的三大转向

诠释学作为一门学科经历了不间断地顽强发展,《真理与方法》中文版译者、我国哲学和诠释学研究专家洪汉鼎在其所著《当代西方哲学两大思潮》中指出,诠释学从古代到现代,其发展历史有三次大的转向。

1. 第一次转向:从特殊诠释学到普通诠释学

这次转向有两个含义,一是指诠释学的对象从《圣经》和《罗马法》这样的特殊卓越的文本到一般世俗文本的转向,即所谓从神圣作者到世俗作者的转向;二是指诠释学从那些个别片段解释规则的收集到作为解释科学和艺术的解释规则体系形成的转向。这次转向的主要代表人物是施莱尔马赫,他完成了从古典诠释学到现代诠释学的根本转变。古典诠释学是一种对诠释学时代性的统称，实际就是指以对神学和法学文本的解释为代表的特殊诠释学，其最突出的特点：一为独断，二为教条，三为权威。正如狄尔泰在《诠释学的起源》中所讲，这种转向"把解释从教条（独断论）中解放出来"（《诠释学的起源》85页），从基督教会的权威中解放出来，从而有了对文本诠释的个体性的自由解释。因此这就意味着诠释学从独断论的特殊诠释学中解放出来，使之成为一种遵循解释规则体系的普遍诠释学。所以这次转向也可以说是从局部诠释学到一般诠释学的转向，这是诠释学里程碑式的一次大的进步。

2. 第二次转向：从方法论诠释学到本体论诠释学

人文科学本身是研究人类历史文化的知识，以对生命的体验、表达和理解为基础，其对象是整个人类的生命现象，方法是通过对人类历史上生成的精神或生命的客观化物的辩识、研究和诠释，因此诠释学成了人文科学的普遍方法论。这个"精神或生命的客观化物"的主要代表就是文本，学术一点讲是历史文献，当然也包括历史上遗留下来或考古发现的许许多多文物。因此，狄尔泰的诠释学作为人文科学的普遍方法论，使诠释学上升到一个新的阶段，但其诠释对象还局限在文本，没有超越文本的范畴。

海德格尔对狄尔泰的诠释对象进行了理性的破解，他在进行生存论分析的基础本体论里，指出诠释学不再单纯是对文本，而更是对"存在世界"的阐释。他在其巨著《存在与时间》中写道："诠释学的对象不再单纯是文本或人的其他精神客观化物，而是人的此在本身，理解不再是对文本的外在解释，而是对人的存在方式的揭示，诠释学不再被认为是对深藏于文本里的作者心理意向的探究，而是被规定为对文本所展示的存在世界的阐释。"（洪汉鼎《当代西方哲学两大思潮》下册458页）按照海德格尔的说法，诠释学的研究对象已经从文本扩展到人类的"存在方式"，扩展到了"世界的本原"——本体论。因此诠释学既不是对文本单纯进行理解和解释的学科，也不是指人文科学的普遍方法论，而是指对人存在本身的现象学解释。而这种由方法论诠释学到本体论诠释学转向的最后完成者则是海德格尔的学生伽达默尔，具体内容表现为伽达默尔创立的哲学诠释学。按照伽达默尔的看法，诠释学一旦突破了方法论的障碍，转向科学客观性概念的本体论，从人的"在世存在"之根本，研究和分析人在传统、历史和世界中的经验，在人类的有限的历史性的存在方式中发现人类与世界的根本关系，这就是哲学诠释学的宗旨。哲学诠释学是20世纪诠释学的最高发展。根据这一学说，将理解上升到哲学的高度，因此这第二次转向也可以说是从认识论到哲学的转向。

  3. **第三次转向：从作为本体论哲学的诠释学到作为实践哲学的诠释学**

  哲学诠释学既不是单纯理论的一般知识，也不是单纯应用的技术方法，而是一门综合理论和实践的双重任务的哲学，是作为实践哲学的诠释学。再进一步发展即以亚里士多德的实践智慧（phronesis）为核心，试图恢复古老的实践智慧或实践理性概念，即在实践中判断对人类有益或有害的事情的理性思考，对情景的感知、辨别与顿悟，以及伴随着采取行动的实际能力。实践智慧是实践领域里如何行动的智慧，"即不再以客观性，而是以实践参与作为人文社会科学最高评判标准。"那就是以"善"作为最高标准来衡量哪些事情对人类有益或哪些事情对人类有害。一个具有实践智慧的人，总是能够理性地选择适当的手段，以适当的形式来实现"善"。人的善就是合乎德性而生成的灵魂的现实活动。因此第三次转向也可以说是从理论哲学的诠释学到作为理论和实践双重任务的诠释学的转向。

四、诠释学在改变着哲学

  诠释学发展到实践智慧，"它研讨的问题就是所有那些决定人类存在和活动的根本问题，那些决定人之为人以及对善的选择极为紧要的最伟大的问题。"（洪汉鼎《当代西方哲学两大思潮》下册459页）对此有人认为，应该将哲学还原到古代与生命本身密切相关的原本面貌。继尼采、海德格尔对西方哲学传统的第一哲学——形而上学、存有学、存有理论——严加批判后，学术界提出了一个哲学何去何从的发展问题。在此基础上，德国哲学家黎德尔明确揭示出一种新的思考途径，那就是在实践哲学与诠释学之间找出哲学工作继续前进之路——第二哲学。

  第二哲学关怀的内容是贴近生命与历史真实。黎德尔重新从关于人在社群、在历史中的行为之规范和价值意义去深入探究，提出价值诠释及价值判断的新伦理学，正是用行为理论和价值诠释作为建立第二哲学的实质性内涵，并构成其学说的最大特色。

  第二哲学的任务："对于人的行为规范之有效（我们应该做什么），以及对于行为目标的权衡及选择（我们能够如何生活）提出解说和论据。"（张鼎国《诠释与实践》9—10页）为了实现这个任务，第二哲学应该采用诠释学的方式运作，要以一再的诠释、再诠释来具体且持续地进行哲学事业，并且以论述性质的语言概念之诠释作为最主要的工作内容。

这里,"第二"无关乎高低,而是哲学另谋一"开始"的"再开始";"第二"的意思是洞察传统"第一哲学"之困境,进行检讨,"转化"为新思维的方式和态度。

此文之所以在文章末尾提到第二哲学,是为了彰显诠释学发展之宏伟。从平凡的阅读源起,17世纪中叶至今,不足350年的历史,却在人文科学,乃至整个学术界,立地顶天,不仅影响而且改变着人类的学术之巅——哲学。这不能不使我们这些终生或专职从事阅读的人为之骄傲,但也不能不由自主地反问自己,我对诠释学知之多少,从而激发我们阅读和学习诠释学的自觉。没有理论指导的活动是盲目的行动,将诠释学引入全民阅读,将全民阅读置于诠释学的指导之下,以提高我们自己乃至全社会的阅读水平。

10 诠释学历史上诠释重心的三次转移

沈迪飞

一、诠释重心的三次转移

作者、文本和读者之间的相互关系构成了诠释学的重要主题。从施莱尔马赫、狄尔泰开始，到海德格尔、伽达默尔，再到后来的哈贝马斯、利科以及贝蒂、赫施等，众多的诠释学家对人类理解和解释过程中作者、文本和读者三者之间的关系展开了耐人寻味的探讨。

在诠释学的历史上诠释重心在"作者中心论""读者中心论"和"文本中心论"这三者之间历经了三次转移。但三者之间是如何转移的，据笔者所知，至少存在着两种不同的看法：一是殷鼎先生在其所著《理解的命运——解释学初论》（137—139页）中认为，以文学批评理论为例，诠释学史上三次诠释重心转移的顺序是作者中心论—文本中心论—读者中心论；另一种看法是安徽师范大学经济政法学院诠释学研究中心彭启福先生提出的，认为三次诠释重心转移的顺序是：作者中心论—读者中心论—文本中心论（《安徽师范大学学报（人文社会科学版）》2003年02期）。可不要小看二者仅仅是在诠释重心转移顺序之二或三的差别，实际上在诠释学的理论和实践上却有天壤之别，这可不是耸人听闻或故弄玄虚，而是有真正的内容为依据。为了概念的明确和论述的清晰，特将上述三个"中心论"做简要介绍。

1. 作者中心论

圣经诠释学是诠释学源起的重要途径之一。早期圣经诠释学的基本目标就是通过对圣经之分析和诠释，使教众能够领悟其中隐含的上帝的意旨——"绝对的"神意。圣经诠释历经了两步进程：追求作者意图（上帝意旨）的独断论和追求《圣经》文本原意的以经解经论。

自被誉为诠释学之父的德国神学家、语文学家和哲学家施莱尔马赫（1768—1834）突破圣经诠释学，实现了从特殊或局部诠释学向普遍或一般诠释学的转向以后，作者、文本和读者及其关系也从狭隘的神的领地走向了广阔的世俗生活，诠释学的研究领域相应拓展了。然而，诠释取向却没有根本的改变，它沿袭了特殊或局部诠释学的思维模式，仍然将引领读者把握文本中呈现的上帝的意旨——作者意图视作诠释学的基本追求。

这样，在作者、文本和读者三者关系的处理上，浪漫主义（浪漫主义与理性主义相对，强调想象力、自然、神话、神秘的因素，强调人的活力）诠释学家施莱尔马赫和德国哲学家、历史学家、诠释学家狄尔泰（1833—1911）持"作者中心论"。"作者中心论"认为，文本存在的意义在于表达作者的本意，而读者对文本的解读，就是要去把握作者意图，作者意图也因此成为支配整个理解活动的核心。施莱尔马赫指出："我们必须想到，被写的东西常常是在不同于解释者生活时期和时代的另一时期和时代里被写的；解释的首要任务不是要按照现代思想去理解古代文本，而是要重新认识作者和他的听众之间的原始关系。"（《理解与解释——诠释学经典文选》55—56页）这就是说，理解应该基于对作者历史性的把握上。那么，如何实现对作者历史性的把握呢？施莱尔马赫提出心理解释，读者要把握作者在所创作的文本中表达的原意，就必须通过一种"心理移情"的方法，在心理上进入作者创作文本时所处的社会历史情境，重建文本与它所赖以形成的社会历史情境的联系。按照狄尔泰的分析，"心理移情"实质上就是通过对读者的个体性和历史性的消解，从心理上重建作者的个体性和历史性。在"作者中心论"的视域中，读者实际上成了"无个性的""无历史的"抽象存在物。

2. 文本中心论

曾获得克鲁格人文与社会科学终身成就奖（世界人文领域诺贝尔奖）的利科（1913—2005），对"文本"的著名定义被国内外学界广泛认可并普遍应用。他在对先前诠释学进行历史反思的基础上，建构了文本诠释学。按彭启福的说法，利科提出了"文本中心论"。他认为这种提法旨在克服"作者中心论"和"读者中心论"的对立。利科指出，在从局部诠释学到一般诠释学的演进历程中，无论是施莱尔马赫还是狄尔泰的诠释学，都陷入了一种困境——把对"文本"的理解置于对在"文本"中表达自身的另一人的理解的法则之下。另一方面，在从认识论到本体论的诠释学转向中，德国哲学家、20世纪存在主义哲学创始人海德格尔（1889—1976）完全切断了诠释与作者之间的联系，凸显读者的历史性，使之成为诠释的重心。

基于上述认识，利科把"文本"作为理解和解释的重心，建构起了文本诠释学理论体系。首先，他对诠释学作了新的定义，指出"诠释学是关于与'文本'的解释相关联的理解程序的理论"。（《理解与解释——诠释学经典文选》409页）其次，利科把文本界定为"任何由书写所固定下来的任何话语"，并与"作为口语形式出现的话语"区分开来（《诠释学与人文科学》148页）。按照利科的分析，文本和口语形式的话语相比，至少包含永恒性、简化性和意义的不确定性等特征。再次，文本作为理解和解释的主体，是媒介，是中介点，调和其他两个"中心论"的对立，试图建立一种集方法论、认识论和存在论于一体的新诠释学。

在文本中心论中，如彭启福所说，在他的认知中，文本、理解和解释这三个要素都应该是诠释学的核心概念，而文本的地位最为重要，所有的理解和解释都是以它为原点来进行的。

另外，也有诠释学家认为：作品自身具有由历史形成的意蕴，既不是作者意愿之旨，也不是解释者个人理解的产物，先于解释存在于作品的各种关系之中，文本是诠释的重心。此后，另有诠释学家认为：作品是独立的意义的自在中心。他们认为解释一部作品，只分析作品语言的结构、语法、符号系统等，甚至作品的历史背景也被拒之门外。认为作品的意义由对作品的语言分析中即可出现，作品自身成了解释的重心。

3. 读者中心论

在海德格尔的引领下，伽达默尔彻底实现了"作者中心论""文本中心论"二者向"读者中心论"的诠释重心转移。首先，伽达默尔用基于读者历史性的"视域融合"来对抗施莱尔马赫旨在消解读者历史性的"心理移情"。其次，伽达默尔通过对读者历史性的重要表现形式——"先入之见"（或称"偏见"）之合法性的强调，从根本上消解了"心理重建"的可能性，为"读者中心论"提供了依据。实际上在我们的理解活动展开之前，以"传统"的面目出现的"偏见"或者称为"前理解"已经先入为主；它是作为主体将文本与现时态存在连接起来的必要条件，对意义的创生也有着不可或缺的作用。再次，确立了"时间距离"的合法地位。不同时代的读者，处于传统之流的不同河段，拥有自身独特的历史性，有着各自独特的"前理解"，如具有多年人世沧桑经历的老年人比儿童理解"失败是成功之母"必然深刻得多。最后,读者和作者之间的时间距离连接着陌生性和熟悉性两极,因而得以成为历史和读者所生活的时代的中介,成为理解得以发生的条件。进而这种普遍性又借助于读者对文本的解读而与现时态相连接,产生出文本的创生性意义,所以间距又可以视为意义的生长域。

我国诠释学家殷鼎先生对读者阅读的创发性理解是诠释取向的中心,即"读者中心论"进行了阐述(《理解的命运》132—139页)。他认为,"读者中心论"第一次与哲学诠释学的肇兴有直接关系。首先,哲学诠释学创始人,德国哲学总会主席、国际黑格尔协会主席伽达默尔(1900—2002)对解释致力于发现作品原意的传统解释取向,即"文本中心论"产生了怀疑;其次,通过语言与人的历史存在关系,伽达默尔觉察到解释与理解的视域如何被个人的前理解与经验所限定,以及语言在生活经验中向个人理解无限开放的特性;最后,他提出诠释作品不是解释者用方法去解剖分析作品,而是解释者从他的理解视域范围出发,让作品进入并扩展他的个人理解,在理解中产生出作品的意义与创造性解释。这显然是哲学诠释学在诠释取向方面的一个贡献。理解与解释作品,成为人类生活创造性展开的一种形式。解释与理解的创造权力与必然性,在人的历史存在中找到了合法的根据。在理解中创新,不迷信权威的解释,成了每一代人、每一个人不可剥夺的历史权力。在理解中重新解释历史、传统、经典、价值等,也成为每一代人理解自身的方式。

二、读者是决定文本命运和意义的关键因素

对诠释学史上三次诠释重心转移的两种看法,笔者倾向于殷鼎先生的提法,即作者中心论——文本中心论——读者中心论。在作者、文本和读者三者中,作者和文本或已经"死"去,或已经僵化,读者是最为活跃的因素,处于举足轻重的地位,是决定文本命运和意义的关键。

1. "作者已死",作者对作品或文本失去了发言权

作者是作品或文本的母亲,她给予了作品或文本以生命,并用思想和情感哺育了作品或文本。但是,当作品或文本出版后,那就如同长大"出飞"了的鸟儿,同作者或母亲脱离了关系,再没有了互相影响。罗兰·巴特(1915—1980)作为法国结构主义(20世纪下半叶以及21世纪最常使用来分析语言、文化与社会的研究方法之一)代表人物,提出了一系列对全世界文学理论影响重大

的观点，而最引人注目的莫过于他于1976年提出的"作者已死"理论。乍一听来，这一理论很是刺耳，也很难理解。实际上巴特认为任何作者的声音一经写成"文"出版后，则荡然无存，作者对作品或文本失去了发言权，如同作者已经不在世。巴特的观点彻底颠覆了以作者为中心的传统阅读或诠释方法。

2. 文本处于死板僵化状态，只有读者才能让它"活"过来

脱离了作者的文本，在没有读者阅读的情况下，成为死板僵化的文字组合。按照利科的说法，这一组合在人类的历史长河中呈"悬置"态，它可以跨越时空，不论历史或国籍，只要有读者或译者，对它读或译，它就会重新"活"过来，并逐步"活跃"起来。也就是说，读者让文本"起死回生"。而且，读者的阅读是文本"起死回生"、重新"活跃"的唯一必要条件。

3. 经典的形成，只有读者才是文本价值的发现者和评价者

在人类历史上已经形成和正在形成着各个学科各个门类的经典，或称为"经典著作"。经典是怎么形成的？这早已有了共识：经典既不是历史上任何一位领袖人物"封"的，也不是各个学科、各个门类权威人士"指定"的，而是在人类历史的长河中众多读者的口碑历史地形成的。也就是说，读者成就了经典，历代读者的阅读使一个个"死"文本成为万世流芳的经典！那可是不分国籍、不分民族的全世界的文化结晶啊！

4. 每一次阅读也就是一种再创作，阅读使人类文化得以传承

文本具有开放性和多元性，为读者提供取之不尽、用之不竭的诠释源泉。文本的意义是由读者阅读诠释所赋予的。每一次阅读，同时也是一次创作——每一次阅读皆带着读者本身独有的批判、理解、解释，用其自身经验或思想等进行再创作。罗兰·巴特瓦解了传统的阅读方法，将诠释权从作者的权威中解放出来，真正说话的不是作者，而是读者。文本中语言排序背后所隐藏的众多文化含义，并非作者一人的绝对意义。所以，读者不必为作者赋予的意义为依归，更不用追求作者意图。我们所阅读的是文本，而文本并不存在作者的作品这一单一意义，因为在阅读中，文本意义自读者延伸，因读者而多元，借着阅读创造出多元的意义。一个作者创作出一个作品或文本，经过历史上众多读者的阅读，文本多元的意义被读者发现或发掘出来，从而多义化，使阅读形成了"百花齐放，百家争鸣"的局面。这是多么伟大的文化传承啊！可以讲，没有阅读就没有人类文化的真正传承。

三、第三次诠释重心转移至"读者中心论"的证明

1. 诠释历史的实证

《圣经》诠释是人类最早的诠释学,它历经了两个历史进程:独断论和以经解经论。

以《圣经》的特质——它是天主的话又是人的话——决定和构成了独断论诠释的基本要素。正因为天主透过人,以人的方式来说话,所以诠释者必须既是门徒,又是一位历史学家,这样才能分辨出什么说法是天主在圣经中的言语和教诲,同时也能保护圣经中的历史事件;如此,才能满足上述诠释原则对他提出的绝对要求。这样的结果就形成了以教廷和主教们为代表的诠释者是天主的当然化身,他们的释经就是神意,那是任何人都不能违反的。这无形中铸就了一家之言——独断论。这在相当长的时期处于圣经诠释学的统治地位。

始于欧洲16世纪基督教的宗教改革运动,使人们从传统的宗教束缚中解放出来,个体不需要神职人员的中介,可以直接和上帝进行交流,直接对《圣经》做出解释。他们对《圣经》的解释没有局限于纯文字技术方面的注释,还对《圣经》的经文做出自己的阐发,从而发展了神学释义学。为反对独断论传统,宗教改革运动领袖之一马丁·路德(1483—1546)提出"圣经自解原则",这就形成了以经解经论。

这样,在圣经诠释领域,诠释重心实际上已从以作者中心转移到了以圣经文本为中心。

此后,施莱尔马赫创建了一般诠释学,诠释学走出了樊篱,由局部(特殊)诠释学转变为一般(普遍)诠释学。但是在具体的诠释重心上,施莱尔马赫和狄尔泰开始坚持"作者意图",而后坚持"典籍原意"。17、18世纪的第一次诠释学转向,从以作者为中心转移到以文本为中心,人们迫切需要一套方法论去实现对文本原意的把握。

人类历史的诠释实践证明,诠释重心首先是"作者意图",而后转移到"典籍原意",即从"作者中心论"转移到"文本中心论",最后到哲学诠释学时期才出现"读者中心论"。

对此,希腊哲学先贤柏拉图早有理论阐述,"每一认识都包含重新认识","必须重新认识的东西不是作者的意见或文本的原始创意,而是可以成为某种有意义的东西,因为它产生于对它的真理期待和前理解"。(《短篇著作集》第1卷42页)

2. 书话精品反映的阅读实践

2011年我读到了一本令我爱不释手的书话《读书毁了我》。它是美国女作家琳莎·施瓦茨的作品，我至少读了三遍以上，至于随时翻阅，那只能说是不计其数，并且一口气写了三篇读后感。我不必多讲，还是看看琳莎·施瓦茨的阅读感想吧。她写道：

"书也一样，它并不具有独立或者感官的存在，而必须被打开，必须让人往深处探寻，我们对它的存在是必须的，这样一种无坚不摧的力量也正是我们所喜欢的。真正的书是躺在青蛙里面的王子。我们打开它，我们眼睛投下再生的一吻。这就是使人陶醉的力量。别人的思想并不干扰我们自己自由的思想，但会在灿烂夺目的复生中与我们的思想水乳交融。"（134页）

"如果说我们让书展现生命，书也使我们展现自我。阅读教会我们接受事物……。它教我们接纳，在静默中，带着专注接纳一个临时占有的声音，借来的声音。讲话的人将自身出借出来，我们也做同样的事情，这是双向的、临时的交换，跟爱一样。"（134页）

"这一切——指我的阅读——全都是毫无知觉的情况下发生的。然后，它就渗透进来了。阅读并没有代替生活，它往生活里面灌输了一些内容，直到这两者无法单独抽出，就像无法从一滴水珠里将氢原子和氧原子分开一样。要使它们分开，可能需要采取非常激烈，甚至是非常致命的手段，那是一种精神上的电分解。"（30页）

这三段话可归结为四种意思：第一，读者通过阅读激活了书籍，让书向读者"展现生命"；第二，读者在阅读的过程中，书籍的内容和作家的思想，在"毫无知觉的情况下"，"它就渗透进来了"，对读者"往生活里面灌输了一些内容"；第三，读者对书籍"渗透和灌输"的内容进行"接受""消解"和"接纳"，"如果说我们让书展现生命，书也使我们展现自我"，读者和书籍进行"双向的临时的交换"；第四，读者的思想和作家的思想水乳交融地成为一体，"会在灿烂夺目的复生中与我们的思想水乳交融"，这种水乳交融的情况"就像无法从一滴水珠里将氢原子和氧原子分开一样"。这一段话冥冥中给了我感觉：我的灵魂进入了书的思想，书进入了我的头脑，书和我的融合形成了我的思想，书形成了我。

施瓦茨有关阅读的这些观点，许多知名人士也深有同感。高尔基讲："读书，这个我们习以为常的平凡过程，实际上是人们心灵和上下古今一切民族的伟大智慧相结合的过程。"国际创价学会会长池田大作说："读书不光能补充知识，还可以通过书籍，使作者与读者在对话中，产生生命的共鸣，共同塑造人生。"

琳莎·施瓦茨用她读书实践的深刻感受令人信服地诠释了读者是诠释的重心。

3. 一种真正符合实际的阅读形式——"视域融合"的出现

上述琳莎·施瓦茨的阅读实践已经显示了"视域融合"的雏形和基本内容。

伽达默尔对文本解读问题提出了一种崭新的见解。他认为，读者对文本的解读并不是一种向作者原意的回溯运动。由于读者和文本之间存在着时间差距，并且相对应会产生不同的历史情境的变化，使得文本与读者处于不同的处境。文本含有的是原作者和文本历史性所形成的"原初视域"，而读者则处于"现今视域"。当这两个视域之间存在着不可消除的差距时，作为读者，不应把其当作一种理解过程中的障碍，而要视其为理解文本创造可能性的积极因素，努力将自己所处的现今视域与文本中含有的原初视域融合在一起，并在融合中不断扩展视域，从而使读者和文本都超越原来所属的视域，形成一个全新的、更高的视域，理解的过程也就是意义的创生过程。在这一视域中来倾听文本，与其对话，去感受文本的真正意义，并在理解文本意义的基础上融入自己的生命体验，追求一种自我理解。正是在作者和读者这两种视域的不断融合中，文本自身的意义才被创生和更新。读者及其历史性成了决定文本意义的真正关键。

四、结语

我国诠释学家殷鼎先生感慨道："人类久远的解释活动，出现了两个幽灵——'作者意图'和'典籍原意'。它们咬噬着一个古老的信念，即相信解释可以复员已逝的过去（并形成了统治性的权威）。"（《理解的命运》134—136页）他认为，在哲学解释学兴起之前，还没有任何思潮从哲学高度上，揭露和批判将"作者意图"和"文本原意"作为解释取向，哲学诠释学最先觉悟到这种解释取向的谬误性，由怀疑"意图""原意"再现的可能性，进而重新界说"意义"，肯定解释对人生的创造性质，使理解成为作品、历史、传统对个人发生意义的方式。解释失去了被作为复辟某些思想意识的工具作用。理解自身成为生活中持续的创造活动。这不仅仅是认识论上一个转机，也使哲学在酝酿着带根本性的改变。即哲学必须首先放弃对理性无限能力的绝对信心，同时放弃追求不带任何个人先见之"客观"知识的非历史主义的认知取向。在解释作品时，理解必会使作品向不同解释开放，尊重个人理解的创发权力，肯定理解中创造的合法性。创造属于理解的权力，如同生命属于生活。

第二部分
代表人物篇

1 哲学诠释学的创始人——伽达默尔

孙洵

一、人物简介

汉斯-格奥尔格·伽达默尔（Hans Georg Gadamer，1900—2002），德国哲学家1900年2月11日出生于马堡的一个教师家庭。他的父亲是一个研究化学的大学教授，从小就有意识地培养伽达默尔对自然科学的兴趣，但伽达默尔对人文学科的兴趣却与日俱增。中学时期他就读于弗罗茨瓦夫的一所中学，19岁时全家回到他的出生地、新康德主义的中心——马堡。他在这里师从那托普（Paul Natorp）学习哲学，1922年，以《论柏拉图对话中欲望的本质》一文获得博士学位。

1923年，他前往弗莱堡师从海德格尔这位他心目中的大师。他在弗莱堡只待了几个月的时间，但对他一生造成了深远影响，以至于他后来一直承认自己是海德格尔的学生。从海德格尔那里，他学习了现象学的方法、存在论的思路，使他摆脱了早期新康德主义的影响。

1929年，伽达默尔获得马堡大学的任教资格。20世纪30年代早期，他把大部分时间都花在了演讲上。虽然在第三帝国时期，他在政治上并不活跃，但和海德格尔不同，他是坚决的反纳粹主义者。直到1937年，他才获得他申请了10年之久的哲学教授头衔。1939年，他在莱比锡获得了一个大学教授的职位。1945年，他出任哲学系主任，之后还担任了两年大学校长职务。在这些年里，他因为政务繁忙，大多数时间只能用于诗歌和短论的写作。

1947年，伽达默尔受聘于法兰克福大学哲学系，任首席教授。1949年，他受聘于海德堡大学，并接替了雅斯贝尔斯的职位。直到1960年60岁时，他才出版了他最重要的作品《真理与方法》。在之后的40年，他出版了其他主要著作，与各种思潮的主要人物展开对话,进行诸多演讲和讨论,获得诸多荣誉。直至去世,他一直是海德堡大学的荣誉教授。

他对诠释学做出了巨大贡献,他的哲学精神和人生实践统一在这样一个问题上:对话和理解如果可能是此在(Dasein)的一种存在方式。他的一生都在研究对话和理解,他的教学和著述也都是在与听众的对话中展开的。

与海德格尔关系:伽达默尔是海德格尔的学生,在海德格尔存在本体论的基础之上,把诠释学发展成20世纪哲学的一个重要而丰富的领域。

二、主要著作

伽达默尔一生著述甚丰,主要著作如下。

哲学著作:《真理与方法》(1960),《科学时代的理性》(1976)。

美学与艺术论著:《柏拉图与诗人》(1934),《美学与解释学》(1964),《美的现实性——作为游戏、象征、节日的艺术》(1977),《诗学》(1977)。

三、对伽达默尔产生重要影响的人物

1918年中学毕业并在布雷斯劳开始大学生活时,他还是一个"有些羞怯、笨拙和内向的少年",即"完全异于一个早熟的人"。那时他身上还没有显露出任何哲学的迹象。伽达默尔热爱莎士比亚,热爱古希腊、德国的经典著作和诗歌(这种爱好一直保持着)。他在中学时就读过特奥多·莱辛(Theodor Lessing)的《欧洲和亚洲》,"一部充满了力量和辛辣讽刺的文化批判"——他承认自己完全被它所倾倒(对他有着类似魔力的还有托马斯·曼(Thomas Mann)的《一个不问政治者的看法》和施特凡·格奥尔格(Stefan George)的诗歌。但他阅读的第一个哲学文本是康德的《纯粹理性批判》。关于这本书,我们对伽达默尔的话只能半信半疑,因为他"几乎捕捉不到……其中能让人理解的思想"。

1. 赫尼希斯瓦尔德——理解先验哲学的良好启蒙

伽达默尔还是留在了哲学那里。这个年轻的大学生在人文科学和文化科学(日耳曼语言文学、罗马语言文学、历史、艺术史、心理学和伊斯兰教教义学)的园地中进行了短暂的寻觅,但都没有找到他所希冀的东西:思想的方向。在听了理查德·赫尼希斯瓦尔德(Richard Hönigswald)的一次专题研究课后,他才幡然醒悟，明白了决定他未来思想生活的应该是什么。随后，他又在赫尼希斯瓦尔德那里接受了抽象思维艺术的最早启蒙，它们用风格优美的精细辩证法——即使不免有些单调枯燥——驳斥了所有的心理至上论，从而捍卫了新康德主义的先验唯心论。伽达默尔把赫尼希斯瓦尔德林关于认识论的基础问题的讲义速记下来，并整理成了赫尼希斯瓦尔德卷宗，这成了他理解先验哲学的良好启蒙，以至于当他的家人搬到马堡时，他已经做好了一定程度的准备，于1919年来到马堡。

2. 赫尔曼·柯亨创建的马堡学派——以科学为主导方向

马堡当时是赫尔曼·柯亨创建的马堡学派所在地，马堡学派是20世纪最重要也最富影响力的康德学派之一。这个反心理主义的康德学派的目标是：在现有条件下，复兴康德批判的感性直观，以便再次把批判主义与科学联系在一起。与德国西南部的康德学派相反，马堡的新康德主义把研究方向放在了数学科学及其方法上。以科学为主导方向成了马堡新康德主义的主要特征。

马堡学派认为，先验的认识论与"对象"毫无关系，而只是与我们认识对象的方式有关，只要这种认识方式先验地具有可能性。要先验地研究的不是客体的内容，而是方法。在柯亨看来，要使作为对象的东西成为新康德主义认识论的客体，首先需要具备科学的认识，以便让对象在逻辑结构这一生产性前提下成为科学的对象。这种创造对象的方法学主义，也被人们称为先验创造唯心论。它是马堡新康德主义的要旨，并且在这一学派中占主导要素。保罗那托普和尼古拉哈特曼的著作起初对这一理论方向起到了推进作用。

3. 那托普和哈特曼——转向存在哲学的方法理念

柯亨退休之后，那托普和哈特曼成了马堡学派的主要人物。他们两人是伽达默尔哲学上最早的老师。与一生都在维护一种严格的方法论的柯亨不同，那托普逐渐从方法论的模式中解脱出来，最终找到一条把狄尔泰的精神科学心理学与胡塞尔的现象学结合起来的途径。对狄尔泰的兴趣还未指向伽达默尔后来全力以赴的那个工作：哲学诠释学的根本。那托普关心的是哲学系统化的整体思想，它在主体化和客体化的相互结合中，通过对思想方法、思想过程以及发生过程的全面控制揭示了关于科学的事实。

正是上述观点使那托普与柯亨具有关键性的区别，这种区别需要一种新的理论范式。如果说先验理论不局限于科学和它的先验基础，那么它是除此之外更基本的思想与存在的相互关联。这个相互关联证实了方法的决定作用并使之得以无限发展，如果这个相互关联最终给予一个最初的不可分割的整体，那么显示必然被设想成最初的具体性。那托普因此愈加注意到超越主体和客体的中间地带的理念，所有的思想和在者都植根于这个中间地带——由此他继康德之后让新康德主义与思辨唯心主义再次产生联系。因而并不是"我思故我在"，也并不像利希滕贝格所说"我思即它在"，而完全是"它存在"。那托普以这一方法理念转向了存在哲学，这对海德格尔不无影响。

正是这一体系的论题使得那托普的《论柏拉图》一书必然得到彻底修改。那托普早年所持的观点是：柏拉图的理论必须从自然法则的角度去理解，似乎它是牛顿和伽利略的科学基础。晚年的那托普意识到了这个错误：理念不单是方法，理念的多样性是以单一的、原始的、具体性的统一体为基础的。就这样，已届高龄的那托普1921年在一篇反批评的附录中，对他那本1903年出版的、引起多方争议的《论柏拉图》一书进行了自我批判，并且形成了对柏拉图相应的理解方式。

根据哈特曼的建议，伽达默尔在那托普那里做的博士论文也受到了上述对柏拉图理解方式的影响。而事实上，这篇论文完全依照那托普的精神撰写而成。在急匆匆打印出来的116页纸上，伽达默尔阐述了柏拉图对享乐主义的驳斥，并试图去解决这个问题——伽达默尔对自己表述的问题一直钻研到90年代。但所有的论述还停留在新康德主义给定的框架内，当时伽达默尔这个22岁的年轻人还没有能力脱离新康德主义认识论的狭隘性。

除那托普，比伽达默尔年长18岁的尼古拉·哈特曼也给伽达默尔留下实实在在的印象。与晚年的那托普相似，在那托普那里获得执教资格的哈特曼与1909年也与先验的创造性唯心主义决裂，并促成了马堡学派的自我解体。他倾向于价值的实在的本体论，反对把认识看做创立、建立或制作对象，他所倡导的认识理论的出发点是：认识就是理解和把握在认识之先或离开认识独立存在的事物。

在这位正要用批评的论证洗刷他唯心主义的过去的思想家和导师的身上，伽达默尔欣赏他敏锐的洞察力和谦逊、友善的态度。但在25年后，伽达默尔还是认为，他们两人的观点都不合理，在真理方面他还是还没有学到任何东西。直到与马丁·海德格尔的相遇，这位年轻的博士才迎来了哲学上的转折。

4. 海德格尔——达及事物本身的真正哲学

与海德格尔的相遇，无论对伽达默尔还是当时的马堡来说，都是一个根本性的事件。夏季学期时，伽达默尔读到了海德格尔未曾发表的有关亚里士多德的文本，正是这一文本一直以来都影响着伽达默尔的思想，以致他一下子就改变了自己的哲学信仰。

海德格尔在这篇手稿中向人们示范了怎样把亚里士多德和古希腊人当作同时代的人来阅读，怎样在普遍地与意识——先验论，尤其是与新康德主义认识论的形式主义的斗争中将他们视为同盟军。不仅如此，他还指明，在经历了方法论漫长的前奏之后，哲学怎样达及事物本身——用当时的俗话说就是：不要不停地摆弄刀子和叉子而不开始进餐。所以，它现在是真正的哲学，它不再是一直忙于方法论的前戏。

在弗莱堡时，伽达默尔都去听海德格尔的专题讨论课和讲座。他听过关于本体论（实存性诠释学）的讲座，参加过《尼各马可伦理学》第6卷和《逻辑研究》的初级讨论版，以及关于亚里士多德和康德宗教著作的专题讨论课——后者是海德格尔和尤里乌斯·艾宾豪斯一同主办的，最后还有为伽达默尔设的教学活动，即海德格尔私下与伽达默尔一起阅读亚里士多德的《形而上学》中论述实体的卷次以及其他各个文本。这种机遇成了伽达默尔探讨诠释学普遍性的初步实践。

海德格尔对亚里士多德的阐释帮助伽达默尔走上了诠释现象学的道路。海德格尔所从事的名为存在论的工作表明，只要在存在论的范围之内牵涉到人的此在（而这个此在总能理解他的在），那么就离不开实存性诠释学。上述公式已经透露出威廉·狄尔泰对海德格尔诠释学工作的影响，但是海德格尔曾从狄尔泰那里找寻实在性依据，但这与理解的技艺学说无关，而是关系到此在的诠释学。海德格尔认为：诠释学这个术语更多的是从它本来的意义上表述的；它是实行告知而形成的某种整体，即对遇到的、看见的、可把握的和成为概念的实存性诠释的完成过程。诠释学的任务就是让这个此在了解自己的存在特性并进行告知，去研究此在所具有的自我异化，并在诠释学中培养此在自身的理解能力。1923年，伽达默尔在弗莱堡包揽了诠释学这项工作计划。

1928年夏，伽达默尔基本完成了他的教授资格论文《诠释柏拉图（裴利布篇）》。通过他的首部论柏拉图的书让人看到他后来对柏拉图进行深入阐释的端倪——其重点是谈话的辩证术，那时已被人称作对事物的交流理解。这篇论文和关于在混合性的生活中找寻善的问题，让伽达默尔产生了关于谈话和伦理的设想。这种设想是反对意识先验论的，它建立在实际的人的基础之上。实际的人在他的存在中不仅对自身拥有支配性的认识，而且这种认识只有在支配的实现过程中才能获得。一开始，他在教授资格论文中以此为出发点构想了一种实践知识，它存在于生活的实践中。在《实践知识》一文中，伽达默尔系统阐述了这种观点。对伽达默尔来说，抛开先验意识从而转向实践知识，转向柏拉图善的理念的具体化（即亚里士多德所说的可行性），便是在双重含义上追问意义（感觉）存在。伽达默尔通过与海德格尔的谈话，最终把善的问题与存在的意义问题合并起来，并且再次以谈话的辩证术为基础探讨存在问题，以便说明柏拉图和亚里士多德在存在与善的关系问题上的极端对立。

伽达默尔追踪着善在实践中的痕迹。他认为既然善的问题同样针对他者，那么善的理念就必然被理解为一切的在，一切在善的存在中可理解的东西。伽达默尔从这个角度出发在自己的教授资格论文中把善的理念作为所有理解交流的最终基础。虽然这个论题还是纲领性的，但它已经包含着以语言为导向的由本体论向诠释学的转折萌芽，伽达默尔在《真理与方法》中完成了这种转折。他抓到了这条线索，它的开端就在柏拉图的对话和原则中，即许多东西是必须说的。

 # 海德格尔与诠释学的存在论转向

李 璟

一、人物简介

马丁·海德格尔（Martin Heidegger，1889—1976），德国哲学家，20世纪存在主义哲学的创始人和主要代表之一，出生于德国西南巴登邦弗赖堡附近的梅斯基尔希的天主教家庭，逝于德国梅斯基尔希。

海德格尔的父亲弗里德里希·海德格尔18世纪从奥地利移居到德国，在当地镇上的天主教教堂任司事，母亲也是天主教徒。海德格尔在天主教教会的资助下于1903—1906年到梅斯基尔希以南50公里外的康斯坦兹读中学，为将来的牧师职业做准备，1906—1909年在弗莱堡的文科学校上学。在这6年里他学习了希腊文，此后，除战争年代外，他每日必读希腊原著，同时学习拉丁文。

1907年，海德格尔暑期回家度假时，从康斯坦兹三一教堂的神父那里借到F.布伦塔诺的著作——《论亚里士多德以来存在者的多重含义》，对存在意义的问题产生兴趣，成为他毕生哲学事业的起点。

海德格尔1909年进入弗莱堡大学学习，前两年主攻神学，辅以哲学，1911年决定放弃牧师的前程而专攻哲学，跟随胡塞尔潜心研究现象学。1913年夏在施耐德（Arthur Schneider）的指导下完成了博士论文《心理主义的判断学说》。在弗莱堡期间曾为当时德国著名哲学家E.胡塞尔的学生，还曾参加新康德派哲学家里科（Heinrich Rickert）指导的研究班，从而深受价值哲学的影响。获得博士学位后不久，第一次世界大战爆发。1914年8月他应征入伍，但两个月后即因健康欠佳退伍。1915—1917年在弗莱堡从事军邮工作，1915年夏他以题为《邓·司各脱关于范畴的学说和意义的理论》的论文获讲师资格。

1916年4月，胡塞尔受聘到弗莱堡大学继承里科的讲座。于是海德格尔得以亲聆胡塞尔的指教。那时他白天在邮局工作，晚上则在大学里听课或讲课。1917年海德格尔与艾弗里德（Elfride Petri）结婚。婚后再次应征入伍，在西线战场服役。1918年从战场回来以后，海德格尔正式成为胡塞尔的助教。1919年作出了脱离天主教的决定。

1922年在胡塞尔的帮助下，海德格尔受聘于马尔堡大学任哲学教授。

在马尔堡时期，海德格尔开始撰写他的主要著作《存在与时间》。1927年2月，《存在与时间》正式印行，一是在《现象学年鉴》第八卷上，二是作为单行本。这本书奠定了他一生哲学活动的基础，被视为现代存在主义哲学的重要著作，他因此而声誉鹊起。半年后，柏林为他颁发了正教授职称。

1928年胡塞尔退休，他被胡塞尔推荐为弗莱堡大学哲学教席的继承人。后来创立了自己的哲学——存在主义。1929年海德格尔辞去马尔堡的席位，回到弗莱堡大学继承胡塞尔的哲学讲座。20世纪30年代以后，他与胡塞尔之间的关系日趋冷淡并最终破裂。1933年初，在德国出现了纳粹的法西斯专政。此后5年间，德国大学教师被解雇受迫害的有2800人，但海德格尔却在该年秋天带领960个教授公开宣誓支持希特勒的国家社会主义政权，并一度担任弗莱堡大学校长。1945年盟军占领德国以后，他因这段历史受到审查并被禁止授课。1951年恢复授课，1959年退休，以后极少参加社会活动，避居在家乡黑森林的山间小屋，只和几个最亲近的朋友一起讨论哲学问题。

1976年《逻辑学—真理问题，1925—1926年冬季学期讲稿》出版。他于同年5月26日逝世，安葬于家乡梅斯基尔希。终年87岁。

在被选为弗莱堡大学校长之前，海德格尔在1933年5月1日加入纳粹党。1934年4月他辞去校长一职。直至战争结束，他仍然保留纳粹党党员身份。在担任校长期间，弗莱堡大学禁止海德格尔以前的犹太裔教师胡塞尔进入大学图书馆，引发了纳粹种族清洗法例。

在1941年再版《存在与时间》的时候，海德格尔删除了书中给胡塞尔的献词，并声称他这样做是受到来自出版商马斯·尼米尔（Max Niemeyer）的压力。

1935年出版《形而上学入门》时，他拒绝删除"这场运动的内在真相及伟大"这样的字眼："……这些都是所谓的哲学。而今天所呈现在我们面前的，那被称为'国家社会主义哲学'，但又与这场运动的内在真相及伟大——即地球技术与现代人类的交锋——毫不沾边的东西，却渔猎于（由诸如）'价值'或'统一'（等概念所构成的）混沌的泥沼中。"很多读者，包括其过去的学生哈贝马斯，把它理解为海德格尔对国家社会主义许下承诺的证据。

二、主要著作

《存在与时间》（1927）；《康德与形而上学的问题》（1929）；《形而上学导论》（1935，1953）；《荷尔德林诗的阐释》（1936—1938）；《对哲学的贡献》（1936—1938，1989）；《林中路》（1950）；《什么叫思想？》（1951—1952）；《根据律》（1955—1956）；《同一与差异》（1955—1957）；《泰然任之》（1959）；《在通向语言的途中》（1959）；《技术的追问》《社会与反省》《克服形而上学》《谁是尼采的查拉图斯特拉》《筑·居·思》《路标》。

三、主要哲学思想的体现——《存在与时间》

海德格尔是存在主义哲学的创始人和主要代表之一。他的主要思想体现在《存在与时间》（德语原文：Sein Und Zeit）这一划时代的著作中。这部著作是20世纪西方哲学中最重要、最有影响的著作之一。他探讨的是西方哲学最基本、最源始的问题——存在问题。在海德格尔看来，西方哲学从来没有真正问过这个问题，它实际上是把存在者当做存在来问，把存在等同于一切存在者。他曾引用柏拉图的这段话："当你们用到'是'或'存在'这样的词，显然你们早就很熟悉这些词的意思，不过，虽然我们也曾以为自己是懂得的，现在却感到困惑不安"。然后他说柏拉图当时指出人人都熟悉的"存在"的意思其实并没有人真正懂得。这个问题直到两千年后的今天还没有解决，而他就是要来重新提出并解决这个"在"的意义的问题。

海德格尔阐述"在"的意义如下：

"在"是已经具有的性质。也就是说，首先必须"在"，才有"在者"；绝不可能根本不"在"，就有了"在者"。要解决"在"的问题，必须追溯到一种"在者"，这种"在者"在究竟成什么样子还不明确时它的"在"已经明确了。海德格尔认为只有"我"是这种"在者"，只有"我"是在成什么样都还不清楚的时候它的"在"已经恬然澄明了。因此，他认为"我"就是"在"，"在"就是"我"。往下，海德格尔就谈论"我"的"在"就是世界。这里，海德格尔思想的核心是：个体就是世界的存在。在所有的哺乳动物中，只有人类具有意识到其存在的能力。他们不作为与外部世界有关的自我而存在，也不作为与世界上其他事物相互作用的本体而存在。人类通过世界的存在而存在，世界是由于人类的存在而存在。海德格尔还认为人类处于矛盾之中，他们预示到不可避免的死亡，死亡导致痛苦和恐怖的经验。他们不得不承认死亡是不可避免的，接着便是一切不复存在。我们的存在既不是我们自己造成的，也不是我们的选择。存在是强加给我们的，并将一直延续到我们去世。

海德格尔开篇便重申对"存在意义"发问的必要性，从"存在"本身便是超越一切种属关系的、最普遍的概念，它似乎谁都懂得，但其意义却隐藏在晦暗中。从柏拉图开始，便错误地把存在等同于一切存在者，海德格尔则认为西方哲学在这一错误的道路上越走越远。海德格尔在书中详细讨论了此在与世界、时间的问题，书中概括来说分为此在与世界、此在与时间、此在展开部分。书中准备性叙述中，则规划了人类学与心理学还有生物学，进行了生存论的准备工作。

海德格尔提出了此在（Dasein）的基本问题，"此在总是我的存在"。此在指人的存在。海德格尔为了避免传统形而上学的主体占优和人的对象化（笛卡尔式思考）而选用此词，之后便马上提出此在（Dasein）总是"IN-der-welt-sein"（在世界之中存在），并且详细讨论了世界与世界的各个环节。世界并不是物的单纯聚集，它并不是可以供我们直接观察的对象，我们总是属于世界。海德格尔同时讨论了笛卡尔的存在论，提出了用具和世内存在者，详细讨论了人们对于物的用具性把握。

此在的展开样式则分为情绪、言谈、领会。此在被抛之于世界，并总是非本真的沉沦于世界，在沉沦中与他人共在，依此海德格尔提出了众人的概念，我们总与其他人一起存在，并且在这种一起中参与大众的一切，然后丢失自己，被抛地筹划自身，接着就是沉沦的样式：闲言、好奇、两可。

尽管此在总是非本真的存在，但海德格尔提出了一个"畏"这一情绪，使得本真成为可能，畏没有具体对象，而是人类有限性的表现，此在的基本存在即为——操心。畏袭来，此在出离自身体，并意识到自己的有限性。畏在畏之中，它是无而且在无何有之乡（"无何有之乡"是指：什么都没有的地方），此在害怕沉沦，并有了本真状态。畏使此在看到了自身的终极——死。海德格尔详细地讨论了死的概念，它是时间的到时并且无法被经验，他使得此在谋划自身——向死而生，此时出现了"良知"呼唤此在。此在在这种良知中见到了本真能在的生存结构。

在书中最后一部分则讨论时间问题，批判了传统流俗的计数时间，结合时间性来讨论此在的生存状态，得出让人迷惑的概念"人即时间"，这主要体现在领会、沉沦等时间性的讨论，在这里，也引导出了海德格尔的历史观念。

总的来说此书用人的在场来探索存在的种种意义，此后分析的种种结论则导出了存在的"疏明之地"，在这里存在者整体被把握，这光影纵横的存在场就是存在本身，使得物与此在的缘在发生，物与此在是其所是的回归于自身。不过存在本身的探索并没有就此结束。此书的第二部分由于种种原因，或许出于思想的触礁，海德格尔决定不再写下去。其后期的思索基本都是对《存在与时间》的补充，主要见于《形而上学导论》《艺术作品的本源》《时间与存在》《根据的本质》《真理的本质》等。

海德格尔在科学方面有着很高的修养，可以和海森堡进行高层次的科学对话，后期也对科学技术提出自己的批判：《世界图像时代》《技术的追问》等。海德格尔后期也宣称了哲学终结，这自然也是出于他对哲学史的深刻研究，后来他的全集出了80多卷，无疑是思想界的瑰宝。他用他的思想证明了他的一生。

四、对哲学诠释学的影响：存在论转向

施莱尔马赫将诠释学从神学的桎梏中解放出来，创立了适用于整个精神科学领域的理解学说———一般诠释学，奠定了现代诠释学的基础。自狄尔泰以后，诠释学演化为诠释哲学。经几代诠释学家努力，诠释哲学已发展成为令人瞩目的世界哲学主要流派之一。但是，这一哲学流派却不是由单一的体系构成的。今天，在诠释哲学的旗帜下汇集了各种形态的诠释学，不仅有历史上曾出现的不同的诠释体系，还包括了当代正激烈论战的对立的诠释派别。从整体上把握诠释哲学，不仅对我们了解西方哲学的脉络，而且对我们自身的理论建设，都是有所裨益的。

由于狄尔泰因袭了施莱尔马赫把理解当作主体理解他者、历史乃至自己的工具，因此他忽视了理解对于人的生命自身的意义。海德格尔紧紧抓住这一点，在他的此在诠释学中，理解被当作人的生命的本质和表现，完成了理解理论的本体论变革。海德格尔思想体系的形成显然受到了胡塞尔现象学和狄尔泰诠释学的双重影响，现象学和诠释学在他那里有机地结合在一起。也正是由于这种结合，使

它们各自获得了新的特征，这一结合的枢纽点便是"此在"。在"此在"的推动下，胡塞尔的先验现象学发展为"此在现象学"，诠释学因具有此在的特征而成为"此在诠释学"。海德格尔指出，现象学所说的现象不是指已形象化或形式化地显现出来的具体事物，它显然是这样一种东西：它首先并恰恰不显现，同首先和通常显现着的东西相对，它藏而不露；但同时它又从本质上包含在首先和通常显现着的东西中，其情况是：它造就着它的意义与根据，它所直接指向的是意识的意向性，它乃是最终意义上的"本体"。正由于它"藏而不露"，或曾被揭示复又"沦入遮蔽状态"，使人们往往只看到这种或那种存在者，却不去追寻存在者的根据和意义，即存在者的存在。以往的传统哲学遗忘了本体论，这并不是指没有本体论的思想，而是被它们视为本体的存在纯粹是对象性的存在，这样真正的本体论之存在——存在者的存在被忘却了。事实上，纯粹的外部世界的实在性问题是没有根据和意义的，它只是作为此在生活在其中的"周围世界"而被赋予意义，构成此在的"在世之在"之环节。因此，存在的意义通过此时此地的存在、此在对自身的领悟而被理解，这一理解过程正就是意义的展现过程；存在置身于被观察的世界和历史之中，就存在的关系而言，存在即世界，就其展现于历史而言，存在即时间。在海德格尔看来，这才是一切存在者最本初的本体论存在，并以此构建了他所说的"基础本体论"，完成了他意义深远的"本体论变革"。

参考文献：

[1] 海德格尔.海德格尔自述[M].天津：天津人民出版社，2017.

3 诠释学之父——施莱尔马赫

李 璟

一、人物简介

费里德里希·施莱尔马赫（Friedrich Daniel Ernst Schleiermacher，1768—1834），德国哲学家、新教神学家，生于布雷斯劳（今属波兰）。施莱尔马赫成长于一个牧师家庭，从小就接受基督教新教思想的浸润。幼年在莫拉维亚兄弟会虔信派学校读书，1787年进入当时神学运动的启蒙中心——哈勒大学学习神学和哲学，广泛涉猎康德等哲学家的著作，以勤学好思为人称道。1796年来到柏林，开始接触浪漫主义。1804年离开柏林到哈勒大学任教，但不久就返回柏林。1810年，任教于洪堡创办的新柏林大学。1834年去世。

虽然解释问题一直是他作为神学家以及翻译柏拉图全集的基础，但诠释学并不是他主要的兴趣。在他生前，他的诠释学说未被重视，狄尔泰（Wilhelm Dilthey，1833—1911）在《施莱尔马赫传》里认为他是诠释学史上的重要代表，以自己的影响力唤起了人们对施莱尔马赫这个名字的注意。1959年，当代诠释学大师伽达默尔的弟子海茵茨·基默尔勒（Heinz Kimmerle）整理并出版了施莱尔马赫的全部手稿，使他的学说在他逝世后120多年才第一次以完整的形式呈现在人们面前。人们发现了它所具有的新的现实意义，施莱尔马赫又重新成为话题。在伽达默尔的推动下，施莱尔马赫和他的学说，尤其是诠释学，成为当今世界风靡一时的哲学话题之一。

二、主要著作

宗教方面的主要著作有：《论宗教》《基督教信仰》《新约导论》以及《耶稣

传》等。

诠释学方面的主要著作有：《注释和箴言》(1805—1809)；《演讲纲要》(1819)；《学院讲演两篇》(1829)；《〈1819年讲演纲要〉第2节的个别讨论和一批页边注》(1823—1833)。

三、施莱尔马赫之前诠释学的研究背景

在施莱尔马赫之前，诠释学作为一门理解和解释的学问，具有很漫长的历史。诠释的行为在远古时期就已随着语言的产生而存在了，关于诠释的研究源头可以追溯到神学和历史语言学，古希腊时期亚里士多德的学说已涉及理解和解释的问题。诠释学最初指把《圣经》等圣典中蕴含的上帝的意图，通过语言的解释和注释，解释昭明的过程和方法。在此背景下，诠释学格外关心圣典文字背后的"意图"或"原意"。文字的考证和诠释也因此发展起来，促进了文字学的长足发展。中世纪的奥古斯丁（Augustine，354—430）等哲学家在对宗教教义进行新的解释时，逐步把以往对解释问题的零散研究系统化。此外在法学、历史学、语言修辞学等传统研究中也一直涉及解释的问题。但在18世纪以前，有关如何正确理解文意内容的研究往往被称作"释义学"。这类研究大多从实用性出发，实际上是一些零散解释规则的汇集。

虽然1629年丹豪尔（Johann Conrad Dannhauer）便开始使用"诠释学"（Hermeneutica）一词，但他的"普遍诠释学"在本质上仍属于逻辑学。它的出现是一种哲学化进程的开端。但随着启蒙时代的来临，传统与权威不断面临自由主体观念的挑战，于是诠释学不再吸引人们的关注。到了浪漫主义时代，阿斯特、施莱尔马赫等重提普遍诠释学话题，其间已有差不多半个世纪的消寂，以致施莱尔马赫根本不知道曾经有这样一个先驱，甚至狄尔泰也不知曾有丹豪尔的诠释学。

施莱尔马赫致力于圣经释义学中的科学性和客观性问题的研究，提出了有关正确理解和避免误解的普遍性理论，使神学的解释成为普遍解释理论的一种具体运用。释经活动所凸显的诠释学意义，直到施莱尔马赫才被重新整合为一种更具普遍意义的诠释学理论。施莱尔马赫的诠释学理论，常常被归入"历史诠释学"。他被称为"诠释学之父"，是因为他使"诠释"走出了释经的局限，将其扩展到了普遍的人类理解问题。

四、对施莱尔马赫产生重要影响的人物

1. 康德（Immanuel Kant，1724—1804）

出生和逝世于德国柯尼斯堡，哲学家、作家，德国古典哲学创始人，其学说深深影响近代西方哲学，并开启了德国古典哲学和康德主义等诸多流派。

"比作者更好地理解作者"，这是施莱尔马赫的重要观点之一。实际上康德也已经在第一批判中阐述柏拉图的理念说时，明确提出这一诠释学观念："不论是在通常的谈话还是在文章中，通过对一个作者关于他的对象所表明的那些思想加以比较，甚至就能比他理解自己还要更好地理解他，这根本不是什么奇谈怪论，因为他不曾充分规定他的概念，因而有时谈话乃至思考都违背了自己的本意"。

施莱尔马赫在逻辑方面，也明显受康德那种缜密的逻辑风格的影响。譬如施莱尔马赫将解释分为语法解释和心理学（技术）解释，他在晚年又将心理学解释进一步细化为纯心理学的解释和技术的解释。这与康德区分认识能力为理性与感性，又旋即区分理性为纯粹理性与知性的术语逻辑结构如出一辙。

康德的批判哲学的一个明显的历史影响：他消除了丹豪尔等人所效忠的理性主义，是建立在承认人的理性可以作为知识来源的理论基础上的一种哲学方法，高于并独立于感官感知。康德指出了有机体是以部分与整体的相互关系为基础的，施莱尔马赫则将其推广到一切知识领域，可以说是在这个基点上，施莱尔马赫构思了他的科学理论体系。

施特劳斯（D.F.Strauss，1808—1874，青年黑格尔派主要成员）在1839年发表的一篇长文《施莱尔马赫和道布对我们时代神学的意义》中写道："施莱尔马赫也是坚持同样批判的、摧毁旧形态的变革态度——哲学史上的康德所采取的态度。如同后者捣毁了旧形而上学的大厦那样，前者也捣毁了神学的经院哲学；如同后者以同样的方式使独断论、经验论和怀疑论失败那样，前者使理性主义同超自然主义一道失败。"为此，诠释学界又称施莱尔马赫为"诠释学的康德"。

2. 施莱格尔（Karl Wilhelm Friedrich Schlegel，1772—1829）

德国人，生于汉诺威，逝于德累斯顿，德国早期浪漫派的重要理论家。他向往中世纪的封建宗法社会，对资本主义的社会关系十分反感。他试图逃往理想的

王国，以免接触鄙陋的政治现实。他认为诗人不必受法则的束缚，"天才"可以越过现实的限制。他的观点在当时有一定的影响。

1796年施莱尔马赫参加了一个浪漫主义者联谊会，接受了浪漫派思想的影响。随后他与当时著名的浪漫派诗人施莱格尔建立了友谊，共同生活了一年，深受其思想的影响。施莱格尔认为，人们通常称为理性的东西，不过是理性的一个浅薄乏味的类别；真正能赋予诗作以生命的是另一种淳厚的火热的理性——感觉和情感。他说："不理解什么，大多数根本不是由于缺乏理智，而是由于缺乏感觉。"施莱尔马赫直接汲取了施莱格尔的思想，并且把对情感的分析和推崇引入神学，写道："人的心灵具有一种虔诚的迷醉般的狂喜，在这种状态中，整个灵魂都在有限与永恒的当下直接的情感中融化了"。这种"融化"只能在自我意识中得到实现。

浪漫派哲学家认为，大自然的全部，包括人的灵魂与物质世界，都是一个"绝对存在"（或世界精神）的表现。以此为基础，施莱尔马赫认为精神就是首要的和唯一的存在。对历史上的文本《圣经》的理解绝不能是文字上的刻板诠释，而必须是一种创造性的、依据信仰者的自我意识和内在体验的重新阐释。因此，理解只能是个人的不同的理解。

五、施莱尔马赫的主要观点

1. 使诠释学成为方法论和认识论意义上的正式学科

经他对《圣经》和古代法律文献的系统阐释，使原来由经典注释学与文献学这样的辅助性学科组成的释义学成了一种普遍的方法论，并具有一定的认识论上的意义。不仅如此，他还进一步将理解和解释从神学、法律扩大到一切文本等人类精神文化上的方方面面，将诠释学从适用的单一性的技艺学发展和扩大到普遍性的诠释学科。他独创的"普遍诠释学"是人类文化中的一个里程碑式的创造，将诠释学向前推进了一大步。

2. 提出理解是对作者思想的重构

施莱尔马赫认为阅读过程中误解是普遍存在的。他认为时间、语言、历史背景和环境上的差异，造成了诠释者无法完全回到作者的状态进行理解，误解就不可避免地发生了。施莱尔马赫在《美学》中说："一部艺术作品也是真正扎根于它的基础上，扎根于它的周围环境中。当艺术作品从这种周围环境中脱离出来并转入交往时,它就像某种从火中救出来但具有烧伤痕迹的东西一样",这里所指的烧伤就是指差异。施莱尔马赫认为这种差异不仅会出现在过去的文本中,而且会出现在当前的交谈过程中。怎么去避免误解呢?施莱尔马赫认为,我们需要通过理解和解释对作者的思想进行重构,把理解的对象放在他们赖以形成的历史语境中。其核心理念是把解释的目标和方法全部指向文本的作者及其原始意义。解释的目的是还原作者原始意义。

3. 创造性地运用语言学和心理学方法还原作者和作品的原初意义

他主张解释者通过对作品语言媒介的把握,深入作者写作时候的内心世界,从而达到对作者和作品原初意义的理解;即运用语言学和心理学方法,设身处地地还原、重构作者(讲话者)创作文本时的语境和心境,与作者一起感受最初的意义构成。首先是"我们对语言具有像作者所使用的那种知识,这种知识甚至比原来读者所具有的知识还更为精确"。其次,他主张我们必须努力理解作者的历史背景和创作时的心态,只有重构了作者当时的心理状态,才能设身处地地体验作者的原意,才能对文本进行无误解的理解。他假定解释者在理解历史时,可以有一种中立的、不受历史限制的认识意识,可以把解释者带入以往的历史中,重新在精神上体会和复制出已逝去的过去。

4. 认为再创作的解释者可能比作者更好地理解作者

施莱尔马赫认为理解和解释是原创作的再创作,再创作可能比原创作创造得更好。施莱尔马赫在1819年讲演中写道:"要与讲话的作者一样好甚至比他还更好地理解他的话语。因为我们对讲话者内心的东西没有任何直接的知识,所以我们必须力求对他能无意识保持的许多东西加以意识,除非他已自我反思地成为他自己的读者。对于客观的重构来说,他没有比我们所具有的更多的材料。"在进行理解的时候,由于解释者和作者之间在时间、语言、历史背景和环境上的差异,所拥有的知识、所利用的工具就会比作者更多,我们还可以根据当前时代的精神,对文本进行跨时代的理解,赋予文本新的思想和时代特色,人们所理解的东西就有可能比作者所理解的要全面和深入。

5. 提出"诠释学循环"理论

基于对事物的辩证理解,施莱尔马赫提出了著名的"整体—机体"主义的思维原则。所谓机体主义是将宇宙万物看成为"不可分割之有机整体"的思想观念。即,部分必须置于整体之中才能被理解,而对部分的理解又加深了对整体的理解;部分与整体在理解中互为前提,相互促进,形成了理解循环运动。这就是影响深远的诠释学循环理论。

六、施莱尔马赫对哲学的影响

施莱尔马赫的诠释学严格意义上还不是哲学,但是他把诠释学从《圣经》注释的方法扩展到了一切文本的理解。他竭力创造性地重建原文作者当初的思想创造过程,把研究的重心转到对理解过程本身,而不是被理解的单个的特殊文本的分析,探索客观理解形成的条件、过程及其可能性的限度。他在此基础上独创的普遍诠释学是人类文化中的一个里程碑式的创造,他把认识的对象扩展到人类精神文化上来,并相应于科学方法论,制订出人文学的系统的普遍方法论。这种创造之所以成为可能,是因为施莱尔马赫的思想在"认识论"上追随康德的结果,并达到了他那时代的最高水平。

狄尔泰评价他:"透过这些规则,逆溯地走向对理解的分析,走向对这种有目的的活动的认识同时,从这种认识中,他推引出普遍有效的解释的可能性,它的手段、界限和规则等。"(《狄尔泰全集》第5卷,327页)在对其理论进行深入研究的基础上,狄尔泰创立了以体验为核心的诠释学。此后,海德格尔的本体论变革和伽达默尔的哲学诠释学,基本是循着这一线索展开的。施莱尔马赫的诠释学为后人开辟独立的人文科学认识论和方法论奠定了坚实的基础,开启了当代的诠释哲学。

20上世纪80年代出版的我国最早介绍西方诠释学的著作之一《理解的命运》,是曾获得斯坦福大学博士学位的殷鼎作品。殷鼎在书中对施莱尔马赫在诠释学上的贡献作出了非常精到的概括:

或许没有哪一个人,能像施莱尔马赫那样,在诠释学发展史中,生前和身后都被毫无疑义地肯定为划时代的人物。他被称誉为"诠释学的创始人""古典语言学巨人""近代基督教新教神学之父""心理解释的首创元勋"等,且他对这些称号确实受之无愧。一言以蔽之,他给诠释学开启了一个新取向,开辟了一个新传统,开拓了一个新境地。在他之前还没有一位思想家,能对诠释学在近现代走向,产生如此经久不衰的影响。在他之后,还没有一个解释学中的思想流派,不曾受到他的思想的洗礼。(《理解的命运》218—219页)

4 哲学诠释学的先驱——狄尔泰

李 璟

当代学者把威廉·狄尔泰视为精神科学（与自然科学相对应）研究领域的"牛顿"。他上承施莱尔马赫的普遍诠释学思想，使其成为普遍方法论；提出"体验"概念和突出语言本身在诠释中的重要地位，具有本体论的意义，因而被视为哲学诠释学的先驱。狄尔泰的理论是诠释学发展的重要转折点，现代诠释学几乎所有的问题，都可在狄尔泰的思想中找到起源。

一、人物简介

1833年11月19日，狄尔泰出生于德国莱茵河畔的布耶里奇（Biebrich），父亲是一位开明的基督教神父。受浓厚的家庭宗教气氛影响，狄尔泰于1852年开始在海德堡学习神学。但是，受人文主义的影响，他兴趣转向了历史和哲学。他学习希腊语、希伯来语和英语等多种语言，并与朋友们一起阅读和讨论柏拉图、亚里士多德、奥古斯丁、莎士比亚的经典著作。狄尔泰的学术知识和学术成果涉猎范围之广、数量之多，令人叹服。他的作品涵盖哲学、历史学、美学、诠释学等人文科学诸学科，而且还涉及心理学和教育理论方面。除此之外，他还写了不少传记和大量有关文学的论文。

1864年，狄尔泰以一篇论述施莱尔马赫伦理学的文章获得博士学位。1867年，他在巴塞尔大学以一篇更为广泛地论述伦理学的著作获得大学教授资格。1870年，他在基尔大学任教授的时候，出版了《施莱尔马赫传》第一卷，此书不仅是他的第一部重要著作，而且也是其学术研究最重要的代表作之一，奠定了狄尔泰作为杰出学者的地位。这部著作尽管没有彻底完成，但仍使其成为声名远播的思想家。1871年底，他任布勒斯劳大学教授，致力于系统研究精神科学的性质和方法，做出了他一生中最杰出的学术贡献。1875年他完成了《关于人、社会和国家的学科史的研究》。1883年，他出版了史论兼备而又以论为主的著名的《精神科学引论》第一卷，而且完成了第二卷的大部分草稿的写作。该书自发表后直到现在仍保持着思想上的活力，被广为研究和引用。

　　1882年，狄尔泰回到柏林大学，担任黑格尔曾经担任过的哲学教席，被认为是哲学上最负声望的象征，也是他一生中最高的学术荣誉。1900后，他停止了研究班的教学课程，把精力完全投入到学术研究和写作之中。1905年，他出版了著名的《诗与体验》，并且在这前后完全离开了大学教学。在人生的最后几年中，他撰写并完成了《精神科学中的历史世界之构建》。这本著作奠定了他所开创的哲学诠释学的基础。1911年9月30日，正在舍伦的塞斯度假并进行研究工作的狄尔泰，由于染上传染病而不幸逝世，享年77岁。

　　狄尔泰一生笔耕不辍，但著述严谨，因此生前只出版了三本著作及一些论文。在他死后，他的朋友和弟子们编辑了他许多未发表的手稿，出版了《狄尔泰全集》，并在此基础上对他的思想加以阐释，使之系统化，使其成就的巨大意义显露出来。他作为生命哲学大师和哲学诠释学奠基人，对西方学术界影响巨大。胡塞尔、海德格尔、伽达默尔、马克斯·韦伯、马尔库塞和哈贝马斯等重要思想家都曾受到他的影响。

二、学术贡献

　　施莱尔马赫于1819年首次将"通用阐释学"（即普遍诠释学）定义为"理解文本的艺术"，使古典诠释学上升为现代诠释学，被后人称为"现代诠释学之父"。19世纪后期，狄尔泰提出"体验"这一"主观—客观"统一的概念，创建了"自然—解释，精神—理解"，使精神科学成为一个独立的学科，并认为诠释学应解决"人是什么"这个问题，使诠释学提升为哲学，又被后人称为"哲学诠释学之父"。

1. 严格界定精神科学与自然科学

　　狄尔泰学术思想的最大贡献之一，就是通过严格界定自然科学（Naturwissenschaften）与精神科学（Geisteswissenschaften，现在与此对应的普遍术语是人文科学），从而使精神科学获得了作为科学的合法性，而他所创立的哲学诠释学，则为之提供了方法论的基础。

17世纪初，意大利科学家伽利略（1564—1642）开辟了一种新的解释取向：自然科学的解释方法，其基本特征是因果关系解释，原因和结果之间有一种必然的规律上的联系。在狄尔泰看来，自然科学的方法无法解答人的"生命"之谜。科学的方法是解释说明，但是人生的意义贯穿在历史的始终，与历史并不是因果关系，而对"生命"意义的探究只能由理解才能显现。

狄尔泰首先对自然科学与精神科学作出了明确的界分。自然科学的对象是外部自然界，它在人们的认识之前已客观存在。而精神的研究领域则相反，它指向的是人类自身的活动，其研究对象因人的行为、意志、思维、情感而形成，并伴随着认识深化而展开。正是在认识对象上的根本差别，造成了它们的知识的性质以及获得知识的方法论上的不同与对立。具体表现在：

确定性与非确定性。自然科学基于人的外部经验，人们可从外部经验中所获得的确定的、持久的和可测量的因素进行分析比较，并从其可重复性与可验证性中认识到关于自然现象的因果法则，从而使自然科学知识特有的"确定性"成为可能。而在精神科学中，对复杂的精神现象之分析永远停留在各种可能的因素以及这些因素的难以确定的量上。虽然，从人们的意志和行为、人的行为和历史事件中也可抽象出一种因果关系，但这种因果关系从来不具有普遍性，也无法验证。

普遍性和个别性。自然科学研究中所提取的要求达到某种普遍性，即适用于一切时间和任何地点；然而在精神科学中，任何历史事件以及事件之间的关系必定为时间和地点所制约，呈现出历史的条件性和特殊性，对于在历史中思维和活动着的主体来说，始终表现为一种"个别性"，表现为不同的主体对历史和生命关联整体的领悟。

判断方式的区别。自然科学把握的是与主体自身不同的客观对象，在这里，所有的判断都直接指向客观对象，表明了主体与对象的一种直接关系；精神科学把握的是意义的世界，就其通过反思、体验即以理解者自身为中介来把握意义的世界而言，精神科学的判断表明了理解的"间接性"。

分类的循环和诠释的循环。狄尔泰每一经验性的研究都含有循环性。通过循环，人们力求将局部的知识纳入一个更大的结构（类）之中。在自然科学中，它表现为"分类的循环"。一方面，"类"的概念基于观察到的事物，另一方面，"类"的概念又使我们对事物的分类成为可能。"分类的循环"是一切科学的共同特征，但由于精神科学领域的分类所指向的是基于范畴的分析，分类的循环便演化成了"诠释的循环"。在此循环中，部分与整体直接融而为一，单一的东西在整体的关联中具有独特的意义，并以此改变着整体。

自然科学和精神科学自此被分裂为两个独立的领域，宣告了精神科学作为一种独立的科学研究领域而存在的合法性，从而为精神科学建立起独特的理解理论开辟了道路。只在这时，狄尔泰才有理由宣称："我们说明自然，我们理解灵魂生活"。

2. 构建作为精神科学真正基础的哲学诠释学

由于精神科学与自然科学在认知的对象和知识的性质上有着本质的不同，自然科学的认识方法论就根本不适用于精神科学。因此为使精神科学能够成为名副其实的"科学"，就必须构建精神科学的方法论。例如对历史现象的研究迫使人们不得不重新审视知识的客观性问题。虽然我们可以将历史分为两个层面加以研究，一是对历史事件的客观描述，二是揭示这一历史事件所产生的影响或它的意义。但即便是在第一种含义上的历史研究，也无法达到自然科学的那种客观性要求。因为历史事件已成为过去，并且，从历史流传物的形成一直到我们对它的解读，每一个环节上都弥漫着主观性与个别性的因素，对其结论无法采用一种有效方法来证实或证伪。对此，我们根本不能用自然科学的方法和概念来研究历史现象。

狄尔泰将"理解"视为整个精神科学研究的基本方法，以此揭示精神科学的"真理"。他认为，在精神世界中惟个别性的东西才是一切价值之所在，它建立在"一种特殊的个人创造性之上"，因而理解本质上是一种创造，它的创造性表现在它本身就处于主体的心理与被理解的对象的互动过程中。如此，在理解中所把握的"真理"，就是在主体的意识中所呈现出来的、并真实地构成我们的精神生命的东西。

狄尔泰的哲学诠释学就是关于"理解"的方法论，它的目标不再是普遍、客观的知识，而是对我们的精神现象以及生命意义的把握。他认为，精神科学的基础可以通过特殊的心理学得到保证。在他看来，一切文化现象及其相互关系，唯有基于个别性的心灵才能被合理地理解。

后来狄尔泰的思想发生了深刻变化。他意识到，在心理学只能达到一种想象中的个体性的开端和终点，而理解和被理解的可能性，不是原初的心理结构之重合，而是被理解物所固有的意义之共同性，只有通过体验、表达和理解的三重直接性才能把握被理解物。为此，他改造了理解概念，它所指向的已不纯粹是个别性的心灵的客观化领域，而是整个的精神之客观化领域。他把一切精神的创造物视为人类学的基础，由此将客观化理论和心灵生活理论融为一体，这些创造物被视为生命的外在化并纳入诠释学。狄尔泰认为心理学已经失去了作为精神科学的第一基础的资格，它本身尚需一种哲学的诠释学作为基础，这样，哲学诠释学乃是精神科学的真正基础。

3. 将"体验"概念引入诠释学

把"体验"概念引入诠释学，是狄尔泰对于诠释学所作的最重要的贡献之一，也是狄尔泰诠释学的最主要特点。所以有学者称之为"体验诠释学"。

"体验"一词，在德文中的表达是 Erlebnis。根据伽达默尔的考证，Erlebnis 一词最早似乎出现于黑格尔的书信中，黑格尔在对一次旅行的描述中使用了"我的整个体验"这种表达，但伽达默尔认为这样的表达是口语表达，而非哲学概念。狄尔泰重新塑造了 Erlebnis 概念，伽达默尔指出："正是狄尔泰首先赋予了这个词一种概念性的功能，从而使得这个词不久发展成为一个受人喜爱的时兴词，并且成为一个令人如此容易了解的价值概念的名称，以致许多欧洲语言都采用了这个词作为外来词。"

首先，体验有着当下的直接性。从狄尔泰对这个概念的塑造过程看，他认为"体验并非如一种感觉物或表象物那样对立于我：它并非被给予我们，相反地，只是由于我们内省到了它，只是由于我将看到作为某种意义上属于我的东西，从而直接据有它"。

其次，体验具有整体性。狄尔泰在此试图把个人的体验与意义相起来，在体验中，我们并非只是注重对象及其性质，更重要的是我们要把自身融入对象，成为一个意义统一体，在这个意义统一体中，一切都不再是陌生的，也不再是外在的。如果我们进一步考察，就会发现这个体验统一体有着更深刻的关联，它渗透到了我们的生命整体中，因而在这一层面上，一切都被融化于生命运动之中。这种生命运动具有整体性和持续性，它又使得体验永远不会枯竭。

此外，体验具有开放性，开放性也就意味着流动性。既然体验在最深层的意义上与生命相关联而成为统一体，理所当然，在生命之流里，过去、现在、将来也是融为一体的。伽达默尔以艺术、历史为例，分析了狄尔泰体验概念的流动性，他写道："过去时代的精神创造物，即艺术和历史，不再属于现代的不证自明的内容，而是被抛掷给（aufgegebene）研究的对象或所与（Gegebenheiten），从这些对象或所与出发，过去才可能让自身得到再现。"体验不同于经验，它比经验拥有更广泛、更深刻的内容。

狄尔泰的思想，对很多我们所熟悉的现代西方哲学家都产生了很大影响，特别是他作为哲学诠释学的创始人，为以后的诠释学发展开辟了道路。海德格尔与伽达默尔的诠释学理论，就是沿着他这一方向发展的。

 当代法国诠释学家保罗·利科

李 璟

一、人物简介

保罗·利科（Paul Ricoeur，又译为利科尔，1913—2005），法国著名哲学家、当代最重要的解释学家之一。他渊博的学识、宽广的研究领域（哲学、哲学史、历史、宗教、神话、心理分析等）和丰富的著述（几十部著作，几百篇论文）使他享有很高的国际声誉。作为一个大陆哲学家，他对于当代大陆哲学的传统，从现象学到存在主义、从心理分析理论到结构主义，无不融会贯通；他在英美分析哲学方面的造诣也得到相关学者的肯定。

1913年2月27日，保罗·利科生于法国南部罗纳河河谷中的瓦朗斯市。他的父亲在第一次世界大战中阵亡，其遂随外祖父在布列塔尼地区度过他的童年和少年时代。20世纪30年代初，保罗·利科在法国西北部雷恩市上大学；后到巴黎师从庄·纳贝尔德和伽普里尔·马塞尔，并于1935年获哲学教授资格文凭。第二次世界大战爆发后，利科应征服兵役，不久后被德军俘虏。在战俘营中的痛苦经历，给其后期思想的发展产生深刻的影响。在战俘营中，利科与同营中的法国哲学家米凯尔·杜弗连（1910—1995）一起，共同研读胡塞尔现象学及卡尔·雅斯培存在哲学的著作。

1946年到1949年连续三年担任中学教师。1950年到1955年在法国斯特拉斯堡大学承接让·伊波利特教职，任斯特拉斯堡大学哲学教授。1956年在巴黎大学教授哲学课程。

1966年，前往巴黎第十大学（又译为南特大学）任教，并于1969年3月被任命为文学院院长。保尔·利科于1970年3月9日辞去院长职务，前往卢汶大学任

教。1973年，他回到巴黎第十大学。由于让·伊波利特在1968年10月26日的去世，保尔·利科、米歇尔·福柯和依沃恩·贝拉瓦尔三位最有名望的哲学教授，同时被提名为法国最高学府法兰西学院哲学讲座教授首席的候选人。选举结果，米歇尔·福柯被选中，利科和贝拉瓦尔落选。从此，利科开始了在美国各地的长期讲学活动，并为美国芝加哥大学、耶鲁大学、加拿大蒙特利尔大学等大学客座教授，为他的哲学创造吸取更多的分析性语言哲学的研究成果，提供了良好的条件。

2004年11月，利科被美国国会图书馆授予有"人文领域的诺贝尔奖"之称的克鲁格人文与社会科学终身成就奖。2005年5月20日逝世，享年92岁。

二、主要著作

1949年，发表《关于意志的哲学》第一卷《意愿者与非意愿者》。本书对"意愿者"与"非意愿者"的结构进行现象学研究，在"决定""行为"与"同意"的三向交错领域中进行解析。

1950—1955年，翻译并发表胡塞尔著《论观念：一种现象学及一种纯粹现象论哲学的指导性观念》。

1955年出版《历史与真理》。

1956年出版《巴黎胡塞尔文库》。

1960年，发表《关于意志的哲学》第二卷《目的性与意志》。《关于意志的哲学》第二卷包含两分册：第一册《目的性与罪过：可能犯错误的人》；第二册《恶的象征性》。上述两分册完成了利科意志哲学的三部曲：（1）对意愿者和非意愿者的交叉结构的现象学分析；（2）对于"可错性"概念进行人类学研究，以便从"人"的先天构成中探索道德上的"恶"和精神上的痛苦的可能来源；（3）对于"恶"的象征体系进行分析，说明"恶"的单纯可能性与错误的现实性的关系。意志哲学三部曲的完成，使利科发展了关于信号和象征以及"论谈"的完整理论，阐明了语言、行为和思想的综合交错关系，为他的现象学的反思诠释学理论奠定了基本构架。

1965年出版论费洛伊德的论文集《论诠释》（又译为《弗洛伊德与哲学：论解释》）。

1969年，发表《诠释的冲突：关于诠释学的论文集》（又译为《解释的冲突：

解释学文集》）一书，搜集了20世纪60年代发表的重要论文。

1975年，发表《活生生的隐喻》。

1980年，J. B. 汤普森编译出版保罗·利科的文集《诠释学与人文科学：语言、行为、解释文集》。

1983年，发表《时间与记述》第一卷；1984年，发表《时间与记述》第二卷；1985年，发表《时间与记述》第三卷。

1986年，发表《从文本到行动：诠释学论文集第二集》。

1990年，其研究的成果集中体现在《作为他者的自身》一书中。

1993年，发表《读书评论集第三卷：在哲学的边界》。

三、思想发展

利科开始哲学生涯之时，适逢胡塞尔、海德格尔、雅斯贝斯和马塞尔这些思想家的思想占据欧洲思想界的统治地位。20世纪30年代后期，当利科在索邦就读研究生时，马塞尔正在巴黎工作。马塞尔的思想对利科有着深刻而持久的影响，对他是个"决定性的哲学冲击"。它引导利科形成了一种融合自由、有限性和希望的实在本体论。然而利科认为，目标的追求要求一种比马塞尔和他的学生所采用的更为严格和系统化的方法。利科在胡塞尔的现象学著作中发现了这一必不可少的方法。第二次世界大战期间，利科在德国被俘入狱，他获准阅读胡塞尔、海德格尔和雅斯贝斯的著作。他发现雅斯贝斯的思想在很多方面与马塞尔很接近。1947年，利科与杜夫海纳共同发表了文章《雅斯贝斯及其存在哲学》。同年，利科发表了有关马塞尔和雅斯贝斯的研究文章。随后，他还完成了胡塞尔《观念I》的翻译和评述，他对胡塞尔著作出色的翻译、批评性的介绍和揭示，确定了其在现象学方面引导性的权威地位。

1948年，利科被选为斯特拉斯堡大学哲学史（协会）的主席。他每年都专注于阅读某位大哲学家的著作集，从柏拉图、亚里士多德到康德、黑格尔和尼采，沉浸于西方哲学的传统之中。这使利科不再关注"存在主义"或"存在现象学"。一方面，利科变得越来越关注反思哲学的发展，该哲学通过对方法的反思以探求真正的主体性，由此可以理解存在；另一方面，利科越来越相信，必然性也即自由，它是人类存在的一个不可分割的方面。利科对于意志哲学的研究，显示了意志哲学对其思想的混杂影响。

1957年利科在索邦大学主持一般哲学讲座。此时，巴黎的学术氛围正在急剧变化：胡塞尔和海德格尔的思想正在消退，弗洛伊德和索绪尔正取而代之。利科并未追随这一潮流，但他也不能漠视这一变化，因为精神分析和结构主义为引导他长期以来研究意志哲学的问题提供了方法。

1966年开始，他全身心地专注语言问题，并与诠释学进行深入对话。他对隐喻进行了富有成效的研究，并于1975年出版了《隐喻的法则》。

四、主要诠释学观点

1. 言语与创造性

利科的诠释学思想是围绕着语言问题展开的，语言是一切人类经验最基本的条件。要理解"在"的意义必须从研究语言开始。他接受瑞士语言学家索绪尔对语言的去问，把语言（language）区分为语言（langue）和言语（parole）两个不同的层次。他认为，前者也是一套符号系统，人们根据这套系统说话，产生了言语。哲学诠释学所关心的是语言同人类经验、语言同世界、语言同存在的关系，它对语言的研究集中在对言语的分析和研究上。

利科指出，言语可以分为两个方面：事件和意义。一个句子的说出是一个转瞬即逝的现象，那么言语就具有某种事件的特征。另一方面，这个句子以后都可以一再地被认出来。因为句子具有超越说话行为地命题内容，也就是意义。意义的概念有主观和客观两个方面。前者是说话者想说的意思，后者指句子本身的意思。利科进一步区分了意义的客观方面的两个构成：一个句子既具有理念含义，也具有实际指称。

言语的语义学阐释了日常语言的创造性机器解释的原始过程。创造性的基本条件就是语词的内在多义性。利科指出，多义性的实际功能只有通过句子的语义学才能被把握。通过赋予语词以某种多余意义，这个多余意义必须通过解释加以筛选；通过隐喻，多义性就为意义的创造性扩展提供了基础。

通过对早期观点的详细分析，利科发现了隐喻的有关思想。利科认为，隐喻在一个句子中的两个术语之间预设了某种张力，通过某种创造性的语义学相关性，该隐喻就显现为张力的削弱。

2. 文本理论

利科说:"文本就是书写而固定下来的语言。"但文本并不是写下的零散的词句,它可以被看作是言语的作品,即它是一个构造起来的整体。写和说都是实现言语的合法形式。但是通过写而实现的言语具有一系列特征,使得文本完全不同于说的言语。利科用"间距"这个概念来概括这些特征。

"间距"主要表现为四种形式:(1)在文本中,言语的意义方面完全代替了言语的事件方面。(2)涉及原初说话者与被刻写的表达之间的关系。(3)在被刻写的表达与原初听众之间引入了差异。(4)说的言语的指称最终是受对话处境限制的,但在书面的言语中,这种限制没有了,可能性因而出现了。

3. 诠释学与哲学反思

解释理论专注于文本,然后扩展至社会历史世界,它重新肯定了诠释学与哲学反思的关系。除了为哲学反思提供材料之外,人文学科还改变了其本质。解释理论进一步丰富了具体的反思概念。通过将作者的主要意向服从于文本的客观意义,这一理论的效果体现为主体优先性的首次位移。因为解释过程的巅峰在于占有行为,它终结了间距化,并与之相对。

6 贝蒂：作为精神科学一般方法论的诠释学

李 璟

一、人物简介

意大利法学史家和哲学家埃米里奥·贝蒂（EmilioBetti，1890—1968）曾在意大利的米西那、罗马、佛罗伦萨、米兰和罗马诸大学任罗马法教授。1955年，他于罗马建立了一个"诠释学研究所"，并在此之前的1954年发表了他的一篇名为"为一般解释理论奠定基础"的诠释学宣言，勾勒出了一般诠释学的轮廓。1955年在米兰出版了两卷本皇皇巨著《作为精神科学一般方法论的解释理论》，但由于该书是意大利文，读者面比较窄，在德国诠释学界影响甚微。1957年出版《从法学史解释看连续性问题》，1962年出版一本广为流传的小册子《作为精神科学一般方法论的诠释学》，1967年又以《作为精神科学一般方法论的解释理论》德文本再版了1955年的两卷本，才得以广泛流传，被美国诠释学家帕尔默誉为诠释学的经典之作。在这两本著作中，贝蒂不仅力图恢复被海德格尔、伽达默尔和布尔特曼等哲学诠释学所消解的德国19世纪伟大的诠释学传统，并使之重新成为一种有效的人文科学一般方法论，也强烈批判了哲学诠释学有使解释的客观性问题陷入困境的危险。

按照伽达默尔的看法，贝蒂作为一位法学史家又是一位法学理论家，作为意大利著名黑格尔主义者克罗齐和金蒂尔这些学者的同国人，本身非常熟悉伟大德国哲学，能讲并书写完美德语，他完全避免了天真的历史客观主义。他懂得收集自威廉·冯·洪堡和施莱尔马赫以来在不懈的努力中成熟起来的诠释学成果，并进行了"探索性和系统性的整理"。但是，由于他仍旧跟随由施莱尔马赫所创建的心理学解释，"只能把诠释学问题当作一般方法的问题来思考，从而表明了他仍深深地陷于本该克服掉的主观主义之中"。

二、主要贡献

在德国诠释传统一统天下的诠释学领域里，贝蒂是独树一帜的思想家。根据贝蒂的看法，布尔特曼（RudolfBulttman）和伽达默尔对诠释结果的客观性甚至是持反对态度的。为维护意义的客观性，贝蒂严格区分了"解释"与"含有意义的形式"。"解释"乃是理解主体的行为，而"含有意义的形式"则是意义客观化了的存在。在他看来，精神科学范围内的人文现象基本上是人的主体性具有"含有意义的形式"之表现，"含有意义的形式"就是精神的客观化。客观化精神的这种形式上的确定性是与它的现实存在联结在一起的。换言之，在含有意义的形式中，意义和意义载体是相互吻合的。一切解释都只是对含有意义的形式的解释，通过解释，把握这种形式中所包含的意义。由于含有意义的形式将精神客观化，从而克服了特定主体与精神之关系的那种直接性，将过去所发生的意义呈现在我们面前。正因如此，含有意义的形式实质上乃是一中介，这种中介作用使主体间的普遍交流成为可能，理解的普遍性与客观性便基于这种由含有意义的形式所开启的主体间性。

他执着地探索着为德国诠释传统所忽视的精神科学的一般方法，并把方法问题当作诠释学的基础。在他看来，唯有方法论的前提才能使理解避免陷入似是而非的相对主义。贝蒂认为伽达默尔等人的诠释学缺乏一种理论的彻底性，他们把施莱尔马赫、洪堡、狄尔泰等思想家视为不可逾越的正统权威，从而关闭了诠释学自身发展的道路。德国诠释传统未能解决理解过程及其结论的客观性问题，没有提供一套行之有效的方法，以防止理解中的相对主义。就此而言，贝蒂立足于方法论研究诠释学，既是对德国诠释传统的发展，同时又是对它的矫正。

贝蒂为自己的诠释理论提供了一套可供操作的方法，概括为诠释的四个原则。

第一，诠释学对象的自主性原则。承认诠释对象的独立自主性意味着意义的客观性。这一原则防止了读者的主观性侵蚀"客观意义"，所有的方法规则，都服务于对诠释对象的客观解释。所有的意义之"创造"，必须基于对文本的客观理解才具有合理性。

第二，整体性原则。这一原则所指向的是意义的整体预见。被理解的对象本身是一整体，其整体性根源于作者的"统一的精神"，他的生命意义之整体性。文本构成了这一整体的部分。只有对这个整体的意义有所预见，才可能确定理解的方向。另一方面，文本自身也是一个由语句组织而成的整体。在此，整体的意义通过分析部分而得以彰显，部分的意义通过整体而得以确定，整体与部分处于一种循环转换的关系之中。

第三，理解的现实性原则。这一原则所指向的乃是阐释者的主体性，具体地说，是主体之诠释功能，凭借这种能力，主体通过模仿的和"补充、转化、深化"的双重创造性，重新构建本文的意义。

第四，诠释意义之和谐原则。贝蒂区分了"法理的探究"和"事实的探究"，具体的主体性在它们之间起着一种协调作用，旨在使"法理的探究"中表现为主体间的主观因素和"事实的探究"中所表现的客观性相互吻合，和谐一致，使阐释者自己当下的具体性与整个诠释的效果融为一体。贝蒂坚信，只要坚持上述原则，就能达到对本文的客观理解。

三、结语

贝蒂追随的是德国浪漫主义，他最初关注的是法律诠释问题，而后才转向从方法论和认识论角度建构关于解释的一般诠释学学说。他思考着这样一个问题：能否通过诠释而使现代意义上法律条文之应用具有合法性与正当性。如果说施莱尔马赫与狄尔泰的探索重心是确立诠释方法论指导原则的话，那么贝蒂的学说却是实实在在地建立了诠释方法论与具有可操作性的方法规则体系。可以说贝蒂是继承了施莱尔马赫和狄尔泰的诠释学传统，认为诠释学主要是指向精神科学领域的一种理解方法。贝蒂立足于方法论研究诠释学，既是对德国诠释传统的发展，同时又是对它的矫正。但是它最初在德国，后来也在中国并未引起足够的重视。中国学界冷落了贝蒂，以至于谈到诠释学，大都只知海德格尔和伽达默尔，而不知有贝蒂。在文学批评、历史学、法学等领域尤为如此，对诠释学的褒贬，所依据的也只是本体论诠释学。

第三部分
指导阅读篇

 从文字记录本身的多义性特点看误读的必然性

沈迪飞

一、超乎想象的阅读现象——"误读"

对于平常的一位阅读者来讲，说他的阅读是"误读"，阅读者如果是脾气温和的人，会奇怪地问为什么；如果是性格暴烈的人，一定会大发脾气，认为是对他阅读成果的蔑视。

殊不知，"误读"竟然是最平常的，也是最难以想象的阅读现象。

在西方，"有一千个读者，就有一千个哈姆雷特。"就是说，有一千位读者读莎士比亚经典《哈姆雷特》，在读者的心目中主人公哈姆雷特的形象就会产生一千个，每位读者的心目中都有一个哈姆雷特，但形象各异。《红楼梦》是封建社会悖逆的禁书，今天是美的艺术作品。《堂吉诃德》主人公堂吉诃德，17世纪的评价是疯子或傻子，18世纪的评价是严肃的道德家，19世纪比17世纪的评价简直是大翻身，变成了不懈奋斗的勇士。这些评价均超出了16世纪西班牙伟大作家塞万提斯的原初意义。

阅读同一本书，对同一个主人公却产生了不同的人物形象；阅读完全一样的文本，内容相同却生成了各种各样不同的意义。这就是误读现象，上述三例是对误读最常见的表述。误读现象自有阅读以来就已有之，是客观存在。

我最早看到"误读"两个字是2012年8月阅读《别想摆脱书：艾柯、卡里埃尔对话录》过程中发现的。这位安伯托·艾柯（1932—2016）可是不容小觑的大人物，他是享誉世界的意大利哲学家、符号学家、历史学家、文学批评家和小

说家，其经典小说《玫瑰的名字》在全世界销售了1600万册。1993年艾柯出版了一本书，对荷马、但丁、塞万提斯、普鲁斯特、卡夫卡、乔伊斯等世界一流经典作家的作品写出了一些仿讽体小品，统一命名为《小记事》，后又改名为《误读》，2015年中文译本出版，引起了我的兴趣。借来原书翻开目录一看，大失所望，全书收录15篇文章，没有一篇同误读有关。在"自序"中，他讲，这本书是他给意大利一份文学杂志写专栏小品的汇集，"由于书名《小记事》，从字面上直译毫无意义，我更喜欢称之为《误读》"。可见，艾柯认为他写的对这15位大作家的仿讽体小品，用"误读"的书名更有意义，但他没有讲为什么。

前些时在网上查《红楼梦》中的诗词，发现了《误读红楼》，又是一个"误读"！作者闫红写道："张爱玲说写实主义的好处，在于要一奉十，比如《红楼梦》。因为是一丝不错地按照生活细细描来，也就如同生活一样的丰富深沉、变化自如，让读者自取所需，雅者见其雅，俗者见其俗。如此一来，便有了各式各样的误读，如鲁迅所言……。一千个人有一千个哈姆雷特，从某种意义上说，对《红楼梦》的所有阅读都是误读吧。但就是这林林总总的误读，使我们向曹雪芹那值得致敬的灵魂，贴得更近了一些。"好一位70后的文学爱好者——闫红，她随意的几句话囊括了至今我对"误读"的几乎所有的理解。而且，解决了我对艾柯的著作为什么"更喜欢称之为《误读》"的疑问。我感到，闫红的《误读红楼》和艾柯的《误读》，这不同国籍相差40多岁的两个人对自己写的有关阅读体会和仿讽作品，不约而同地取了同样的书名，真有异曲同工之妙，都是创造性误读。

"误读"这一术语的历史并不久远，最早于20世纪60年代出现于西方解构主义思潮。美国文学理论家、耶鲁四大批评家之一哈罗德·布鲁姆教授在《影响的焦虑》一书中第一次提出了"误读"概念并作为理论术语来运用。在他的另一本书《误读图示》中得到了深化。随着20世纪60年代西方接受美学的兴起，文学研究注意力开始由文本向接受主体读者转移，读者被宣布为"使文本具体化的主体"，其职能"不仅是接受的，而且也是合作的"，随之"误读"应用得以普及。布鲁姆的"诗学误读"，被誉为"20世纪最为大胆的文学批评理论"。

20世纪80年代中期随著名的西方马克思主义文学理论家伊格尔顿的《二十世纪西方文学理论》(伍晓明译)在我国出版，"误读"一词进入我国，并逐步为文学艺术界所接受。不过尽管已有近40年的历史，"误读"一词并没有普及到我国的普通群众，因此不为人们所熟悉，包括我们从事图书馆和阅读的专业人士。但是，误读是客观存在的，是阅读中常见的一种读者接受现象。实际上在我国，

"误读"早已有人论之，不过没有称为"误读"。距今两千多年前的西汉大儒董仲舒在其《春秋繁露》卷五《精华》中就提出："《诗》无达诂，《易》无达占，《春秋》无达辞。"这段话的意思是说《诗经》从成书起，注解就众说纷纭，"达诂"指对《诗经》无法或难以做出通达、确定的解释，难以取得共同的见解，因时因人而有歧义。从此，"诗无达诂"成了我国的解诗传统，认为理解诗和解释经典不应拘于一义，而应触类旁通，显然是一种典型的"误读"接受形式。古代文论讲，"无寄托则指事类情，仁者见仁，智者见智"。对此清朝著名学者谭献在《复堂词话》中也讲："作者之用心未必然，读者之用心何必不然。"意思是说，一部作品，作者本没有这个含义或者这个意思，但读者却有着另一番别有见地的读解。

"误读"现象是怎么产生的？这可以从制约阅读的条件——作者、作品、读者和阅读语境四个方面查找。这四个方面刚好同欧美当代文学理论大师艾布拉姆斯文学四要素——"作品、生产者、宇宙和欣赏者"相吻合，该四要素是他在《镜与灯》中用的原词，后来多写为作品、作者、世界和读者。这即是著名的影响至今的文学"四要素理论"——作品理论。艾布拉姆斯认为，作品是四要素的核心。如果全面从四要素探讨"误读"现象产生的原因，那将是一个很大的课题，本文力所不及。即使仅从四要素的核心——作品进行探究，范围也较大；为此，本文只由"作品"缩小范围到"话语和书写"，来考察"误读"产生的原因。

二、话语和书写

作为阅读客体的作品，其家族形成和进一步发展的历史可以概括为"四个阶段"和"三次飞跃"。四个阶段是口头传诵、文字记录、作品和文本。三次飞跃是从口头传诵到文字记录、文字记录到作品、作品再到文本。可不要小看了这四个阶段和三次飞跃，它们历经了从远古的口头文学，到古代将文字刻或写在龟甲、兽骨和莎草纸等载体上的文字记录，如甲骨卜辞；从文字记录到作品，如老子的《道德经》、雨果的《巴黎圣母院》和托尔斯泰的《战争和和平》；从作者所写的作品到文本，按法国文学家罗兰·巴特的意思"作者已死"，作品脱离了作者成为不受控制的文本。广义的文本泛指"任何由书写所固定下来的任何话语"（利科），狭义的文本指由语言文字组成的一个相对封闭、自足的系统。

现代语言学之父瑞士的索绪尔等创立了"话语理论"，美国文学批评家艾布拉姆斯创建了"作品理论",著名的法国诠释学家利科和20上世纪六七十年代西方最负盛名的文学批评家之一的罗兰·巴特共同创建了"文本理论"。

1. 话语的特征

法国著名诠释学家利科在《诠释学与人文科学》书中专门论述和具体指出了话语的特征:(1)话语的当下性,即话说完就消失在空中了;(2)拥有说话者,即某人以说话的方式来表达自己;(3)话语总是关于某一事件的,"涉及它要求描写、表达或表征的领域"或一个语言世界;(4)话语还拥有一个他者,一个听讲话的对话者,在话语中信息被相互交换。(93—94页)

话语语言学的"言语行为"理论指出了话语的作用。话语行为由分布于三个层次上的从属行为的等级所构成:(1)以言表意行为,即说的行为;(2)以言行事行为,即我们在说中干什么了;(3)以言取效行为,即根据我们说这一事实,我们干什么了。(《诠释学与人文科学》95页)例如,我告诉你把门关上,则我做了三件事:"关门"是"以言表意"之"说"的行为;以命令的力量要求"关门"是"以言行事"行为;根据命令而引发结果,这就是"以言取效"行为。

话语总是关于某物的。话语指向一个它声称描述、表达或表征的世界。事件是通过话语方式的语言形式出现的。话语引出了事件,事件具有意义。"话语的产生表现为一个事件:当某人说话时某件事就发生了。"(同上书93页)作为事件的话语概念是话语的语言学或信息的语言学等的核心。如果"符号"是语言的基本单元,那么"句子"就是话语的基本单元。句子的语言学强调事件和意义的辩证法,这形成了我们文本理论的起点。在最终的意义上,话语表达的事件是暂时的交流现象,是建立一种可以开始、继续或被中断的对话。所有这些特征放在一起就构成了作为事件的话语。"正是在话语的语言学中,事件和意义得到了关联。这一关联是整个诠释学问题的核心。"(同上书94页)

事件和意义之间的辩证法:"如果所有话语都表现为一个事件,那么,所有话语都被理解为意义。我们所希望理解的并不是转瞬即逝的事件,而是持久的意义。"(同上书94页)而要拥有持久的意义,那就必须依靠书写。

2. 书写的特征

从说话到书写会产生怎样的情况呢?

(1)固定化

书写将纯外在的物质的文字因素引入进来,使话语得以固定:固定化将可以持久保护话语事件免于被毁坏。事实上,固定化仅仅是问题的外在表象,它更为重要并且影响到了上述列举的所有的话语特征。

（2）自主性

书写的文字记录脱离了话语交流者的一切语境（如谈话中的手势、眼神或语气等），书写的文字失去了控制而获得自主性，可以随任何阅读者的体会充分表达所书写文字的含义，可以不再同原话语的意思相一致。

（3）书写的话语脱离了其社会和历史环境可以被无限阅读

利科写道："书写的话语是给予未知读者的，潜在地给予每一个能阅读的人。因此，文本'脱离开了'其产生的社会和历史条件，而使自己面临着被人们无限地阅读。"（同上书100页）

（4）书写的意义远超越话语和谈话者本意

书写的文字记录由于文字本身多义性的特点，使文字记录的意义超越相同的话语的本意，同时也会拥有谈话者意想不到的意义，即超越谈话者的本意。

三、书写或文字记录的多义性特点

这一多义性从根本上讲是来自于词语的内在多样性和文字的固定化形式。也就是说，它拥有这样的特征，即自然语言中的语词拥有的意义不止一个，"一词多义"和"一义多词"是非常普遍的语言现象。这是自然语言本源性的特征。而这一特征由于文字的固定化形式而得以永久保存，而并非如话语一样随风飘散。

语言本源性的多义性，在表达一个意义时，表达者"词不达意"是经常出现的现象，语言常常并不适合表达人类所感到的所有东西。我们知识的可能性总是个别的、特殊的，而语言的约定俗成的表达式都是一般的、普遍的。语言总不能完全表达我们所想到的东西，而我们对于知识的渴望却总是希望突破因袭的俗套，把它释放出来。

从口语话语成为文字记录，二者之间就有了差异，形成了间隔的距离，这在诠释学中称为间距。哲学诠释学在20世纪80年代传入我国。1986年，我国的两位学者分别出版了两本研究性的著作：一部是张汝伦的《意义的探究——当代西方释义学》；一部是殷鼎的《理解的命运》。在《理解的命运》一书中，殷鼎先生详细介绍了作品中由书写形成的"一种有五重关系的语言之网"（《理解的命运》59—62页）。

由书写形成的五重关系的书面文字间距之网，解释者就处在这样一张网中：

（1）解释者与作品语言之间的距离：面对多种多样的作品，使解释者感受到语言的风格、多义、含蓄，甚至晦涩难懂，尤其面对不同时代不同文化的作品。

（2）解释者同他自己所使用的语言之间的距离：解释者从自己的前理解出发，理解了作品的意义，但是如何用读者容易懂的语言来进行解释并将其用文字表达出来？每个人独特的体验和水平，在个人对语言的理解和表达中，时时会面对共性的语法、句法、字义的约定俗成。在人的创造物中，没有什么比语言更富有变化。因此解释者所理解的含义同他自己的表达语言也有距离之感。

（3）作品的作者与作品的语言之间的距离：作者真正想表达的东西，创作中常常有"词不达意、言不尽意"的苦衷，即作者用语和意图不能完全吻合，这里的"意"不是文字字面的意义，而是作者欲见诸文字的意图；即使完全吻合，但语言文字具有的多义性和歧义性，又破坏了这种吻合。这也反映出使用语言中人的个性与语言的共性的冲突。

（4）作品的作者与他自己时代语言的距离：这类似于第二项解释者同他自己所使用的语言之间的距离。时代语言受时代大环境的影响。

（5）作者与解释者之间所处的共时性（指解释者语言与作品语言处于同一时代的语言环境）或历时性（指解释者语言与作品语言处于不同时代的语言环境，历史时时在改变着语言）的距离：后者指后人理解前人的作品、文化、历史出现的语言障碍，往往是语言的历时性所致。看看我国语言文字随时间和地域的变化就更容易理解这一点了。

上述5种关系图示如下：

|————————————5语境（共时性或历时性）————————————|
语言——4——>作者的语言使用——3——>作品之语言<——1——解释者的语言使用<——2——语言

上述分析可见，解释者面对文字记录、语言、时空环境等，每一步都存在着间距，每一间距都意味着差距。间距铸就了多义性的基础，形成了多义的文字记录。一个文字记录有多种意义，这些意义彼此重叠交错，精神的意义由于文字意义的多重性而改变了其历史的或文字的本来意义。"从经典注释学到心理分析，尽管研究对象不同，但它们要解决的问题却有一个共同点——'双重意义'或'多重意义'。利科讲的语言分析，就是这种多义表达式的语义学。"（《意义的探究》238页）

四、口头语言成为文字记录后的魔幻变化

民间的口头话语用文字记载下来，形成了文字记录，或称书面语言。在这里，绝不能小看了白纸黑字的文字记录——书面语言，它出现在人类文明史上，具有重大的里程碑意义。

从口头语言到文字记录，语言和文字是同样的、对等的，不同的仅仅是一个是话语，一个是对应的文字，但二者之间却发生了巨大的、魔幻般的变化。

1. 文字因其固定化而可以久远保存

人类社会漫长的蒙昧时代的话语全都消失了，而白纸黑字使人类的活动有了永久性的记录。一位读书人孙重人在其所著《读来读往》一书的序中写道："记忆湮渺，只留一片鸿蒙的汪洋。""在蒙昧初开的年代，作为书写体系之文字，犹如'投射到幽暗深井里的一缕光'，为人类把记忆、对话和思维置于一己之外，提供了一种全新或全面可能的保存形式。"写的多么好啊！我们现在所谓的传统，不是口头语言传下来的传统，而是写下来的传统；我们现在所谓的历史，亦不是口头语言传下来的历史，而是写下来的历史。对此，享年112岁超高龄的"汉语拼音之父"周有光老先生为我们总结出了真理：语言使人类别于禽兽，书籍使人类有了历史。

2. 文字脱离原口语语境而独立存在

口头话语依赖于互相对话时的情景才能够明了讲话的全部意义，这就形成了对话时的语境。文字记录与口头语言相比较，最大的不同是失去了直接对话的语言理解环境——语境。将同样的话语记录下来的那些文字，脱离了对话时的语境，文字记录与谈话者的意向分离而独立存在。这种"分离"使文字记录脱离了语境更加多义难懂，但客观上也"松绑"了文字记录，使其意义纷呈，百花齐放，为更多的读者阅读敞开了大门。德国学者耶辛在《文学学导论》中曾写道："与依赖于情景的讲述不同，文字独立于它的产生语境继续存在。"（导言4页）法国诠释学家利科用"去语境化"来说明文字记录脱离原口语语境，进而"重构语境"："它超越了自身创作的心理—社会环境，因而将自身向无限的阅读视域开放，这些视域处于不同的社会文化环境中。总之，从社会学和心理学的观点看，文本必须能够以这样的方式来使自身'去语境化'，那就是，它能在一个新的环境中得以'重构语境'——准确地说，这是通过阅读行为来完成的。"（《诠释学与人文科学》99—100页）

3. 文字记录以"悬置"状态随机存在于新环境

话语一旦变成了文字，谈话者和语境都消失了，这些文字记录可以超越时间和地域与新环境共处。即它们没有了具体的时间限制，它的时间性由书写形式凝固了；"悬置"并可落于任何后世；意义因时间而变化。这一点具有重要的诠释学的意义：以书写形式出现的传统，它的时间性由书写形式凝固了，因而同任何现在都是同时的，它包含一种过去和现在独特的共存，这样，现在的意识就可能自由进入一切以书写形式传下来的东西，理解意识有了一个真正的机会得以拓宽它的视界，以一个全新的、更深的层面来丰富它的世界。利科更进一步指出，文字记录的"悬置"状态极大地扩展了读者范围："与对话场景相反，在正好是由话语场景决定的面对面的地方，书写话语创造了一个原则上扩展至任何一个具有阅读能力的读者。与话语的对话环境相关的书写材料的释放是书写的最重要的效果。它意味着书写和阅读之间的关系再也不是说与听之间关系的特殊情况了。"（《诠释学与人文科学》100页）

4. 文字记录随新环境而产生新的意义即意义增值

文字记录的接受范围远远超过了所有的谈话参与者，可以不受时空限制，为各个时代各个地域的读者提供阅读，从而会产生新的不同的含义。利科用"间距"概念来概括这种差异，间距的第一个特征就是书写的文字虽然完全同于口语话语但意义却超越了原意。《文学学导论》也写道，文字"一旦在纸上书写和发表，它就脱离作者的直接意图，在新的空间和历史环境中可以具有新的含义"。（导言3页）

上述四个方面的变化确乎令人眼花缭乱，仅仅话语变成书面文字就出现了这样的变化，那么读者阅读书面文字，阅读的结果能够千人一样吗？我们仅仅探讨了影响阅读的四个方面之一，而且还是这个"之一"的一部分，如果四个方面齐聚一起来合力影响读者阅读，那又会是一种什么样的情景啊，又有什么"神人"施展什么"神智"能预料出阅读结果呢？结果只能是：误读是不可避免的。

一个有趣的阅读历史可以展现"误读"对一部经典作品的影响。《格列佛游记》是被高尔基誉为"世界文学创造者之一"的英国作家乔纳森·斯威夫特的一部杰出的游记体讽刺小说。作者借格列佛之口逼真地描述了四次航海中的奇遇，以丰富的讽刺手法和虚构的幻想写出了荒诞而离奇的情节，是一部奇书。1726年在英国出版后几个世纪以来，被翻译成几十种语言，在世界各国广为流传。经几代人的不间断的阅读和误读，作者斯威夫特失去了权威和控制，《格列佛游记》

由作品转为文本。由于其广泛地受到全世界儿童的喜爱，发挥了童书的作用，从而由"辛辣的讽刺小说"摇身一变，成为"儿童文学"，确立了自己世界经典儿童文学的新身份。

每一位读者都从自己的"前理解"出发去阅读多意义的文本，"前理解"千人千样，文本的意义千差万别，阅读者又是在不同的时空环境中阅读，这就必然会出现鲁迅先生论述《红楼梦》的情况："至于《红楼梦》，经学家可见《易》，道学家可见淫，才子看见缠绵，革命家看见排满，流言家看见宫闱秘事。"（《鲁迅全集》第七卷419页）也就是说，不同学术派别、不同职业的人阅读《红楼梦》，各对其号，各取所需，会得出同他们世界观和所熟悉的事物相同或相类似的《红楼梦》主题。但是，就是经过这样一代代人的阅读和磨砺，使《红楼梦》成为经典；所以说，误读成就了经典。误读具有伟大的创造力，读者多样的"前理解"与多义的文本通过阅读的结合并再创造，必然产生新的意义。那么，有没有"正读"呢？对一本书阅读和理解，只要人类存在就没有尽头；如果出现了"正读"，那这本书的阅读也就终止了，这是永远不可能的。"误读"与"正读"有如相对真理与绝对真理，无限的"误读"接近着"正读"，但永远不能达到"正读"，正是这种辩证关系在促进着理解，但永不能穷尽理解。提出"误读"口号的"耶鲁四人帮"之一的哈罗德·布鲁诺在《误读图示》一书中明确说："阅读，如我在标题中所暗示的，是一种延迟的、几乎不可能的行为，如果更要强调一下的话，那么，阅读总是一种误读。"阅读具有伟大的创造力。"前理解"与文本的结合并再创造，必然产生新的意义。阅读是人类精神的生产力，使人类的精神一代又一代生生不息地传递和发展。周有光老先生说：语言使人类别于禽兽，书籍使人类有了历史。"我认为在此基础上可以补充一句：阅读使人类文明得以传承。

 # 文本、作品与阅读

彭江岸

一、文本释义

文本，一般指书面语言的表现形式，通常是具有完整、系统含义的一个句子或者多个句子的组合。广义"文本"：由书写所固定下来的任何话语。狭义"文本"：由语言文字组成的文学实体，代指"作品"，相对于作者、世界构成一个独立、自足的系统。

1. 概念溯源

文本（text），从词源上来说，它表示编织的东西。这与中国"文"的概念有相似之处。一般来说，文本是语言的实际运用形态，是书面语言的表现形式。文本的概念后来演变成了"把文字固定下来的任何言语形式都叫做文本"（法国哲学家保罗·利科）。文本是最简单而稳定的文字形式。

对语言学家来说，文本指的是作品的可见可感的表层结构，是一系列语句串联而成的连贯序列。文本可能是一部作品、一篇文章、一部电影，也可以指社会环境、历史背景等。文本是外观的，即用一定的符号来表示；它是有限的，即有头有尾；它有内部结构。法国文学评论家罗兰·巴特指出：文本一方面是能指，即实际的语言符号以及由它们所组成的词、句子和段落章节；另一方面是所指，即固定的、确定的和单一的意思，为表达这种意思的正确性所限定。它是文学作品的表面现象，是作品中的词语交织形成的纺织物。它的组织是为了尽可能确定独一无二的稳定的意义。

文本比口头语言有更多的意味：一方面它是固定不变的，文字书写可以用来纠正不准确的靠不住的记忆；另一方面，通过具体有形不容抹杀的文字的合法

性，人们会认为作者在这里按照自己的意愿表达了意思。文本是打败时间和遗忘的武器，口头语言是容易变化的，很容易就改口、变化和自我否定，而文本是战胜这一切的武器。因此文本的概念从历史上就与众多领域相关联，如法律、教会、文学、教育等。

文本广泛应用于诠释学、现象学、接受美学、文学理论等领域中，在其中扮演活跃的角色。它的含义丰富而不易界定，给实际运用和理解带来一定困难。一般地说，文本是语言的实际运用形态，是根据一定的语言衔接和语义连贯规则而组成的整体语句或语句系统，有待读者阅读。

2. 文本与作品

在传统观念中，文本总是在与作品和文学制度的关系中加以定义，它的职责就是保证作品的物质基础，维护作品的确定性，其存在总是被限定为"某某作品的文本"。而作品则是精神性的，作品被定义为"被符号或属于某项艺术的材料组织起来的整体，由创造者的精神使它成型；文学或艺术的产物"。(《小罗贝尔词典》)。在文学领域，作品与文本处于很特殊的关系之中：一方面它们似乎统一的，在某种意义上是完全相同的，它们都由同样的文字构成；另一方面，它们又处于不同的层面，作品总是意味着文本的彼岸，意味着比文本更深邃的地方。作品这个观念的形象就是从价值、作者和诠释三个角度加以解释的文本。文本是作品之现象，是低级的、基础的，因为它是从字面上来理解的；作品是高级的，其特征是形象和象征，给各种不同的诠释留下了空间，意味着精神、美感、深度等。在文学领域，作品与文本这两个概念联系紧密，意义非常稳定。一直以来人们都认可这两个概念的身份和关系。然而它们的身份和关系却并不是理所当然，天生如此，只是一种文学意识形态的产物。无论作品还是文本，它们都不是物质，并非我们可以用感官接触的实体，它们的存在是观念性的，一旦我们的观念发生变化，作品和文本的身份和性质也会相应发生变化。

20世纪六七十年代文学理论的革命从根本上对这两个传统概念的意义和关系提出了全新的理解。

在结构主义兴起之后，对作品和文本这两个概念的使用就变得微妙起来。比如福柯在《话语的秩序》中就将"文本"与"作品"在同一层面上对立起来："一个人写作文本，在这个文本的视野之中总是徘徊着一个可能的作品，他自己又重新承担起作者的功能"。在这里，文本受到"可能的作品"的威胁。在传统文学概念中，作者保证了作品的精神价值，而在福柯看来，作者的功能更多体现为对文本意义的控制。

二、对两种文本理论的介绍

1. 罗兰·巴特的文本理论

法国著名文学理论家、哲学家和符号学家罗兰·巴特（Roland Barthes，1915—1980）1971年发表影响深远的理论论文《从作品到文本》。这篇论文被视为清楚地阐述了西方对文本理论的认识。巴特认为：

（1）文本应不再被视为一种确定的客体，是一种方法论的领域，不是作品的分解成分，是活动和创造中所体验到的。

（2）文本是复数，这并不意味着它有许多意义，而是指它能够获得意义的复合，文本不是多种意义的共存而是过程、跨越。因此，尽管它可以是随意的，但它回答的不是一种说明，而是一种扩大、一种传播。文本的复合不依赖于其内容的多义解释，而依赖于由能指构成的那种称为立体复合的东西。文本可能只存在于差异之中，其阅读是一种近似事实的活动，然而又同引文、资料和反响交织在一起。

（3）作品是在一个确定的过程中把握到的，即由外部世界决定作品，由作品之间的逻辑关系来决定作品，通过对作者的认定来决定作品。作者总是被视为他作品的创造者和主人。另一方面，文本并不是在创造者划定了记号之后才被阅读的。文本阅读用不着那种父亲式的担保人：网络的复原自相矛盾地消除了确定的概念。这并不是作者不能"回归"到文本中来，而是说他只能作为"客人"回去。他成了一种"名义上的作者"，是作品影响生活，而不是生活影响作品。

（4）文本要求尝试取消（至少是减弱）写作与阅读者之间的距离。文本要求读者主动地合作，寻求一种再创文本的实践，与文本发生作用，揭示文本和驱使文本活动。

显然，这些条件不能构成文本理论的清楚表述，这不仅是作者自身不足的结果，而且也起因于文本理论不能完全为玄妙语言学的解释所满意。玄妙语言学的破产，或至少对它的疑问，是文本理论的一部分。谈论文本的话语其自身只能是文本，是寻求，是交织的网络，因为文本是这样一种社会空间，即对它来说没有哪一种语言是稳定的、未受触动的，也不允许任何阐述主体处在法官、导师、分析学家、忏悔者或破译者这样的地位。文本理论只能同创作活动同时发生。

可见，在巴特的文本理论中，将作品和文本之间传统的价值关系彻底翻转过来，作品不再是作者与读者精神交流的汇聚之所，而只是一个不断重复的出发点，读者可以不受拘束地加以利用，进行种种文本实践。这种实践中的文本，不再是作品的精神价值的物质承载物，而是语言革命中的实践行动，是一种永远变动的过程。

巴特进一步提出"作者已死"，从法律上讲，作者已经死了：他作为公民的、带有其生平的人格消失了；这种人格被剥夺之后，便不再对其作品具有可怕的作者资格，而在此之前，作者的文学故事、训辞和看法则负责建立和改动叙事文。但在文本中，我则以某种方式期待着作者：我需要他的形象，就像他需要我的形象一样。

三、阅读与文本

读者通过阅读与文本共同创造新意义。

文本的自由阐释本身就预示着阐释结果的多样性，再加之读者直接参与文本的创作，就更加强化了文本的多义性。巴特的文本理论摧毁了原有的以作者为中心的"作者——作品——读者"阅读活动的传统理论结构，建立起以读者为中心的"读者——文本——作者"的新结构，读者成为文本的上帝。

（1）唯阅读使文本呈现意义。文本蕴含着意义，但文本本身是没有生命的文字的编织物，不会自动生成意义；唯有通过阅读，才能呈现出意义。一个文本之所以存在只是因为有一个读者赋予它意义。文本的意义只能来自读者，文本的意义随读者不同而改变。

（2）读者参与创作，与文本共同创造新意义。读者阅读文本也被赋予再创作的权利。在文本理论中，文本要求读者主动地合作，共同完善作品，每一个读者既是读者，又是作者，阅读与创作是一个过程，通过阅读与文本创造新的意义。文本作为阅读对象，与读者相互依存。文本要求尝试取消写作与阅读之间的距离，不是通过将读者的设想强化到作品中，而是将两者结合在同一表达过程中。文本是有多义性的，读者在阅读文本的同时也在创造，阅读变成了文本的生产者而不是消费者。一个文本就是一个有机的语言构造系统，这个语言结构抛弃中心，没有终结，是一个意义构造过程，文本的写成并不代表一部作品被创作完成，这种创作活动还在不断地继续。

（3）文本是一个开放的、不确定的动态系统。文本是动态的和开放的。文本是动态的，不会停留，没有结尾，是未完成的，处于不断地构建过程中。文本是开放的召唤结构，敞开胸怀，有待读者在任何时间、任何空间以任何方式阅读。文本是独立的和不确定的。脱离了作者的文本具有独立自主性，文本独立于作者的主观意图，是一个具有自主意义的客体和语言系统，读者的阅读才使文本由可能的存在而达到现实的存在。文本具有多种可能性，不同读者的阅读会获得与作者无关的不同的体验。文本是作品的一种物态化存在形式，是由各种不同符号编织成的一个无尽头的语言和符号世界。文本的含义不仅超出自身，而且它还是具有多重性意义指涉的对象，不再是明确固定的意义实体，是写作性文本，任何读者的阅读都是对文本的一个再创作。

（4）文本的意义奇迹远超作品。伽达默尔认为，"文本的意义超越他的作者，这并不是暂时的，而是永远如此的。因此，理解就不只是一种复制的行为，而始终是一种创造性的行为"。(《真理与方法》)对文本意义的理解是一种无限的过程，正是由于时间间距的存在，才有可能使读者在阅读过程中不断产生新的意义，使文本的真正意义被过滤出来。时间间距实际上体现出了理解事件的连续性和历史性，由此伽达默尔提出了"效果历史"。效果历史意识是一种诠释学的处境意识，这种处境意识限制了视觉可能性的立足点，而从这一立足点出发能看到的一切所属于的区域就是我们所说的"视域"。正是由于前面所提到的时间间距和与其对应产生的历史情境的变化，使得文本与读者处于不同的处境，文本含有的是原作者的"原初视域"，而读者则处于"现今视域"。面对这两个视域之间存在着不可消除的差距时，作为读者，不应把其当作一种理解过程中的障碍，而要视其为理解文本创造可能性的积极因素，努力将自己所处的现今视域与文本中含有的原初视域融合在一起，并在融合中不断扩展视域，从而使读者和文本都超越原来所属的视域，形成一个全新的、更高的视域。在这一视域中来倾听文本，与其对话，去感受文本的真正意义，并在理解文本意义的基础上融入自己的生命体验和阅读经验，追求一种自我理解。

参考文献：

[1] 伽达默尔.真理与方法[M].北京：商务印书馆，2010.

[2] 罗兰·巴特.罗兰·巴特随笔选[M].天津：百花文艺出版社，1995.

[3] 保罗利科.诠释学与人文科学[M].北京：中国人民大学出版社，2012.

[4] 罗兰·巴特.从作品到文本[J].文艺理论研究，1988（5）：86-89.

[5] 陈志丹.从文本到行动:利科自我诠释学的扩展与深化[J].哲学研究,2016(10):85-91.

[6] 钱翰.从作品到文本——对"文本"概念的梳理[J].甘肃社会科学,2010(1):37-41.

[7] 左洁.作者·文本·读者[D].苏州:苏州大学,2007.

[8] 张冶.认真倾听文本——追求自我理解:伽达默尔哲学诠释学对阅读文学文本的启示[J].安徽文学,2015(6):46-48.

 # 诠释学与间距

沈迪飞

一、什么是间距

有些东西太近了反而不容易看全,一定要有一段必要的距离才能真正把握它的全貌;历史上的某些事情,需要过一段必要的时间才能显示出真相;被记录下来的谈话文本与原初谈话者谈话内容之间,因为表达方式不同而有了"距离",必然引起意义上的差异……作为解释和理解文本的哲学体系的诠释学,这些"距离"就具有了重要价值,因为它们有助于显示出一个事物的"全貌""真相"和"意义"。这些"距离"在诠释学中被称为"间距"。

"间距"对文本诠释的影响是巨大的,如几乎所有宗教经典捍卫者都反对不经权威认可的经典翻译,因为他们认为每一次翻译都为曲解《圣经》提供了可能性。是的,翻译是不同国家、不同文化与不同语言之间的交流,确实存在着间距。《新约》直到1523年才有第一个法文全译本,并拿到瑞士偷偷印刷出来,但这些法文译本运回法国之后却被教会下令焚毁。可见,教会为了维护经典的独有解释权,自始至终对"间距"抱着恐惧和消灭的态度。

诠释学中所谓的"间距",又称"间距化",指两个事物之间的距离,即"事物间隔距离"的含义。在诠释学领域,这个"间距"不仅指空间、时间上的有形距离,还包括许多无形的距离,都属于"间距"的范畴。例如,话语与书写记录之间,因口语和文字的两种表达方式不同而产生了意义上的差异;作者原意与作品之间、原文与译文之间、作者原意与读者对作品理解之间、不同读者阅读同一作品的不同体会之间、作品产生时与读者阅读理解时的不同情境之间等,都会产生"间距",相应地出现意义上的差异。

可见,"间距"影响诠释的意义,且"间距"又是无处不在的。因此,没有间距就没有诠释学。对于诠释学,"间距"处处皆有,对于阅读和诠释,具有关键性的意义。

二、间距的类型

随着现代科学的发展,已经出现了牛顿经典时空观、相对论时空观和更为深奥的哲学时空观。此讨论的时空观,仅属于牛顿经典时空观。两个事物在时间上的间隔称为"时间间距",在空间上的间隔称为"空间间距"。这两个间距往往是不可分离的。在诠释学领域,这个"间距"不仅指时间、空间上的有形距离,还包括许多无形的距离。

1. 时间间距

在当代最伟大的德国哲学诠释学家伽达默尔那里,时间距离并不是指文本与读者之绝对间隔,而是指在时间的进程中产生的新的东西,一种新的"理解源泉",其中也包含了对于被理解事件的各种隐含的意义。

在作品从出版到诠释者的时间关系中,出现了一个第三者,法国著名诠释学家利科称它为"历史的第三时刻",即指解释的时间与解释对象形成的历史时间的时空间距。它对解释者有一种特殊的意义,因为它是人在自己的历史意识中把两个不同的历史时空联结成一体的时刻。这个时刻只发生在具有思想意识的人身上,并存在于人的理解之中,这就是意义。

历史不再被视为孤立的历史事件之集合体,而成了通过述说与再述说而流传下来的历史流传物,在时间间距中产生的一切新因素都在影响、改变着历史流传物。流传物本身代表了一个已经逝去的,即流传物得以形成的视域,读者所拥有的是他置身于其中的时代之视域。理解就是"读者视域"与"流传物视域"这两个视域的融合,通过这一融合,读者获得了更大的视域,被提升到一个具有更高的普遍性的视域。伽达默尔的这一"视域融合"思想,对理解本体论具有巨大的意义,它同样也具有方法论的意义。正如他所说,"获得一个视域,我们学会了超出近在咫尺的东西去观看,但这并不是避而不见这种东西,而是为了在一个更大的整体中按照一个更正确的尺度去更好地观看这种东西"(《真理与方法》上卷392页)

2. 空间间距

利科尔认为,文本的"间距化"是指文本与作者的远离效应。这种远离效应使作者原意难以成为原意。与宗教经典捍卫者不同，利科尔从翻译中看到的却是积极的方面，他看到了翻译文本的解放，看到了文本的意义远远超越了作者的原意。

阅读过程中的时空间距，不仅会使文本的意义不间断成长，而且阅读拥有改变人生的潜在力量。英国著名作家艾伦·贝内特名著《非普通读者》，"是一篇十分严肃的宣言，宣告阅读有着改变生命的潜在力量"。书中描写英国女王和亲王老公回忆当年共同阅读《俄克拉荷马》时，突然想起亲王当时还是个金发的翩翩少年，亲王在改变，女王自己也因阅读而改变了生活习惯，更改变了以往治国理政措施；时间也在改变着巨著，不仅没有消殒其厚度，反而令其像一点一点堆砌的高山，不觉间累积起了思想的高度，读者和文本一起随着时光的流淌而成长和成熟着。一部书为什么会成为经典？那是在不同的时空中经过千百万人的阅读而形成的。这向我们展现了一个多么深奥的阅读哲理啊！

3. 口语话语与文本之间的间距

利科在《诠释学与人文科学》中指出，说话和书写都是话语的实现模式，但二者之间却产生了间距。口语话语的特点是言谈的共享现实性，只局限于在场的谈话者，受时空限制，言谈含意是有局限的；而文本已经脱离了言谈者，成为自我封闭的独立实体，解除了时空限制，文本可随时随地被无数潜在的读者阅读，其含意是无限的。因此，尽管二者内容是相同的，但文本的意义却远远超越了口语的意义。

4. 作者原意与文本意义之间的间距

利科通过对间距的分析得出一个重要结论："文本"因脱离了作者而具有独立性。借用法国文论家罗兰·巴尔特在著名论文《作者之死》中的说法，文本一问世，作者就"死"了。意指作品出版后创作者就失去了对作品意蕴的占有权。作品在解释者的理解中所出现的意义既不是作者的原意，也不是解释者主观注入的时代语境，而是具有了二者相互融合的内涵，使作品的意义远超越了作者原意。利科认为文本本身就是间距化的结果，没有间距化就没有文本。文本的客观意义不同于作者的主体意向，即文本的意义有别于作者原意，"正确理解的问题再也不能通过简单地回到作者意向来解决"，许许多多读者对文本意义的阐释会导致不止一种解释；伽达默尔嘲弄"作者原意"说，是去作品和历史中重新发现"已死去的意义"。他认为："一部作品的意义并不是偶然地才逾越出作者的意图，而是永远处在这种越出作者意图的情形之中。理解因而并非一个再现（作者原意）的过程，相反，它永远是创造的进程。"（《真理与方法》德文本280页）

5. 读者读解文本过程中产生的间距

像古希腊哲学寓言："一个人不能同时踏入二条河流，同一人也不能再踏入同一条河流"。个人经验，在诠释学称为"前见"或"前理解"，比喻为一条河流，则不仅这条河流与其他河流会不同，即使与它自己，每一刻都已经不同。这就是说，不仅不同的人读解同一文本会产生间距，使文本的意义有别；而且，同一个人在不同时间读解同一文本也将产生间距，从而使读解出来的文本会产生不同的意义。一千个人读《王子复仇记》，就会产生"一千个哈姆雷特"；一个人一千次读《王子复仇记》，也会产生"一千个哈姆雷特"。归根结底，阅读是主观的。任何一个人也无法获得莎士比亚个人的思想，因为作者的主观意念在传播过程中无法保持其原意；而作为读者，也无法逃离阅读过程中形成的主观意象，每个读者每次阅读都将创造出自己心目中的哈姆雷特。

6. 心理间距

间距意识在现代诠释学的创始人施莱尔马赫及其后继者狄尔泰的理论中起着十分重要的作用。施莱尔马赫诠释学的心理学规则和诠释循环理论，狄尔泰的"心理移情"，无不建立在主体的心理间距之上。这里不做详细论述。

三、间距的特性

在各种各样间距中，横着二道障碍，一是文本方面的语言，二是读者方面的经验或前见。但是要知道，这二者即语言和前见，是理解和解释的基础，是两个最关键的诠释因素。

1. 语言在间距中必然产生意义的变化

解释任何一部作品，都离不开语言。在间距中，意味着语言使用的环境改变了，则语言必然会发生意义变化。语言的使用环境分为两种：语言环境与非语言环境。前者指语言本身的体系，包括语法、句法、习语等，语言的使用，总是以语言体系作为发生意义的背景和基础；非语言环境指语言欲描述之对象世界，它包括事物、经验、情绪、想象等。

当在一个特定的语言环境中使用语言，语言的意义十分确定，语言负载的意义暂时会出现饱和状态，不能作其他理解。一旦语言失去了它被使用时的环境，语言立即会同时出现意义过剩与意义不全的状态。例如，作家登泰山，恰逢一些青年观日出，此时作家使用"旭日东升、朝气蓬勃"，非常贴切；但若脱离了这种特定的语境,"朝气"之意义失去,出现了意义不完全状态。语言脱离语言使用环境,便会出现失去意义的现象。

语言必须依赖语言的使用环境才发生意义,语言体系自身,对于语言的意义发生过程类似下棋。语言自身体系为一盘棋,棋子数量和规则有限,而二位棋手却可以创造出无限的布局与结局。语言自身是共性的东西,而语言使用环境之体验、情感、思绪等却是个性的东西。个人体验给语言带来的最重要的性质,是使语言在有限的意义蕴含中,产生出一种向个人理解无限开放的能力,这在多种多样语言使用环境下就会形成无限的意义。

2. 诠释者的前见在间距中必然使诠释对象的意义产生变化

诠释者的经验,即诠释学中的前见,具有当下发生性、个人性、不可替代性和不可完整重复性四个显著特点。经验的当下性表明前见先于观念、先于判断而发生;前见的个人性指在其被理解、被作出价值判断之前,已经直接在个人身上发生了;经验或前见直接发生于个人,又使前见具有不可替代的特性,个人的体验不可为他人所替代和分享。前见的不可完整重复性有两层意味:一是指个人的前见不可能再由他人完整地重复体验和复制出来;一是指即使同一个人,也不可能完整重复自己已过去的前见,昨日和明日之我不同于今日之我。

个人体验不能为他人再完整重复,对个人理解又意味着两件事:解释者不再可能从心理上体会、重复,复制出作品作者的个人体验;解释者之间相互也不可能重复他人的个人体验。只要人去思想,思想就会出现分歧;只要人去理解,理解也就会呈现不同。个人体验不能为他自己再完整重复,也使同一个人的理解随时而异。对此伽达默尔深刻地写道:"一部作品的意义并不是偶然地才逾越出作者的意图,而是永远处在这种越出作者意图的情形之中。理解因而并非一个再现(作者原意)的过程,相反,它永远也是创造的进程。……有充分理由说,一旦理解了,理解就会出现不同。"(《真理与方法》德文本280页)

《格列佛游记》经几代人的不间断的阅读,"辛辣的讽刺小说"摇身一变,成为"儿童文学",读者改变了作品的体裁。

四、间距对诠释的作用

1. 间距是意义的生长域

如果我们深入地考察理解现象,时间间距将"必然被置于突出的地位上"。这一认识始于德国哲学诠释学家海德格尔,从其巨著《存在与时间》书名就可看出他对时间问题的重视。他的学生伽达默尔认为,时间间距"是理解的一个积极的、生产性的可能性"(《真理与方法》373页)。这一点可从三个方面加以说明:第一,文本的意义必然超越作者的原意,这就说明了理解本身不是单纯的"复制",而始终是"生产性"的。第二,唯有时间间距才使合理的理解成为可能。伽达默尔说,现代作品"只有当它们与现时代的一切联系都消失后,它们的真正本性才显现出来,从而对它们所言说的东西的理解才有权自称是本真的和普遍的。正是这种经验导致了历史研究的这种观念:只有有某种历史距离,客观的认识才能达到。确实,一件必须说出的东西,它的内在内容,只有当它逸离了它的现实性之短暂环境时,才第一次显现出来"(《真理与方法》447页)。第三,时间间距会产生新的"理解源泉"。

无疑,伽达默尔的这一理解是非常深刻的。是的,我们对历史人物、历史事件还能比较客观地、冷静地思考与分析,超然地评价其功过是非;但对我们自己和我们时代的一些重大事件,却很难做到这一点。究其原因乃是我们与我们这个时代有着共同的前判断(前见),或者说这个时代本身就是我们这个社会一切成员的共同视域之构成基础,我们总是直接或间接地参与了这些重大的历史事件,甚或关系切身的利害,参与时的立场无疑会影响我们对它的理解。所以结论是:当下事件乃至我们自己的功过是非,当由后人评说。按伽达默尔所说,只有在这些事件"能与其现在的含义的各种意见保持距离"时,它们的产生基础之"一切联系"都随着时间间距的作用而逐渐消失殆尽,才能客观评价。

2. 间距是中介

我们试图理解的历史流传物具有"陌生性"和"熟悉性",这个两极性就是诠释学工作的立足点。流传物是一对象性的存在,它属于过去,属于历史,它日渐枯萎而失去了生命力,就此而言,它对于我们有一种"陌生性";然在另一方面,流传物由于进入了语言而成为这样的对象,它向我们诉说着什么,并以此种方式与理解者的传统相联结,在此意义上,它对于我们又有一种"熟悉性"。间距就是陌生性与熟悉性的两极性的中间地带,它事实上连接着二者,成为已成过去的历史与理解者所生活的时代之中介。

3. 间距是过滤器

时空间距具有一种过滤我们对于理解对象的成见、预设及功利性看法的作用。正如伽达默尔所指出的:"对一个文本或一部艺术作品的真正意义的汲舀是永无止境的,它实际上是一种无限的过程。这不仅是指新的错误源泉不断被消除,以致真正的意义从一切混杂的东西被过滤出来,而且也是指新的理解源泉不断产生，使得意想不到的意义关系展现出来。促成这种过滤过程的时间间距，本身并没有一种封闭的界限，而是在一种不断运动和扩展的过程中被把握"（《伽达默尔全集》外文版）。他认为，在时间距离没有给出确定的尺度时，人们根本没有能力作出判断，只有当作品所述说的事件与读者生存于其中的时代的一切关系都消失后，才能对其进行普遍有效的理解，才能理解作品的"真正"的意义。时间距离具有一种过滤"假的前见"，同时也具有实现作品真正的意义之功能。

4. 间距使阅读具有创造性

理解永远不是一种复制，而始终是生产性的。间距并非指文本与读者之绝对间隔，而是指向在时间的进程中产生的新的东西，一种新的"理解源泉"，这种"新"必然产生出有别于以往的新的意义。这就是阅读的创造性。

阅读因人、因时、因地而异，阅读创造性具体体现在阅读极其鲜明的个性化特点上。所有的阅读成果都是在特定的时空环境下经由一个个具体的人而创造出来的。因此，英国小说家弗吉尼亚·伍尔芙说："如果将一个人阅读哈姆雷特的感受逐年记录下来，将最终汇成一部自传。"新西兰历史学家费希尔说："书面文本……它一次次被重新发现或重新认识，因为社会在变化，个人在变化，人们对同一文本的解读不会一成不变。"（《阅读的历史》第318页）阅读是文本从一个大脑传递到另一个时空不同的大脑，经受了时间的磨砺和空间的摧残，那位已经逝去千百年的"作家"灵魂，透过由文字实现的神经传递，找到了能够深刻体察文本的后来人——读者，实现了伟大的"再生"。这是人类智慧得以生生不息的伟大的生命信息的传递。美国心理学专家玛丽安娜·沃尔夫在总结阅读发展的自然史时写道："阅读的发展永不结束，阅读这个永无止境的故事将永远继续下去，将眼睛、舌头、文字和作者带往一个新的世界，在那里鲜活的真相无时无刻不在改变大脑与读者。"（《普鲁斯特与乌贼》第153页）持续的阅读将在读者面前展现"一个新的世界"——阅读创造的世界。在这个世界里，阅读的创造性成果正时时刻刻地改变着读者的大脑，改变着读者本人，同时也在改变着世界。因此可以说，阅读创造了世界，阅读创造了人类的精神世界。

4 诠释学与语言

沈迪飞

一、语言是诠释——理解和解释的基础

德国哲学诠释学家伽达默尔是世界最有影响的当代哲学家之一,他的学说被称为"语言诠释学"。为什么世界哲学界将"语言"提高到如此的高度?

1. 什么是诠释学?

"360百科全书"的定义是:"诠释学亦译解释学、阐释学、释义学。广义是指对于文本之意义的理解和解释的理论或哲学。"

诠释学"Hermeneutics"源于希腊语,意思是"了解"。这是从希腊神赫尔墨斯(Hermes)的名字得来。赫尔墨斯是古希腊神话中众神的使者,是奥林匹斯十二主神之一,为宙斯的传旨者和信使。赫尔墨斯向人间传达上帝的意旨,须将神的话转为人的话并加以解释,这样人们才能够理解上帝的意旨。为此,赫尔墨斯就成了一位既懂神的话又懂人的话,并进行双向翻译的语言专家。不仅如此,他还必须对神的话进行解释,使人们理解其意义,从而做到上意下达、下情上呈。因而诠释学在古代也成为一门关于理解、翻译和解释的学科。

进而,中世纪在具有广泛人民性的《圣经》和法律解释的基础上,产生了圣经解释学和法律解释学,统称为古典诠释学。德国哲学家丹豪尔于1654年出版的《神学诠释学或圣经解释方法》,被学界认为是诠释学历史上第一个将"诠释学"用于著作标题的人;同时作为概念的"诠释学"也是丹豪尔在1629年创造的,并于1930年提出了"一般诠释学",指向的对象不再局限于古代的神圣经典,而是一般意义上的文本和符号,转向了对支配解经活动的方法论之研究。一般诠释学的代表人物是德国哲学家施莱尔马赫。进入19世纪,从法国哲学家狄尔

泰开始的诠释学，称为现代诠释学，因为是属于哲学性质的，也称为哲学诠释学，包括海德格尔、伽达默尔等的诠释学。

2. 诠释——理解和解释，是以语言为基础的

语言是人类进行沟通交流的表达方式。

从诠释学定义中的几个关键词"文本""理解""解释""理论或哲学"，我们可以看出，它们中的任何一个都离不开语言。"文本"是由语言构成的，"理解"和"解释"是通过语言才能够进行的，"理论或哲学"是由语言来描述的。定义中也明显表示和说明，诠释学的诠释指的就是"理解"和"解释"，它们是诠释学的核心内容，这是不言而喻的。所以就感性而言，可以得出结论：理解和解释，即诠释，是以语言为基础的。

二、语言的本质是什么？

1. 人是"具有语言的存在"

西方哲学传统把人定义为理性动物，是力图通过理性、观念来把握人的特征。对于理性的人来讲，与其他一切相比，语言才是最基础的东西，唯在语言中才有所谓的思想、观念等。因此，德国诠释学家伽达默尔把人定义为"具有语言的存在"（伽达默尔《人与语言》外文版）。也正是由于作为具有语言的存在，人才能够理解和被理解。一切理解都发生在语言之中，因为只有进入语言的世界，理解才与被理解的东西形成某种关系。

（1）语言的基础性和普遍性

人类一刻也离不开语言，语言对人类的重要性是不言而喻的。在伽达默尔看来，语言具有基础性和普遍性。语言并非仅是一件用于描述世界的工具，而是世界体现在语言中，在语言中蕴含人类的各种世界观念和文化建构。如同在这个世界中存在一样，我们同时在语言中存在。然而并不是因为我们在世界中存在而具有语言性，而是语言使我们获得了在世界中存在的共同性。唯在语言中，"我"与世界相互联结，构成了世界整体。就此而言，语言代表了一种"世界性"。就终极意义而言，语言正就是人类的本质和寓所，是科学、历史、文明之母，它是一切理解的基础，理解只是意味着对语言的理解，语言是理解本身得以实现的普遍媒介。

（2）语言是21世纪哲学的中心问题

伽达默尔认为，在21世纪哲学中，语言问题无疑是一个中心问题。但与一般语言学不同，基于现象学的研究，人们从中形成了这样一种见解：语言在本质上属于人的生活世界，是"全体的古老的形而上学问题"的基础。基于此，作为理解理论的诠释学坚定地把语言置于人的一切创造活动的中心地位。

（3）语言所表达的也包含着"科学"

在一般诠释学时期，诠释学并没有包括"科学"，因为当时的科学是以实证为基础的，即"从经验入手，采用程序化、操作化和定量分析的手段"来确定是否为"科学"；当牛顿和伽利略创始的这种实验科学，已不能解释微观世界的诸多现象时，唯依靠语言才得以解决。因为语言表达着人类的全部经验，那么它所表达的就毫无疑问地包含着"科学"。语言是通往真理之途，在此意义上，一切科学都成了诠释学的组成部分。伽达默尔认为，"在经验所及的一切地方和经验寻求其自身证明的一切地方，去探求超越科学方法论作用范围的对真理的经验"。（伽达默尔《真理与方法》17—18页）理解与解释显然组成了人类的整个世界经验，而且在科学领域也有其独特的意义。

2. 语言工具论

一般认为，语言之所以受到重视是因为它的工具性。语言是赫尔墨斯传达上帝意旨以及人们理解上帝意旨的工具。因此，语言成为上帝与人以及人与人之间交流思想的工具。

但是，从学术角度看，语言到底是什么呢？对此，华东师范大学终身教授、中国英汉语比较研究会会长、著名语言学家潘文国收集了68种中外有关语言的定义（《俄罗斯语言文学和文化研究》2013第3期）。这68种语言的定义中，传播最为广泛的是"语言是最重要的人类交际工具"，这是列宁1914年在《论民族自决权》一文中提出的。不过此"语言工具论"，并非列宁的首创，较早源于18世纪法国启蒙思想家卢梭，但溯源却是"古希腊三贤"中的柏拉图和亚里士多德。西方传统语言观认为语言是意义的载体，它静态地、直观地反映了人类生活的世界，是人和世界的交流工具。中国传统语言观也认为语言是工具，提出"文以载道"，语言只是"载道"的工具、客体的附属物和表示符号。

是的，语言是人类的一种重要的交际工具。但语言仅仅是一种工具吗？当然不是。人类之间的交际确实是语言的一种功能，但绝非语言的本质和语言功能的全部。欲知晓语言的本质，首先须了解一下语言的源起。语言是先天的、与生俱来的，还是后天的、生而后有的？很明显，语言同走路一样，是与生俱来的，都是人类的本能。将一个小孩放在人群中，如果没有人教他说话，他仍然可以自然而然地学会人群的话语。遗传学认为，母语的自然习得过程说明人脑中有一种特殊的语言机制，这是由人的遗传基因决定的。口头语言已经有近5万年的历史，已经形成了遗传基因。遗传学研究机构通过脑成像技术，已发现了口头语言的遗传基因——FOXP2，证明了口头语言具有遗传功能，遗传已经形成"语言脑"。但至今仍然没有发现人类识别文字的遗传基因，要知道，文字起源才几千年的历史，还没有足够的进化时间形成遗传基因。（法国科学院院士、认知神经科学家斯坦尼斯拉斯·迪昂《脑的阅读：破解人类阅读之谜》）

可见，语言工具论没有看到语言最本质的内含和本质，此外它还存在着一些其他明显的缺陷：（1）忽略了语言是人的一种存在方式。（2）遮蔽了语言的其他功能，以偏概全。（3）否定了语言和民族精神与民族文化之间不可选择的亲缘关系。如，在欧洲不可一世的罗马帝国，终因语言原因于公元395年分裂为东罗马和西罗马两个国家，东罗马通行希腊语，西罗马通行拉丁语。（4）抹杀了语言作为镜像反映不出来的逻辑上的对应关系等。

3. 语言本体论——语言是一个特殊的本体

（1）本体论（Ontology）

"本体"，哲学上是指一切存在的根本凭借和内在依据，是多样性世界赖以存在的共同基础，具有超越性、无限性和终极性的特点。本体论是探究世界的本原或基质的哲学理论。

一般的科学研究对象均是存在的事物，如人类学研究的是存在的人类，这些科学的对象均是具体存在的事物，亚里士多德则认为应有一门科学专门研究所有具体事物之外的存有本身，探索存有之所以成为存有的特质。本体论即是探讨实体之最高性质的学说或科学，又称为存有的科学，是形而上学中的一个重要领域。形而上学是指对世界本质的研究，即研究一切存在者，一切现象（尤其指抽象概念）的原因及本源。形而上学的核心是本体论，后者所针对的是"being"（"是论"）的问题。本体论是公元前4世纪由亚里士多德首创。

（2）语言本体论

语言和本体论是紧密联系在一起的。本体论研究存在的问题，但要追问一个东西的存在，就要清楚这个东西是什么。对于"是什么"的问题，必然要弄清楚不同存在者之间的关系，就要弄清楚语言和概念之间的关系。语言更是一种特殊的实在。"语言既是广义的存在形态,又是把握存在的形式,这种双重品格,使语言一开始便与存在形成了本源性的联系。"(杨国荣《江海学刊》2004:17)伽达默尔说:"世界本身是在语言中得到表现的。""谁拥有语言,谁就'拥有'世界。"海德格尔说:"语言不仅仅是一种工具","语言是存在的家"。这里所说的存在,既指世界之"在",也指人自身之"在"。由此可得出结论:语言在伽达默尔的诠释学中已获得了本体论的地位,他的哲学是一种"以语言本体论为核心的哲学"(舒尔茨《诠释哲学》)。语言不再仅仅是人类的交际工具、文化的载体,而是人类的世界本源,语言就是人的存在。在此,海德格尔强调了语言的先在性特征。受海德格尔的影响,伽达默尔也认为人只有借助语言才能理解存在,我们只能在语言中进行思考。

19世纪末20世纪初西方哲学发生了根本变化,那就是语言转向:语言不仅仅是或主要不是表达思想的工具或手段,语言就是思想本身,它构成我们生存的方式,是我们存在的家园。这样语言就有了本体论的地位。索绪尔是现代语言学奠基人,他确定了语言学的研究对象、方法和任务。他以二元对立的原则,启发出语言和言语、能指和所指、聚合关系和组合关系、共时和历时、价值和意义等二元对立范畴。

语言本体论认为语言是一种特殊的实体,这种实体是建构人类生活世界,塑造个体感觉、情绪、认知、意识形态的重要因素,其界限决定了人类思维的界限。从语言工具论到语言本体论,这是语言观的巨大转变。这一转变使语言哲学在当代有了新貌。

三、认识论和理解本体论

1. 认识(对象)论

马克思主义认识论是认识论的高级阶段和科学形式,是关于认识的本质、来源、发展过程及其规律的科学理论。其基本原理是实践论。它坚持实践是认识的基础和目的,实践是检验认识是否具有真理性的标准;认为认识的发展过程是从感性认识到理性认识,即认识的第一次飞跃,再由理性认识到实践的认识,即认识的第二次飞跃,这是一个能动地改造客观世界的辩证过程;一个正确的认识,往往需要经过物质与精神、实践与认识之间的多次反复,从而逐步接近认识的真理性的过程;社会实践的无穷无尽决定了认识发展的永无止境。

认识论区分主体和客体。认识主体是指处于一定社会关系中从事实践和认识活动的人。认识客体是指主体实践活动和认识活动所指向的一切对象，包括自然、社会和精神对象。在认识系统中，认识客体（对象）制约着主体的认识目的、限定了主体的认识方式和方法、提供主体所要把握的对象的全部信息。因此，认识论也称为关于对象的理解理论。

2. 理解本体论

本体论与认识论初看起来很不一样，但它们是交汇在一起的，这个交汇点就是人，并由此形成了二者的同一性：①二者的主体都是人，本体论的理解和认识论的认识都是由人进行的，理解是人在理解，认识也是人在认识。②认识论的基石是本体论，认识论的"凭感觉知道"，其实是认定了感觉本体地位；本体论的证据在于认识论，说什么东西存在，所能提供的证据都是认识论性质的。这些同一性为实现从认识论到理解本体论的"转化"打下了基础，并铺平了通道。

伽达默尔申明，他的诠释学是一种本体论学说，该学说并没有构建一套对物的世界的认识论体系和理解的方法论。他所做的是完成从认识论到理解本体论的"转化"，即从认识论中原本关于客体的认识理论，转化到理解本体论中关于主体的自我理解的理论。这样，伽达默尔的理解进程具有双重建构意义：

（1）建构理解主体

伽达默尔指出，"海德格尔将理解概念深化为生存论意义上的概念，成为一种人的此在范畴的基本规定，这对我来说尤其重要"（《文本与诠释》外文版）。这意味着，不能把"理解"视为主体指向理解客体的行为方式，它乃是理解者即主体本身的存在方式。

（2）建构理解客体或对象

在伽达默尔诠释学中，作为理解客体的文本，仅仅是中间产品，是将客体转化为关于理解者自我理解过程中的一个阶段。正是这种自我理解，在文本与读者理解的相互关联中，才形成了文本原意和读者理解相结合而产生的新的意义。

伽达默尔的理解本体论有别于认识论，他认为：理解或领会不是主体对客体的认识，意义也并不是客观地存在在客体那里，而是存在在主客体二者的关系之中；理解本体论将认识论做了"转化"，将主体对客体的理解转化为理解者的自我理解，这样，"主客体二者的关系"所产生的意义，成为被理解者所理解到的意义，即显现于"理解者"的意识之中的东西，成为主体即理解者自身的存在状态。这一转化构成了伽达默尔诠释学的基础。认识论以"客观真理"为圭臬，以为正确的认识是对客体的真实反映或"复制"。虽然人们不能说某种认识绝对准确地把握了客体，但还是能够在其"逼真"的程度上判断知识的高下优劣。伽达默尔主张理解的建构性，理解所以表明的是主体即理解者的存在状态，因此任何一种理解，都有其存在的合理性与合法性，而并无完善与不完善、正确与不正确之分。由此出发，伽达默尔的下列论断就显得顺理成章了："如果我们一般有所理解，那么我们总是以不同的方式在理解，这就够了。"（《真理与方法》上卷381页）我们可以把这种表达当作本体论诠释学区别于传统认识论旨趣的分界线。理解本体论所指的理解，因被视为对现实的问题之回答而具有了生命力，被理解的东西不再是某种知识，而成为关于我们自身的东西。

3. 从认识论到理解本体论"转化"的理论——视域融合

（1）"前理解"或"前见"

前理解又称"前见""前意识"，是指对某种观念、事物在新的理解之前所具有的自我解释状态。作为理解主体的人的存在，首先是一个前理解的存在，是个人与历史文化的继承关系，是个人无法拒绝的东西。前理解，包括人们的思想、感情和全部认识，都在人的语言中保存着。前理解是哲学诠释学中的一个非常重要的理论与概念，为理解之必要前提和先决条件。一个人阅历、知识和经验越丰富，对事物的理解相对也就越容易。生活中经常会有类似这样的事发生：对某一句话或某种思想，开始我们很难理解，但随着知识的增加或人生阅历与生活经验的不断丰富，原来不能理解的东西也就自然理解了。

（2）视域（Horizont）

狭义"视域"通常是指一个人的视力范围，最大范围即天地相交的地平线。地平线是一个只能看到，而无法划定的场所。因此，"视域"有限性与被感知的实在性有关，"视域"无限性与未被感知的可能性有关。

广义"视域"指其哲学意义，不仅与生理、物理的"看"的范围有关，而且与精神的"观"的场所有关。在这个意义上，感知、想象、感受、判断等意识行为都具有自己的"视域"。

（3）视域融合

伽达默尔认为，理解者有自己的视域，被理解的对象——历史、典籍、个人生活、哲学、艺术作品也有它们自己所由来的历史视域。所谓"视域融合"，是指理解者在进行理解时，都是带着自己的"视域"，即前见从自己的当下情景出发，去和文本的"视域"相接触，去把握文本所揭示的意义，从而发生了理解者的视域、文本的视域和当下情景的视域的融合现象。在融合时，也势必会出现不同视域之间的冲突，但理解的过程并不像古典诠释学所要求的那样，解释者应当抛弃自己的视域即前见（因为他们认为是"偏见"），而置身于对象的视域，这种要求实际上是不可能达到的，因为人不可能脱身于自己的意识和思想。理解既不是理解者完全放弃自己的视域进入被理解对象即文本的视域，也不是简单地把理解对象纳入理解者的视域，而是理解者不断地从自己原有的视域出发，在同被理解对象的接触中碰撞、冲突、吸收、融合。正如伽达默尔所说的"这种自我置入，既不是一个个性移入另一个个性中，也不是使另一个人受制于我们自己的标准，而总是意味着向一个更高的普遍性的提升，这种普遍性不仅克服了我们自己的个别性，而且也克服了那个他人的个别性"（《真理与方法》上卷391页）。能够获得这种普遍性的根据就在于，当理解者进入历史时，构成了一个更为广阔的视域，它乃是包容了历史和现代的整体视域，会意识到双方视域的特殊性，并通过建立一个将其结合的关系而克服这些特殊性。伽达默尔将此称之为"视域融合"。在跨文化研究范畴内与中国古代的"和而不同"有异曲同工之妙。毫无疑问，在历史和现代的整体视域中所获得的理解更逼近真理性的意义，一切特殊的东西都在整体中被重新审视，被修正，从而达到历史视域与我们的视域之一致性，这种一致性就是普遍性和真理性的根本保证。"视域融合"不仅是历史与现实的融合，也是解释者与被解释者之间的汇合，这种新旧视域的融合产生了新的理解、新的意义。这种新的理解又将成为解释者的新的先见。

  视域融合标志着新的视域之形成，这种形成无疑是一个不断发生的过程，在这个过程中，一切理解的要素、进入理解的诸视域持续地合成生长着，构成了"某种具有活生生价值的东西"。理解最后所达到的，就是获得以视域融合为标志的新视域。新视域同时又是我们将出发的传统，成为我们将展开的新的理解过程之前见。理解正是这样一个过程，它在不断地自我扬弃中实现自身。

 ## 你永远不能两次浏览同一本书

沈迪飞

曾经出版《阅读史》《夜晚的书斋》《解读图集》《曼古埃尔谈阅读》等著作的世界知名书话家阿尔贝托·曼古埃尔,于1998年出版了《恋爱中的博尔赫斯》一书(中文译本2007年出版)。他在该书前言的第二段对"阅读"做了非常精辟的论述,"多年以来,我的经验、口味和偏见有所改变:随着时光流逝,我的记忆重置、分类、抛弃我的图书馆里的一些藏书;我的文字和我的世界从来不是一成不变的——除了少数恒久的里程碑。赫拉克利特关于时间的名言对我的阅读完全适用:你永远不能两次浏览同一本书。"在这段一百多个文字中,有句话堪称阅读名言:"你永远不能两次浏览同一本书"。

曼古埃尔提到的赫拉克利特关于时间的名言,我在中学的时候就听老师讲解过。我记得非常清楚,当时似懂非懂,因为此后多年我还在不断地咀嚼这句话的深刻含义。这句名言就是:"人不能两次走进同一条河流"。

赫拉克利特是古希腊哲学家,是一位极富传奇色彩的学者。他出生在古希腊的一个王族家庭,本应继承王位的他将王位让给了他的兄弟,自己跑到阿尔迪美斯女神庙附近隐居起来。在古希腊,赫拉克利特第一个用朴素的语言讲出了辩证法的要点,被称为辩证法的奠基人之一。他也是世界上第一个提出认识论的哲学家。"人不能两次走进同一条河流",赫拉克利特这句话的意思是说,河里的水是不断流动的,你这次踏进河,水流走了,你下次踏进同一条河时,流来的是新水。河水川流不息,所以你不能踏进同一条河流。赫拉克利特认为"万物皆动",使他成为当时具有朴素辩证法思想的"流动派"的卓越代表。

赫拉克利特还认为,事物都是相互转化的。冷变热,热变冷,湿变干,干变湿。他明确断言,"我们走下而又没有走下同一条河流。我们存在而又不存在",

阐述了客观事物是永恒地运动、变化和发展着的这一真理。恩格斯曾评价说："这个原始的、朴素的但实质上正确的世界观是古希腊哲学的世界观，而且是由赫拉克利特第一次明白地表述出来的：一切都存在，同对又不存在，因为一切都在流动，都在不断地变化，不断地产生和消失。"

曼古埃尔将赫拉克利特这一名言引入阅读："你永远不能两次浏览同一本书"。乍一看这句话似乎很难理解，两次浏览的不都是同样的书吗，为什么说不能呢？仔细琢磨琢磨，就不难理解了。因为任何阅读都是个人的、主观的，阅读对于读者而言，是一种感受，是一种体会。如果将这句话换为"你永远不能两次感受同一本书"，就容易理解了。相对而言，赫拉克利特原话中，变的是河流，不变的是人；而在曼古埃尔所引入阅读的话中，变的是人，不变的是书籍。

"你永远不能两次浏览同一本书"这句阅读名言，深刻地揭示了阅读活动的机理，有助于人们理解阅读的真谛和主动掌握阅读规律。这对人类阅读活动具有重要的指导意义，曼古埃尔对赫拉克利特名言的引入，无疑是一个创举。

为了证明这一命题的正确性，曼古埃尔首先讲述了自己的阅读经历和体会。他一生喜爱《爱丽丝漫游奇境记》，"多年以来，我的经验、口味和偏见有所改变"，"每一次读一本书，这本书都会变个模样"。他八九岁时第一次读这本书，许多地方不懂，只是一味追随故事情节；青年时期读，则懂得了书中三月兔或者大青虫的象征意义；后来二十多岁时再读，十分明显爱丽丝是这些超现实主义者的姐妹；再后来读，立刻注意到白骑士作为众多政府官僚之一在我们国家每个公共建筑的走廊里疾走。(《恋爱中的博尔赫斯》4页)

是的，随着阅读者年龄的增长和阅历、经验的积累，他在重读同一本书的时候，感受是不同的。美国作家施瓦茨在其《读书毁了我》一书中，做了同样的表述。她回忆道，"《一个小公主》——是我童年的精神指南"，"每隔几年，我还会读这本书，它吸引我，就如同一段美好的音乐，或者一片美好的风景经常会让人回顾一样。每次它都赠给我一些东西，……"(《读书毁了我》53页)

因为阅读者的成长，才能够进一步体会到书籍的每一次新的赠予。20世纪最重要的意大利作家卡尔维诺，在《为什么读经典》一书中特别强调了对经典的重读。他在书中对经典作出了14个定义，其中之一是："典是那些你经常听人家说'我正在重读……'，而不是'我正在读……'的书"。定义之四是："一部经典作品是一本每次重读都像初读那样带来发现的书"。定义之五是："一部经典作品是一本即使我们初读也好像是在重温的书"。(《为什么读经典》1—4页)这14个定义，都是根于"重读"而非"读"，其中3个定义直接论述"重读"。"重读"是经典著作成立的前提，没有这个必要的带有重复劳作色彩的动作，谈论经典的定义以及其他种种，便无任何意义。是的，经典就是需要我们常常重读的书。在反反复复中，思想的升华从浅薄走向深思，最后到通达。

"重读"对于读经典为什么这样重要呢？一部被翻译成多国文字、"风行世界60年不衰"、深深影响世人的阅读专著《如何阅读一本书》，给我们做了解释：

"阅读有助于阅读者心智和智慧的成长。当你尽最大的努力用分析阅读读完一本书，把书放回架上的时候，你心中会有点疑惑，好像还有什么你没弄清楚的事。你又重看一次，然后非常特殊的事就发生了。在重读时发现这本书好像与你一起成长了。你会在其中看到以前阅读没有看到的新的事物。一本书怎么会跟你一起成长呢？当然这是不可能的，书当然没有改变。只是你到这时才开始明白，你最初阅读这本书的时候，这本书的层次就远超过你，现在你重读时仍然超过你，未来很可能也一直超过你。因为这是一本真正伟大的著作，所以可以适应不同层次的需要。你先前读过的时候感到心智上的成长，并不是虚假的，那本书的确提升了你。但是现在，就算你已经变得更有智慧也更有知识，这样的书还是能提升你，而且直到你生命的尽头。"（《如何阅读一本书》295—297页）

此外，每次阅读的环境、读者心情等许多因素也在影响着阅读："每一种酒都有它自己的机会，每一本书也都有它自己的时机。""时机不对，伟大的作品也可以看上去味同品毒，正如凌晨两点隔壁放出莫扎特音乐一样。"（《读书毁了我》104页）阅读给人一种体验的情境，阅读者所处的环境和读者的情感、心情等，都将形成一种体验的氛围，并将决定体验的结果。

一千个人读哈姆雷特，就会产生"一千个哈姆雷特"；一个人一千次读哈姆雷特，也会产生"一千个哈姆雷特"。归根结底，阅读是主观的。任何一个人也无法获得莎士比亚个人的思想，因为作者的主观意念在传播过程中无法保持其纯正；而作为读者，也无法逃离阅读过程中形成的主观意象，每个读者每次阅读都将创造出自己心目中的莎士比亚。阅读的关键和最根本的性质在于，阅读的结局或结论是不可以预知的。

 # 误读的生成机制和意义

沈迪飞

一、误读的含义

就我所查阅的资料,我没有读到,也没有在网络上查到对误读给出的经典定义。我只记录出了零零散散的6条看似定义的语句:

(1)运用不同的社会文化阐释体系对文本进行的不符合文本实际的解读。

(2)读者的理解虽然与作者的创作本义有所抵牾,但作品本身,客观上却显示了读者理解的内涵,从而使得这种"误解"看上去又切合作品实际,令人信服。

(3)误读在中国文学理论中成为一种对文学作品意义的多重性理解,不断接近文学审美本真的解读形式。

(4)误读是相对于正读而言的,是由于读者阅读时所依据的社会文化阐释体系与作者创作时所处的阐释体系不同而发生的。

(5)在文本解读中,误读指的是人们用自己的思维去解读作品。

(6)文学误读是读者对作品的创造性理解和主观评价。

看似"定义"的这6条,都不太令人满意。但是将其内容归结起来还是能够说明"误读"的"本质特征"和"概念的内涵和外延"的。

第一,阅读的对象和阅读的终极目标。阅读不是直接发生于读者和作者之间,而是读者和文本之间,阅读的对象是文本;阅读的目的是读取文本中所蕴涵的意义,但文本的意义有不同的广度和深度,这就出现了一个概念——"文本原意",阅读的终极目标就是不间断地探求"文本原意"。美国诠释学家赫施的著作《解释的有效性》中,认为文本有"含义"和"意义"之分。"含义"也就是文本原意,它在出版后是固定不变的;而"意义"就是阅读后读者心目中的意义,它是变动不居的,随人随时随环境而异,有一千个读者就有一千个哈姆雷特。因

此，误读指的是读者对文本原意之误，而非读者对作者意图之误。

第二，读者阅读时所依据的社会文化阐释体系。读者阅读过程中需要解读，即通过读者的大脑思维，阐释文本的意义。但读者依据什么"阐释体系"来解读文本呢？上述定义（4）提到的是用"阅读时所依据的社会文化阐释体系"来解读，这个提法应该是正确的，但不全面。问题在于，阅读是纯粹的个人行为，用个体的眼，通过个体的大脑来分析和解读，一切都离不开读者"个人"。接受理论的帅旗人物姚斯提出一个概念"期待视野"，是指接受者个人在进入接受过程之前，根据自身的审美经验和阅读趣味等，对于文学接受客体——文本的预先估想与期盼。为此，可以分两个层次论述阐释体系：第一层是阅读者依据个人的期待视野来解读文本；第二层再进一步分析阅读者所依据的审美经验是属于哪个社会文化阐释体系，读者阅读时所依据的阐释体系与作者创作时所处的阐释体系不同，则必然产生误读。

第三，误读和创意。误读是读者对作品的审美感知，是读者对文本原意发挥主观能动性的审美想象，有人嘲讽为"阐释的无政府主义"。殊不知正是这种对文本意义的天马行空的遐想，才能引发灵感，才能够发掘出语外之音和言外之意，这就是所谓误读的"意义增值"——误读的创意。但这种"主观能动性"和"天马行空的遐想"不能随心所欲，应有所节制，应该"从心所欲不逾矩"。这个"矩"，狭义讲是文本意向，一千个哈姆雷特，哪个也离不开文本《哈姆雷特》；广义讲是文学本真，谓"顺天应人守正出奇"，如《西游记》《聊斋志异》等具有天马行空的夸张，但毕竟可以找到当时社会的原型，这即是文学本真。

上述"定义"（1）比其余5个"定义"较符合误读的三项特征，但需要进行适当修改：①最前面增加"读者"这一主体；②读者之后增加"依据个人的期待视野"；③将"不符合文本实际的解读"修改为"不符合文本原意的解读"；④增加"但却合乎文本意向和文学本真的有创意的"。这样，修改后的定义成为：读者依据个人的期待视野和社会文化阐释体系对文本进行的不符合文本原意，但却合乎文本意向和文学本真的、有创意的解读。

二、误读的生成机制

1. 作者、文本和读者三者关系与误读的产生

阅读反映了作者、文本和读者三者关系：作者写文本，读者读文本，文本是作者和读者的媒介。在三者中，作者是产生意义的本源，文本蕴含作者意义并且

是连接读者的媒介；读者是阅读主体，对阅读起着主导和能动作用。

文本的内涵是意义，体现在3个层面：一是作者意义，即作者在作品中欲表达的主观意图，也称"作者意图"；二是文本意义，即作品呈现出的语词意义和语境意义，也称"文本原意"；三是读者意义，即读者通过阅读文本后领悟到的意义。

从作者意义到读者意义，需经过作者创作和读者阅读两个关键环节，具有3个特点：①都是智力劳动；②都是以文字或文本为媒介，一个写文字，另一个读文字；③都是以追求文字所蕴含的意义为目的，作者将意义熔铸、凝集和蕴藏于文字之中，读者将文字中的意义探求和挖掘出来。由于文字、文本的多义性、开放性以及和智力活动的巨大可塑性，这多方面决定了从作者意义到读者意义，必然会经历意义减、增两个方面的明显变化：

第一，创作环节的意义流失。作者创作文本是将自己的初衷和意图倾注到作品中，将自己的心血、情感和思想通过文字物化到作品中，形成文本。因此，文本原意应该是作者意图的文字，是作者头脑中的意象通过文字的外在呈现，是作者创作文本的初衷。但此处应该引起特别注意：这种呈现不是摄影照片，而是用文字来表达作者大脑中复杂的意象，文字具有多义性，这样用多义的文字表达出的作者意义，就不可能唯一和准确，必然存在差异。也就是说，作者写文本的初衷或作者意图在转换成文本的过程中，作者意义必然有所流失，"文本原意"同作者意义是有差别的，是不可能完全相同的。这是第一个环节的意义流失。

第二，阅读环节的意义流失。阅读是阅读者从构成文本的文字组合中读取文本原意，这需要读者将文字转换为意义，进一步需理解、阐释意义，再经大脑思考领悟意义。这是极为复杂的生理和智力过程，在文字和文本多义性的环境下，必然又会流失一些意义，这是第二个环节的意义流失。这样，读者不仅根本接触不到作者意义，也不可能完全读取到文本原意。这是误读产生的原因之一。

第三，创作过程中的意义增值。如前所述，文本是用文字来表达作者的意象，在意义流失的同时，文字的多义性又使文本意义的内涵多义，形成文本意义增值，使文本意义超越作者。伽达默尔说："本文的意义超越它的作者，这并不是暂时的，而是永远如此的。"（《真理与方法》479—489页）享誉世界的哲学家、符号学家、历史学家、文学批评家和小说家艾柯在答复记者问时也曾讲："有时候我觉得书比主人更有哲学性，更像知识分子。"（《南方周末》2007年3月15日）这应该属于作者创作中或创作成作品后的意义增值。

第四，阅读过程中的意义增值。阅读不是原样拿来，不是照相复制，读者是活生生有灵感有思想的人。在阅读文本的过程中，文本中的事件、场景、情感会在不知不觉地感染、启迪、激发读者，使其头脑中生发出别样的感情和想象，不由自主地去捕获新的超出文本原意的含义，这是读者的创见，许多是作者连想也不曾想到的；而且，这些创见没有"逾矩"，合乎文本意向，这是另一种形式的误读，不是意义流失而是意义增值。

从上述四种情况可见，阅读不仅接触不到作者意图，也不可能全部读取到文本意义，反过来文本意义还超越作者，读者阅读又生发出新的意义。这样，从作者意义到读者意义在创作和阅读过程中的减减增增，如何实现正读？从这个意义上理解，是否意味着阅读天生就是误读？我认为是的。因此，读者阅读的终极目标——追寻文本原意，永远无法到达理想的彼岸。

下面再从作者、文本和读者三个层面进一步逐个分析误读的生成机制。

（1）作者

作者的作用是创造和生产文本，是意义之本源。

作者写一部作品是有目的和意图的，这些目的和意图经过周密的构思，通过文字组合蕴藏在作品中，形成文本。可见，作者意图是由语言表述的，而语言本身是非唯一性的。因此，作品对作者意图的表达也是非唯一性的，有时作品内容没有反映出作者的真实意图或作者想要表达的全部意义即"词不达意"，也有时表述的内容会优于作者或超越作者的意象。美国解构主义者杰弗里·哈特曼说得好："语言是作为一种变动性的媒介物出现的，这种媒介物既超越、又否定了它对于现象世界的关系。"（《荒野中的批评》174页）

作者的作用到作品的出版时就终止了，作者再也影响不到作品，除非修订出第二版。但是，作者的智力劳动果实——作品是永存的，并且从此开启了广大读者的智慧——阅读。这形成了人类文明传承和发展的一个环节，诸多环节构成了人类文明生生不息的长河。20世纪初期法国伟大作家、《追忆逝水年华》作者普鲁斯特曾就作者对阅读的伟大作用作过这样的论述："我们应能由衷体会，读者的智慧始于作者写作之终了……这是作者智慧展现的终点，也是读者智慧展现的起点。"（《普鲁斯特与乌贼》18—19页）

（2）文本

文本的作用就在于作者以文字形式蕴藏、凝集和熔铸于其中的意义。

法国作家法朗士在《乐图之花》中曾讲："书是什么？主要的只是一连串小的印成的记号而已，它是要读者自己添补形成色彩和情感，才好使那些记号相应地活跃起来，一本书是否呆板乏味，或是生机盎然，情感是否热如火，冷如冰，还要靠读者自己的体验。换句话说，书中的每一个字都是魔灵的手指，它只拨动我们脑纤维的琴弦和灵魂的音板，而激发出来的声音却与我们心灵相关。"（转引自"360百科"）这段关于文本和读者理解之间关系的议论多么精彩，形象而生动地道出了在阅读和理解过程中读者的主观能动性起着多么关键的作用。

文学作品作为艺术信息的符号形式，具有二重性，即语义信息与审美信息。语义信息是一种描述性信息，属表层意义，它解释、说明事物，是理解审美信息的基础，也是步入艺术世界的阶梯；审美信息是一种意象性信息，属深层意义，它熔铸了作者的情绪、体会，负载情感意味，且具有模棱两可性。波兰籍当代现象学美学的主要代表英伽登将上述表层意义和深层意义具体化为文本的"意义三层次"：语音层、意义层和再现客体层。再现客体层指作品所要表现的事物，如小说中的"世界"、人物、背景等。

组成文本的字和词具有多义性，一字多义和一词多义，而且它们随时处于变动之中。德国文学理论家哈特曼说："词语不仅阐明生活，而且也像生活本身一样，在它们之中包含着含糊和死亡。"（《荒野中的批评》262页）这些字和词的特点为作者的创作增加了难度，但同时也添加了变化多样的色彩。接受美学主要代表人物之一的伊瑟尔认为，文学作品使用的语言，包含了许多"不确定点"与"空白"；越是经典和伟大的作品，思想内涵越是深刻丰富多样，增添了审美的想象空间。文学作品自身意义的不确定性和内涵的丰富性是造就误读现象的原因之一。

文本类型的多样化更增加其复杂性。我国文言文本身的多义性和历代学者的诸多诠释导致理解的极端纷繁，是形成中国古籍错讹滥的原因之一；文学翻译因为文化的差异而导致的误译与误读屡见不鲜，笑话频出；诗歌语言结构的开放性使得所营构的境象存在多面性，本身即具有"潜在的意义系统"或"信息容量"，读者很难做到不误读；等等。

既然如此，那么阅读是不是可以放荡不羁、异想天开、随心所欲地诠释呢？否。阅读必须以文本为依据，不能为所欲为。大学者艾柯在其所著《诠释与过度诠释》中对文本的诠释做了总结："我对瓦莱里'根本就不存在本文的原意这样的东西'一说表示怀疑，但我接受可以有许多不同的诠释这样的观点。我反对那种认为文本可以具有你想要它具有任何意义的观点。"（《诠释与过度诠释》172页）文中的瓦莱里是法国作家。艾柯的话明确而坚定地确认了三点：第一，他肯定了"本文原意"（即文本原意）的客观存在；第二，诠释不是唯一的，"可以有许多不同的诠释"；第三，诠释是有制约和限度的，他反对那种"想要它具有任何意义"的没有节制和根据的诠释。

文本本身对接受和理解始终起着一种导向和驾驭的作用，读者的接受只能够根据文本意向，按照作品留下的空白来驰骋自己的想象力。误读虽时常超越文本自身，但也必须受制于文本意向。误读和再创造也需要有限度，如若不然，过度解读与想象的泛滥便极有可能导致文学接受误入歧途，造成"反误"。

苏东坡曾言"三分诗，七分读"，阅读的依据还是在于原诗。我国金代学者、文学评论家王若虚对文本与读者接受之间的辩证关系有一段精妙之语，他在《论语辨惑序》中说："夫对圣人之意或不尽于言，亦不外乎言也。不尽于言，而执其言以求之，宜其失之不及也；不外于言，而离其言以求之，宜其伤之太过也。"意思是讲，因"圣人之意"在文本中可能"不尽于言"，因之读者阅读应该不拘泥于文本，可以超出文本，见作者所未能写出甚至根本没有想到的东西，以免"失之不及"；但还应该"不外于言"，即不脱离文本解读，以免离题太远，不着边际，"伤之太过"。正如西方存在主义者萨特所言，文学阅读是一种"被引导的创造"，即在文本引导下的创造。英国阅读大师伊瑟尔也指出："作品也制约着接受活动"，以使解读不至于脱离文本的意向，而对文本作随意的理解。

（3）读者

读者是阅读的主体，其智慧和主观能动性是探求文本原意的决定性因素。

正如20世纪初法国伟大作家普鲁斯特所言，作品的出版"是作者智慧展现的终点，也是读者智慧展现的起点"。

读者阅读智慧展现的对象就是文本。文本结构如前述，有表层意义和深层意义之分。阅读过程中，首先解读表层意义，理解描述性信息；进而挖掘深层意义，领会意象性信息，激发审美想象。对此，不乏国内外专家的论述，下面试举之。

按英伽登提出的文本"意义三层次"，读书应如剥笋，剥开"语音层"进入"意义层"，再进入"再现客体层"；如此不仅能够读取文本内涵的意义，而且能够获得所读之文本的弦外之音、题外之旨和意外之义；进而从原著生发又经读者自己加入的"再创作"，产生出新的意义，使阅读升华，误读也随之而生。

阐释学家赫施的论述同英伽登的论点类同，他把阅读活动定性为文本同阅读主体的双向交互作用的过程。在这个过程中，阅读主体——读者要完成两步创造性的工作：一是解读原著中作者创生的内涵意义；二是在此基础上挖掘、提取原著的潜在意义，并受其启发和感召，激发读者的审美感知、审美想象而二次创生意义。在这两步工作中，第一步解读过程关键在于理解。哈特曼说："即通过对于文本语词意义的解释进而把握文本，并不是一种单向运动，而是创造性和规范性的有机整合并且形成多维运动"（《荒野中的批评》262页）因此，对文本的理解，既具有明确的指向性，又有多向的可能性，要完全把握由语言写下来的流传物的唯一的真正的意义是不可能的。第二步创生新意义，主要在于阅读的创造性。不管哪一步，都必然将产生误读。

我国新儒学开宗大师熊十力曾讲，阅读应该"分析与综合，踏实与凌空"四者兼顾，其治学原则是"根底无易其固，而裁断必出于己"，即对原文不改其意，而各种裁断都必须出于自己的思想，这样在踏踏实实"分析与综合"的基础上，读者意境可以凌空思飞如庄子所言"心如泉涌，意若飘风"。熊大师认为上述方法"诚为读书要诠"。此精神同西方学者所论是一致的，却在方法上具体而明确。

阅读的一大特点就是极端个性化，伽达默尔讲"一切理解都是自我理解"。（《真理与方法》380页）作为一个社会的人，每个读者都只能从自己特定的视角去认识、接近作品的意蕴。鲁迅说得好：*看人生因作者而不同，看作品因读者而不同*。不同的读者，由于各自的文化背景、道德规范以及审美价值取向的不同，便会在同一部作品中看到各不相同的意义内蕴。对此，法国作家、批评家法朗士讲："为了真诚坦白，批评家应该说：'先生们，关于莎士比亚、关于拉辛，我所讲的就是我自己'。"（转引自《上海文学》1988年第3期78页）因此有的名家更直言：阅读犹如读自己。读者自有读者的眼光，个人的阐释永远只能把任务完成到一定程度，且必然会产生误读，因此理解永远是相对的，永远不能完美无缺。歌德说得好：*十全十美是上帝的尺度，而追求十全十美则是人类的尺度*。作为历史的个人永远是不完满的，这注定了读者对文学作品审美本真永无止境的追求。

很多时候读者会超越作者。读者的理解虽与作者的创作本义有所抵牾，但作品本身——文本意向却客观上显示了读者理解的内涵，从而使这种"误读"看上去切合实际，令人信服。此可谓"作者得于心，览者会以意"。

与读者阅读有关的理论是接受美学。接受理论的代表人物、德国康茨坦斯大学文艺学教授姚斯于1967年提出了"接受美学"这一概念。接受美学的要旨是从受众出发，从接受出发，接受是读者的审美经验再创造作品的过程，它发掘出作品中的种种意蕴。在其著作《接受美学与接受理论》中，姚斯提出了接受美学的核心观点：读者对作品的意义、价值及历史地位起着决定性的作用。这里面就涵盖了误读的作用。姚斯认为，一个作品，即使印成书，读者没有阅读之前，也只是半完成品。艺术品不具有永恒性，只具有被不同社会、不同历史时期的读者不断接受的历史性。本文第二部分论及的"期待视野"，是姚斯提出的接受理论核心概念之一。从期待视野意义上看，异质文化间的交流，因为文化的巨大差异，误读是必然的，不能回避的。

2. 读者阅读所处的社会文化阐释体系

除作者、文本和读者三者之外，还有一个重要的因素——环境，大环境在时时影响着读者，影响着阅读，这就是读者阅读所处的社会文化阐释体系。

什么是社会文化阐释体系？据我的查找，没有专门的社会文化阐释体系一词，它应该是由社会文化和话语体系两个概念组成的。社会的文化结构主要是由社会意识形态构成的，是以社会意识形态为主要内容的观念体系的基本结构。社会的各个阶层，都有各自流行的社会文化，也有相应的话语体系。

话语体系是指各类事物和学科都必须通过一系列概念、范畴、术语等话语来阐述。这些话语按照一定的逻辑结构构建起来，就形成了特定的话语体系。人类发展的历史表明，每一个民族都有其民族特色的话语体系，每一个时代都有其富有时代气息的话语体系，每一种社会形态也都有体现其价值取向的话语体系。

读者作为一个社会的人，离不开社会环境，他的一切都会打上社会的烙印，创作和阅读也不例外。每一个作者创作作品和每一个读者解读文本都会受到其所处社会文化阐释体系的影响，同时每个人的阅读也必然会遵循各自的期待视野。

在异质文化的交流过程中至少有一条规律是明确的：每种文化总是按照自身的传统和需求对另一种文化进行选择和取舍，每位接受者总是按自身文化的思维模式和习俗去观照另一种文化。也就是说，自己原有的"视域"在某种意义上规定或限制了人们对异质文化的认知和阐释。在中国，龙被赋予"吉祥""皇权"等含义，但在西方"dragon"的意象则与中国的"龙"大相径庭，是"一种想象的有翼、能喷火、蜥蜴状的巨大怪物"。在《圣经》和英语文学作品中"dragon"是魔鬼和罪恶的象征，是一种恶兽，最终总是被英雄杀死。迪士尼电影中"中国龙"被换成了"蜥蜴"的形象，这显然违背了中国传统文化中龙的文化意向。这也正说明了中国龙在西方世界还是一个未曾被读懂的信仰。

如果读者和作者不是生活在同一个时代，所处的社会文化阐释体系不同，则对同一个文本内容，可能会产生完全歧义的理解和诠释，造成误读。最为典型的例子是我国古籍经长期的朝代更迭所形成的错讹滥。为了解决这个问题，应社会需求而产生了两种专门的学问——考据学和校勘学。考据学研究对古籍进行整理、校勘、注疏、辑佚等工作；校勘学是"一门综合群书，比勘其文字、篇籍的异同，纠正其讹误，力求接近原文真相的学问，或称为'校雠学'。"（自"360百科"）世界经典著作也逃不脱时代的印记，《堂吉诃德》主人公17世纪是疯子或傻子，18世纪是严肃的道德家，19世纪是不懈斗争的勇士。

如果读者和作者生活在同一个时代，所处的社会文化阐释体系相同，但在社会中所处的阶级、阶层、地位和文化水平等的众多差异，以及每个人期待视野的不同，也会产生误读。一个"反误"例子是清雍正八年（1730），翰林院徐骏（顾炎武的甥孙）因在奏章里有"清风不识字，何必乱翻书"一句，"依大不敬律斩立决"。

不同文化背景的接受者，就有不同的期待视野。因而，对一部文学作品而言，译文作品的读者自然会有不同于原文读者的感受。因此在文学翻译中，考虑到译文读者的文化背景，有些误读是主体文化和译者有意选择的结果。例如，红色在中国文化中象征着阳光、幸福，在现代则更具有革命的意义，而在英语中则更多是与暴力和流血相关。因此，在对《红楼梦》的翻译中，贾宝玉的"怡红院"就成了"Green Delights"，"怡红公子"只好被译为"Green Boy"。

当然，期待视野并不是一成不变的，不同时代的人们因为不同的阅读经验而具有不同的期待视野。20世纪英美读者对中国文学作品的期待视野与18世纪时就千差万别；同样，中国读者现在对英美文学作品的期待视野与"文化大革命"时期也不可同日而语。在我国，陶渊明一向被视作传统文化中淡泊豁达精神的代表，在中小学课本中这位文学大家一向以正面形象影响着一代代国人。可近年来教育界却出现了另一种声音，认为陶渊明"官不官""民不民"，性格恣意不通礼节，种粮食懒散任性，不宜再将其以正面形象来教导学生。显而易见这是一种浅薄的误读，是一种"反误"。之所以出现这种现象，教育界学者认为乃是"不入文而曲解，不知人而妄谈，不论世而谬说，不察己而乱议"所致。便是说，读者未遵循文学特点与阅读规律，便对经典诗文大放厥词妄加批评，这种背景下的"反误"只能说是对国学经典的不敬之行为。

综上，文学作品自身意义的不确定性和读者文化阐释体系的差异性，二者共同造就了误读现象。

三、误读的意义

通过阅读，理想的结果是，作者意图丝毫不差地在文本中得到表现，文本原意能够被读者完全理解和领会，相应读者对作者意图也完全清楚，这样就形成了作者意义、文本意义和读者意义三者的等同关系，从作者意义传递到读者意义，没有变化，周而复始。若果真如此，那一切该多么简单明了啊，但其后果是人类文明停滞不前，还处在文字出现初期的半愚昧时代。人类文明的长河之所以能够川流不息，浩浩荡荡，那应该归功于阅读，归功于世世代代不间断地阅读，归功于永远具有创意的误读。不久前逝世的"汉语拼音之父"周有光曾有名言"语言使人类别于禽兽，文字使文明别于野蛮"，我想，在此基础上可否增加一句：阅读使文明得以传承。

人类文明的发展史在很大程度上是一部叛逆者的历史。亚当和夏娃是叛逆者，中华和其他各文明中无数开创历史的人们，在本质上都是叛逆者。同样，对于文化的发展，误读就是叛逆者，但它更是探索者和创造者。其结果，不仅是经典著作的诞生，文学的发展和繁荣，更是人类智力革命和文明的大踏步前进。

1. 误读具有创造性

阅读最伟大之处，在于其世世代代传承人类文明，之所以能够如此，是误读的创造性所致。伽达默尔说："理解就不是一种复制的行为，而始终是一种创造性的行为。"（《真理与方法》479—480页）。伽达默尔的这句话道出了阅读的本质特征，即创造性。

对此，二战后法国领军哲学家利科在其著作《诠释学与人文科学》中从语义学的角度精辟地阐释了创造性问题的原理："话语的语义学阐释了日常语言的创造性及其解释的原始过程。创造性的基本条件就是词语的内在多样性……"（11页）语言的多义性是形成误读创造性的根源之一。

形成误读创造性的另一个根源是读者的智力活动。读者阅读面对的是固定不变的文字，意义是内涵或埋藏于文本的文字之中的，必须通过读者的阅读和对它的阐释，才能够发现。阅读是读者的智力活动，通过阅读会挖掘出部分文本原意，再进一步会挖掘出文本超越作者的意义，阅读阐释中，还必然会加入读者自己的理解、感觉和体会，这无形中又多了一层意义。这样，读者阅读出的意义由三个方面的来源组成：文本原意（部分）、文本超越作者的意义和读者自己理解出的意义。读者自己理解出的有别于文本原意的意义，必然是误读造成的。因此，这样的阅读结果会出现许多作者不曾有的或根本没有想到的新的意义，这样的阅读当然不可能是"复制的行为"，而只能是通过读者智力活动的"一种创造性的行为"。不过，这仅是一个时代一个读者的阅读结果，而文本的意义经一代代读者不间断地阅读和阐释，那就形成了一代代连续的创新，从而实现了人类文明的传承。所以伽德默尔认为，不同时代的人们在时间的推移中必然在同一作品中获得不同的启示和新的意义，文学接受的这种创新正是它生生不息的生命力的源泉。

被称为中国古典四大名著之首的《红楼梦》，其被阅读的经历，充分展现了误读的另辟蹊径的创造性特质。曹雪芹在创作过程中，借助他灵性的文笔表达出了清朝末年世态人情的林林总总和他个人毕生刻骨难忘的经历和感情。不过由于时代所限，曹雪芹不可能在当时便认识到《红楼梦》一书是在揭示封建社会必然走向衰弱没落的总趋势，也不会意识到还具有初步的民主主义性质的理想。这些于作者而言必然是思所未思，想所未想，他的创作目的也不在此，因此这些便无疑是一种误读。但这种误读不是凭空而来的，是《红楼梦》包容中国封建社会后期的人间万象，并且寓形神情理于一书的意境，引读者感受领悟至此。通过近年来《红楼梦》在各个艺术领域以及世界范围内的巨大影响可以看出，创造性误读使作品的潜在内涵被挖掘出来，放射光芒，异彩纷呈。随着时代的变迁，与时俱进，作品被赋予新的时代意义，艺术魅力持久不衰，成为一部具有世界影响力的伟大作品、举世公认的中国传统文化的集大成者和古典小说的巅峰之作，也已然成为一门意义深远的学问。

误读的创造性也表现于异质文化的翻译。"忠实"于原文在东西方翻译史上曾被视为金科玉律，然而只要我们仔细观察，"叛逆"性的误读普遍存在于翻译之中。著名的法国翻译家梅纳日讲：翻译就如一位女人，美而不忠，忠而不美。"忠实"和"叛逆"似乎构成了翻译的双重性格：愚笨的"忠实"即直译可能会导向效果的"叛逆"，译出拙劣而晦涩的译文；而巧妙的"叛逆"即意译可能会显现对原文的"忠实"，往往会产生出既漂亮又信达雅的译文。

创造性是误读的本质特征，下面三个意义很重要，但都与创造性相关。

2. 误读成就经典

《诗经》《圣经》《红楼梦》《悲惨世界》都在不断的误读中展示自己的艺术魅力。真正美的文学作品正是在误读的长河中成为经典。

误读是一种建设性的阅读，即对作品审美内涵作另辟蹊径式的别有所解。20世纪英国诗人和批评家艾略特讲："一首诗对不同的读者也许是有非常不同的意蕴，而且所有这些意蕴大概与作者原意不符。读者的阐释也许不同于作者，但同样正确有效——甚至会更好。一首诗所包含的意义比作者意识到的丰富。"（转引自《文学遗产》1992年6期23—32页）读者在对作品文本进行仔细阅读的基础上，沿着文本意向对文本作出了有别于作者话语的不同诠释，即对文本的修正、超越或赋予新意，这是创造性的阐释；但这些阐释肯定是不可能一致的，甚至有时是矛盾或冲突的。因此美国文学评论家哈罗德·布鲁姆认为：竞争性、冲突性或斗争性就是文学经典的内在本质特性之一，"西方经典是一份幸存者的名单"。（《西方正典》）（123页）法国大作家巴尔扎克更认为"杰作不会被埋没在遗忘之中，笔的谎言或者恭维，也不会赋给坏书以生命。"（转引自《全民阅读参考读本》26页）也就是说，在一代代读者反反复复的误读中，大浪淘沙，沙里淘金，是金子总会发光的，经典的书单中既不会漏掉正典，也不会混进滥竽充数者。对于经典的形成来讲，任何权力和权威都相形见绌，无能为力，时间是终极的选择者和决定者。

经典是没有国界和语言障碍的。德国伟大作家、诺贝尔文学奖得主黑塞在其《书的魔力》中，从历史的高度赞扬老子的《道德经》："又如中国学术上的瑰宝《老子》，竟在四千年后，于战后的欧洲突然被发现，被曲译，被曲解，我们也是不胜诧异的。表面上它像狐步舞一样流行，而在我们精神所孕生的创造层面上，却发挥了极大的作用。"（79页）两千五百年前的中国经典，孕育和影响了近现代德国和欧洲人的精神，这就是经典啊！（本文作者注："四千年"的提法，或原文或译文有误。）

《汉语大词典》第九卷862页"经典"条目有三种解释。但是，说来说去，"真正决定经典生命力的，是一代代读者的认可，是时间的淘洗"。真正美的文学作品正是在不间断的误读中，发现其被最多受众深爱之处，从而改变其在世界文学史中的定位，成为经典。请看下面两个典型例子。

《格列佛游记》经几代人的不间断的误读，受到全世界儿童的喜爱，其由"辛辣的讽刺小说"摇身一变，成了"儿童文学"，确立了自己经典儿童文学的新身份。

同样，18世纪英国四大著名小说家之一丹尼尔·笛福的代表作《鲁滨逊漂流记》，是一部歌颂人类的勤劳、智慧、勇敢、顽强和坚韧等美好品德的历险小说。但是，历经人们的连续不间断的误读，小说本身经历了一系列演化和发展，在否定了"颂扬新殖民主义的说教"这一定论基础上，成为最受孩子们欢迎的畅销书，又出现了一部儿童文学作品之经典。

正是由于误读，使上述两部作品折射出时代的光彩，丰富了作品的意蕴，建立起崭新的释义，进一步揭示了作品的潜在价值。这就是误读的魅力和魔力，它能够促使作品发生一系列演化，这些演化可能使作者和最初的读者瞠目结舌，但新时代的读者从作品中发现的意义确实比既有的释义更好。因此，美国文学理论家韦斯坦因说："一本书，只要还被人误读着，就具有生命力。"

3. 误读改变人类思维

误读同人的思维有什么关系？

美国心理学专家、塔夫茨大学阅读与语言研究中心主任玛丽安娜·沃尔夫在其著作《普鲁斯特与乌贼》中论述阅读发展的自然史时讲："阅读时生成新思想的能力与大脑神经回路的可塑性相辅相成,两者共同辅助我们超越文本内容的限制。由此能力生成的丰富的联想力、推理力、领悟力启发人类超越所读,形成新的思维。"(18页)这段话可以解释为:①首先需要理解"阅读时生成新思想的能力",无疑能够生成新思想的阅读,不是一般的阅读,而只能是具有创新功能的误读,但这时仅是一种未能发挥作用的误读能力;而只有同"大脑神经回路的可塑性"两者相互结合,在阅读实践中才能够共同形成"超越文本内容的限制"的误读。②这种"相辅相成"的力量,进而在大脑中生成联想、推理、领悟等思维力,从而"启发人类超越所读,形成新的思维"。③这是阅读在生理层面改变人类的思维,涉及神经生理学、思维科学、心理学等学科,《普鲁斯特与乌贼》是一部研究这方面的专著,其书名副标题就是"阅读如何改变我们的思维"。

按上述线索仔细想一想,就会感到"误读改变人类思维"的提法并不离奇了。阅读是大脑的功能,误读的创造性是通过大脑实现的,即误读影响到大脑神经系统的生理活动,从生理层面改变人类思维,这涉及脑科学和认知科学的问题。法国科学院院士、著名认知神经科学家斯坦尼斯拉斯·迪昂领导他的团队专门研究这个有关人类智能的大问题,取得了一定成果,荣获2014年欧洲大脑奖。在其所著《脑的阅读:破解人类阅读之谜》(中文版2011年6月出版)中对阅读生理这个问题做了解答,向我们展示了人脑神奇的阅读能力是如何形成的。迪昂在大量实证研究的基础上,雄辩地提出了"神经元再利用"假说:大脑天生不会阅读,而由灵长类动物进化而来的用于物体识别的神经通路,可以转而用于识别书面单词,即将用于相近功能的识别物体的神经元再利用于识别文本。正是人脑所具有的这种可塑性与学习能力,我们才能掌握语言的书写规则,才能形成不同的文化素养。可以大胆设想,迪昂的这类研究,再进一步会形成一门新的阅读生理学。

4. 误读引领一代代读者贴近文学本真

"本真"指事物本身所固有的根本的属性和真相,追求真善美是文艺的永恒价值,艺术的最高境界就是让人们的灵魂经受洗礼,发现自然的美、心灵的美。

伽达默尔的阐释学理论威力促学术界触摸到这样一个潜在的真谛:人类文化创生的初始即是在理解的"误读"中行进的,且最终走向了历史建构的精神博大。一部作品的意境远远超越了作者意图,不同时代的人们在时间的推移中,由于社会文化阐释体系的不同必然产生误读,从而在同一作品中获得不同的启示,读出新的意义。阅读的伟大之处,在于向真相回归,让人们发现美。

正如前述年轻读者闫红在深读《红楼梦》之后的感想:"但就是这林林总总的误读,使我们向曹雪芹那值得致敬的灵魂,贴得更近了一些。"文学作品的审美内涵正是在历史的误读洪流中被慧眼识珠者揭示出来，这是一个永无止境的动态过程。闫红的体会可以看作是文学审美本真的一个细胞，一个微小的进程。

读者领会出的文本意向超越作者意图和文本原意，从阅读史来看，这种误读已经成为常态。艾柯在答复我国记者问"您是不是经常经历'误读'"时，他坦率地说："误读，对我来说是经常的……有时候我觉得书比主人更有哲学性，更像知识分子。我的译者也经常这样问我，一个字我用的意思是A还是B，我的本意是想用A，但是译者用B的时候，比我原来的意思更漂亮或者更准确。"（《南方周末》2007年3月15日）艾柯随机的简单回答，但却道出了三点阅读的真理：第一，误读是"经常"发生的，是阅读中的常态；第二，文本有时会超越作者，"比主人更有哲学性"；第三，译著有时比原著"更准确"。

对诗的误读实质是在深化诗的意义。李商隐的《锦瑟》，即开头为"琴瑟无端五十弦"的那首著名的诗，解读不下百种，重要的异说也有十多种，常见的如悼亡说、伤世说、爱情说、诗创说等。这种"多元解读"局面的形成是由于诗中用典冷僻，比兴手法多。只要诗得到世人欣赏又符合原诗的意境，这些解读都应属于"误读"，阐释的这种不确定性正是它生生不息的生命力的源泉。

自有阅读以来，任何一部典籍，只有通过不同时代的许多读者的不同误读，才能深入挖掘文本的意向，逐步接近其审美价值本真，但只能是"接近"而不可能抵达。沃尔夫在《普鲁斯特与乌贼》中总结阅读发展的自然史时，道出了误读"创造真相"从而接近文学本真的话："阅读的发展永不结束，阅读这个永无止境的故事将永远继续下去，将眼睛、舌头、文字和作者带往一个新的世界，在那里鲜活的真相无时无刻不在改变大脑与读者。"（153页）沃尔夫的这段话可以诠释为：①阅读的发展之所以"永无止境"，是因为有无时无刻不在的误读；②阅读将读者"带往一个新的世界"，这个新世界是误读创造的，在那里能够发现"鲜活的真相"，即接近文学本真；③在新世界那里时时刻刻改变着大脑——读者的思维，同时也时时刻刻改变着读者——提高读者的认知水平。

试想一下，一个经常阅读并在误读中创新的人，时刻处在追求本真的进程之中，灵魂不断经受着真善美的洗礼，思维和认知水平也在逐步提高。在这样天堂般的境界里，无疑寓意着一个伟大的哲理——阅读在改变人。

# 诠释学发展中形成的四种阅读理解模式

沈迪飞

诠释学因阅读源起，17世纪正式登上世界历史舞台，20世纪中期发展成为哲学，反映了下述事实：一个与人类息息相关的典籍世界，从古至今已构筑起文化传承与人类自身生存的基础，它如一面巨大无比的镜子照遍和反射出整个世界的过去和现在，同时提供凝聚共识和未来期望的资源凭借。因此，诠释学与经典文献的关系，阅读与文本的关系，诠释者面对文本时诠释取向和自我理解的定位，即阅读理解的模式问题，在全民阅读的大背景下，就不只是一个方法论问题，更蕴含着可以共同期许和齐力实现的人类未来。

一、第一种理解模式——"照原意理解"或"重构说"理解

这种理解模式有两个含义：①理解是重构作者思想和"原意"。诠释者应该理解作者原初的意图，即"照原意理解"，理解的最终成果是"复建"或"重构"者思想和意图，即理解的实质是去理解作者个人的生命，而不是去理解作品的真理内容。②重构作者写作时候的语境。诠释者需要将文本置于其赖以形成的那个历史语境中，即作者写作的原初社会历史环境，不是在现有环境下去理解古代文本，而是重构作者写作时候的原始环境。

倡导"重构说"的代表人物是德国的两位诠释学家。著名的圣经注释学家施莱尔马赫认为："解释的首要任务不是要按照现代思想去理解古代文本，而是要重新认识作者和他的听众之间的原始关系……应当把理解对象置于它们赖以形成的那个历史语境中……我们要理解的东西不是作品的真理内容，而是作者个人的个别生命……理解和解释就是重新表述或重构作者的意向或思想。"（《理解与解

释——诠释学经典文选》56页）狄尔泰认为："如何寻求出原初客观的'意义脉络联结'，回返呼应人类精神在过去的某一特定情境的表现成就，进行如实的理解与诠释，即为诠释学应该努力发展的方向。"（张鼎国《诠释与实践》150页）

"重构说"理解模式产生于古典诠释学，指最早诠释神话、《圣经》和法律的特殊诠释学。最早诠释学用来解释神话，诠释神在预言中的符号和指示。正是在这一基础上，古代的诠释学家提出语言或符号应有两种不同的意义，即文字意义和精神意义。神秘性的精神意义难以获得，唯有真诚信仰的人才可能与精神意义沟通，柏拉图在《伊庇诺米篇》中把诠释与占卜术归为一类，即占卜或猜测神旨的"原意"。这形成了古典诠释学时期传统的诠释学主张，诠释取向回返到对原作者意图的理解。遵照这种理解模式的直接结果是解释的唯一性，即文本只能有一种意义的解释，这也在客观上反映了19世纪前统治者对《圣经》和法学文献解释的垄断性。对《圣经》的解释，由于要追溯上帝神旨的"原意"，那只有最接近上帝的主教或神父才有解释权，普通教众均被排斥在解经的大门之外；对法律文献的解释，同《圣经》一样要求解释的唯一性，除代表统治阶级利益的法官能够控制法律条文解释的话语权，广大被统治的劳苦大众又何来发言权！

黑格尔在其著作《精神现象学》中说，命运虽然把那些古代的艺术品给了我们，而没有把那些作品产生时的周围世界给予我们，但艺术女神却"以一种更高的方式把所有这些东西聚集到具有自我意识的眼神和呈递的神情的光芒之中。"（《真理与方法》第1卷173页）命运只能够把那些古代艺术品、文本等历史传承物给予我们，但不可能把生成那些历史传承物的周围世界一起给予我们，这是颠扑不破的事实。

在实践中"照原意理解"或"重构说"是很难实现的。试想，找到作者"原意"和重构其思想，那需要回到当时的时代的环境，尤其需要"进入"作者的思想和情感。"回到当时的时代和环境"是不可能的，而"进入作者的思想和情感"那几乎是痴人说梦。伽达默尔认为诠释学不能够停留在"单纯的重建"层级，而应该具有"一种诠释学上的必要性，持续不断地超出简单的重构之上"。（《真理与方法》第1卷380页）

对此，黑格尔也认为，不是靠"重构"而是靠不同时代的诠释者"以一种更高的方式"在自身中把握艺术的真理，真正真理性的东西永远是过去与现在的综合。因此，诠释学强调，理解不是"重构或复制"作者原意，而是阐明文本具有的真理的思想。

不过在我国，从历史上就有重视作品的作者和时代背景的传统。比如对战国时代楚国屈原的作品《离骚》，如果不了解作者屈原的悲惨遭遇和他所处的时代背景，又怎么样能够真正理解和解释《离骚》呢？再如，读中华民族引以为豪的国粹——唐诗宋词，那千百位作者千万样心灵和情感所反映在诗词上的豪气、哀怨和嬉笑怒骂，不了解作者和其所处时代的身世，何人能够理解，又依据什么进行解释？理解和解释总是要有实实在在的根据的。对此我的理解是：完全按照"照原意理解"或"重构说"进行理解，确实是不可能的；但可以通过历史资料了解作者写作时的时代、身世和某些具体情况，以尽量"接近"原状，达到近似"原意"的理解。因此这一理解模式也有其可取之处，应该参照实际情况，酌情采用之。

二、第二种理解模式——"较好地理解"或"比作者还更好地理解作者"

事实上，人的思想同诠释理解活动一样，是不可能完全停留在一个只是重复前人已有的知识及见解的范围之内，否则人类的认识如何发展，知识如何扩展，人类社会又将如何进步呢？所以对"照原意理解"或"重构说"必将有所突破，继之出现了一种新的理解模式——"较好地理解"，这是诠释学不可避免的一种发展趋势，一个大的进步。

真理愈辩愈明，主张"照原意理解"或"重构说"式理解的施莱尔马赫和狄尔泰也发生了改变，接受了"较好地理解"论点。首度尝试将特殊诠释学提升为普遍诠释学的诠释学之父施莱尔马赫，在其后来的著作中多次提及诠释者要"比作者理解得更好"。伽达默尔总结这一段诠释学的历史，赞扬施莱尔马赫的一句名言"我们可能比作者自己还更好地理解作者的思想"（《真理与方法》第1卷195页），认为这对诠释学有极高的理论价值。以诠释学作为精神科学之学术基础的狄尔泰也改变看法，在其《诠释学的兴起》中直言："诠释学的最终目标是理解一个作者比他自己理解得更好。这个理念是无意识创作学说必然导致的结论。"

为什么解释者理解作者的作品能够"比作者理解得更好"呢？乍一听似乎有些不可思议。实际上所有解释者都是后来人，因此相较于原作者，解释者因为时间的沉淀，总是后来居上、视野更宽广更深远、拥有历史上形成的有助于更好理解的"更多的材料"，从而使诠释者能够较多较佳地掌握根据，做出"更好地理解"。对此，施莱尔马赫也有深入的分析："因为我们对讲话者内心的东西没有任何直接的知识，所以我们必须力求对他能无意识保持的许多东西加以意识……对于客观的重构来说,他没有比我们所具有的更多的材料。"(《理解与解释——诠释学经典文选》61页)他还进一步指出,理解不是对原作品简单的重复或复制,而是理解者对原作品更高的再创造。伽达默尔从哲学诠释学角度也提出立论:"文本的意义超越它的作者,这并不只是暂时的,而是永远如此的,因此理解就不只是一种复制的行为,而始终是一种创造的行为。"(《真理与方法》第1卷301页)因此,这意味着作者并不比解释者具有更大的权威性,解释的权威不是作者。

三、第三种理解模式——"不同地"或"不一样地"理解

"重构说"和"较好地理解"这两种理解模式均是以作者作为理解对象,以作者创作的原初意向作为理解取向,属于"作者中心论"。尽管它们在诠释学史的很长时期处于统治地位,但诠释学冲破这种唯作者马首是瞻的羁绊是大趋势,是历史发展的必然。早在16世纪欧洲宗教改革倡导者马丁路德时期,在《圣经》诠释领域就兴起了"唯经文论"或"依经解经原则"。这种解经不是唯作者而是唯经文或依照经文的意义解经,倡导要信赖每一个人自己透过自己的阅读对经文本身的理解,获得"依经解经"的启迪和训示效果,这逐步发展成为一种新的解经潮流。这在诠释学历史上是对唯作者的反叛和摒弃,其意义是抗拒教会权威在注释教义上的长期垄断。这种理解的特点是面向文本而不是针对作者进行解释,理解的取向是文本内容所蕴含的真理,从而形成了"文本中心论"。

诠释取向从作者转向文本,这是诠释学上的一个巨大的进步。伽达默尔认为口语一旦变成了文字,这些文字所表达的意思将随时空环境的改变而发生变化:"书写实际上固定了什么呢?不是说的事件,而是已说的'内容'……它就是言语事件的意义。"因此"解释的唯一标准就是他的作品的意蕴,即作品所意指的东西……"(《真理与方法》第1卷196页、399页)据此伽达默尔提出了另一种理解模式——"不同地理解",他写道:"我们只能说,如果他完全理解,那么他总是以不同的方式理解。"(《真理与方法》第1卷302页)每一位阅读并思考的人都会对文本得出自己的看法,这就是"不同地理解",这是阅读的常识和规律。这种所谓"不同地理解",不仅与第一种理解模式相对立,而且也与第二种理解模式相区别。伽达默尔认为"不同地理解",不是自行放任,想怎样理解就可以怎样理解。诠释者理解之前,每一个人都不可避免会带有种种以个人历史、环境所铸就的思想和文化为底蕴的判断,这在诠释学上称为"前见"。但是这些"前见"终将受到阅读过程中继起的判断之修正、排除或认同,同时理解也不能和文本精

神背道而驰,它必然受到文本精神的制约。这样,理解过程中不断兴起的重新判断,形成了一种在原有文化底蕴基础上对文本意义的深入探索,以求得新的意义,从而得出不同于以前的理解。因此,"不同地理解"是一种在更高的思考层次和实践导向的层级上促成一种更接近于真理判准的思考效果。

出现"不同地"或"不一样地"理解模式的原因,归结起来在于文本的开放性、阅读和理解的创造性以及人类阅读长河的无限性。

文本开放性源之于书写。当文本从口语转换为一种固定持久的书写形式,它可以穿越时空长久保存,历代人们可以随时阅读,从而形成了文本的开放性特点。法国哲学家罗兰·巴特于1967年发表了著名的论文"作者之死"。认为文本的诞生宣告了作者的"死亡"。文本是一个多维的立体的阐释空间,别人对文本如何理解作者已无法干涉,如同作者死了一样。

阅读和理解的创造性来自读者,来自阅读的个性化和理解的个体性。一切理解归根结底是人的自我理解:理解自身思想,理解自身环境,理解自身的历史传统等。伽达默尔最后的结论是:"这样讲就够了:只要究竟而言人在理解,人是在作不同地理解。"(《真理与方法》第1卷302页)"不同地理解"本身就意味着每位理解者的创造性。

人类阅读长河的无限性来自人类的生生不息的阅读。诠释学实践中的一条颠扑不破的经验是,理解是无法穷尽的,因为只要人类存在,阅读必将继续,那么我们的后人必将会不断再作"不同地理解"。两千多年前我国老子的《道德经》,有多少历代文人对其注释和诠释,哪一个是"更好地理解"?都只能够说成是"不同地理解"。这里反映了一个真理:一切文本,其蕴含的意义具有不可封闭或说不可终结的特性,认识总是在发展过程之中。之所以如此,原因在于:新的错误源泉不断被消除(真正意义从混杂中被过滤出来)、新的理解源泉不断产生(从而使意想不到的意义关系展现出来)、时代偏见因时间距离而不断消失、新时代意蕴不断浮出等。因此,伽达默尔说:"对于一部文本或一件艺术作品之真正意义的汲取是永远无止境的,这事实上是一个无限的过程。"(《真理与方法》第1卷303页)

四、第四种理解模式——"理解的多元论"

文本的开放性、理解的创造性以及人类阅读的无限性也形成了诠释多元性的品格,这同第三种理解模式"不同地理解"极为相似,是否会令人感觉是概念混淆？是的，在形成机理和表现形式上，两种理解模式确实类似，区别在于：第四种理解模式"理解的多元论"是从宏观和理论上的考虑作为出发点，而第三种理解模式"不同地理解"是从微观和实践上的考虑作为出发点，从而形成了两种理解模式。诠释学经历了从古典诠释学到普通诠释学再到哲学诠释学的三次转向，诠释学的哲学转向与多元论的转向并行。当传统的规范的特殊诠释学主张文本只能有一种意义时，哲学诠释学则主张单一文本能得到不同意义的多元论理解。

文本一旦摆脱了其产生的社会和环境的语境关系，将万古长存，面对历史上变化多端的新的语境而开放。诠释学多元性的产生，源之于文本的开放性，以及随之而来的阅读和解释的创造性。法国诠释学家利科说："如果阅读是可能的，那的确是因为文本自身并不是封闭的，而是向其他事物敞开着的。无论何种假设，阅读都是将新的话语结合到文本话语中。正是在文本的建构中，这一话语的连接揭示了文本原初的更新能力，它是文本的开放特征，解释就是连接和更新的具体结果。"（《诠释学与人文科学》119页）同一本书，历朝历代的人都可以阅读，通过翻译则有更多国家的读者阅读，他们都在进行创造性的诠释；万千次阅读，每一次都对文本进行新的创造性的诠释，从而使一个文本产生了千万种诠释结果，形成了一个文本的千万种理解，"理解的多元论"应运而生。从哲学诠释学上看，一切真理都有相对性，每一个正确的理解都是相对于它当时所面临的处境和问题。

哲学诠释学强调理解与应用的统一，理解本身就是一种应用，理解文本总是把文本的意义应用于我们现时的具体境遇和问题，而这些具体的多种多样的境遇和问题在改变着理解的结果，更强化了多元性。因此，理解与应用的统一也促使理解走向多元论。

无论什么样的理解都始终达不到最终的结论，也不可能有最终的结论，因为理解总是有后来者。正如伽达默尔所说："理解的每一度实现都可以把自我当作为所理解事情的一个历史可能性来认知。由于我们此有的历史有限性，我们都会意识到，在我们之后其他的人将会不断再作不同地理解。"（《真理与方法》第1卷379页）

诠释学主张意义多元性和相对性，这并非"什么都行"的相对主义。相对性表明意义的开放性，多元性表明意义的创造性。开放性和创造性，都表明诠释学的与时俱进的理论品格。

8 没有最好的导读和解读

沈迪飞

对读者阅读进行引领和指导，对文本的内容进行解释、体会、分析和理解，前者是导读，后者是解读。在国内外阅读的历史长河中，产生了许许多多知名的导读和解读书籍，也出现了不少令人惊叹的导读和解读的大师级人物。

哈佛大学的经典导读是举世闻名的，并在人才培养方面取得了辉煌的业绩。《哈佛经典》丛书精选了400多位人类史上最伟大思想家的136部专著，旨在囊括人类有史以来至19世纪最优秀的社会科学和自然科学文献，称为世界文明的经典。该丛书是由哈佛大学第二任校长查尔斯·爱略特任主编，联合全美100多位享誉全球的教授参与编选，历时4年完成。全书共50卷，自1901年问世至今，畅销世界一百多年。《哈佛经典》是哈佛大学所有学生的必修课，并成为西方家庭的必备藏书。哈佛大学所以能取得人类文化教育史上的"经典"地位，原因之一应归功于将哈佛魅力承载起来、拥有取之不尽用之不竭的智慧和力量源泉的《哈佛经典》。我国伟大思想家胡适先生称《哈佛经典》为"奇书"，该书是引领他进入西方文明殿堂的第一块敲门砖。《哈佛经典讲座》是《哈佛经典》的导读卷，每一讲的教授都是哈佛大学相关专业的著名学者，他们不但有着深厚的学术功底，更能融会贯通，将学科的知识精髓深入浅出。2003年天津科技翻译出版公司出版了《哈佛蓝星双语名著导读》。

不过《哈佛经典》及其导读卷虽然是伟大的，但并不是最好的。举一个例子，《哈佛经典》收录的136部专著中，代表东方文明博大精深的中国典籍仅在第44卷中收录了一部《孔子》，整部经典残缺了东方文明。之所以说《哈佛经典》及其导读卷是伟大的，但不是最好的，还不仅仅在于其个别的或局部性的缺点和问题，而是根之于阅读原理：根本就不可能存在最好的导读和解读。

国内外有许多知名的导读和解读的大师级人物。如被誉为"20世纪文学批评领军人物，'耶鲁学派'主要代表"的哈罗德·布鲁姆，1973年他推出《影响的焦虑》，在美国和国际书评界引起了巨大反响，"用一本小书敲了一下所有人的神经"。布鲁姆的代表作还有《西方正典》《如何读，为什么读》《天才：创造性心灵的一百位典范》等。对布鲁姆更为生动的评价是：西方传统中最有天赋和原创性、也最具有煽动性的文学批评家。我国清代评注大师金圣叹，将《庄子》《离骚》《史记》《杜甫诗》《水浒传》《西厢记》逐一点评，称之"六才子书"。郑振铎说：三百年来《水浒》与金圣叹批评的七十回本，几乎结成了一个名词。"胡适说："读金圣叹所评《西厢记》，能令千古才人心死。"

还有许许多多著名的导读和解读作品，它们是伟大的，但都不是最好的，也不可能是最好的。因为"最好的"导读和解读根本就不存在，这是由阅读的原理所决定的。

一、阅读的"迂回"原理

1. 文本中隐含着作者的生命

文本（Text）是书面语言的表现形式。作者撰写出的直接产品是文本而不是书；书籍是编辑、出版后的文本，是文本的物质载体。

作者写出的文本一经出版，就难于更改，除非修订再版；如果作者去世，那其文本就将永远是一成不变的了所以，世界意识流文学大师、《似水流年》作者马塞尔·普鲁斯特就曾讲，文本是"作者智慧展现的终点"[1]。

作者智慧是通过文本中的一个个文字来展现的，而且是唯一的展现。然而，且不可小看了我们天天接触、习以为常的文字，文字中蕴藏和隐含着无限的魅力。《淮南子·本经训》中有对文字威力和魅力的深刻描写："昔者仓颉作书而天雨粟，鬼夜哭。"意思是说有了文字，人类的思想即可透过文字而流传，老天不能藏其密，灵怪不能遁其形，故"天雨粟，鬼夜哭"了。更令人惊异的是，这些墨迹会生成情绪，富有情感。请看：女作家清少纳言在其被誉为日本文学一颗瑰宝的《枕草子》中对书信细腻而微妙的赞赏："一人远在异乡，一人心神难定。偶得书信一封，犹如人在眼前。信已寄出，即使尚未收悉，心中却同样快慰。"寥寥数字，倾诉感念，乃令人释怀。来自人们心灵的文字具有多么大的魅力啊！

人类所创造的文本就是由这样一些既有意义又富情感的一个个如精灵般的文

字所构成。作者的智商和情商所表现出来的智力和情感，倾注入文字之中，这些文字构成了文本。文本中凝聚着作者的智慧和灵感，是作者心血的结晶；外在形体是一件件没有生气的文本，内容实质是躁动于文本中的作者的灵魂。所以德国哲学家尼采讲："读书，是在别人的知识与心灵中散步。"

《风之影》是西班牙作家卡洛斯·萨丰的名著，2001年出版，席卷50余国，狂销400万册，刮起了文坛飓风。作品描写一段追索书中潜藏的灵魂而展现的传奇旅程。年幼的男主角丹尼尔被父亲带入一座神秘的图书馆，使他第一次对书本有了深刻的体会。父亲要他找出"自己的书"："欢迎光临遗忘之书墓园，丹尼尔！这是个神秘之地，就像一座神殿。你看到的每一本书，都是有灵魂的。"[2]这里清楚地表达了潜藏在文本中的那份神奇特质：文本拥有自己的生命。

2. 唯阅读能够激活文本中的生命

文本所拥有的生命是隐含着的，没有外力的触动，是恒久不变的。那么，文本中游移着的生命靠什么力量来激活和再现呢？对此，美国女作家琳莎·施瓦茨在其所著《读书毁了我》中指出：书籍"并不具有独立或者感官的存在，而必须被打开，必须让人往深处探寻，我们对它的存在是必须的，这样一种无坚不摧的力量也正是我们所喜欢的。"[3]这里的"我们"，指的就是能够阅读文本的读者，阅读对文本是"一种无坚不摧的力量"。它能够打开和激活文本，它能够使文本中的生命再生，使文本中的灵魂再现。除了阅读，还有其他什么力量能够做到吗？很明显，没有了。唯阅读能够激活文本中的生命。法国文化史研究专家罗杰·夏蒂埃在其所著《书籍的秩序》中有句名言："一个文本之所以存在只是因为有一个读者赋予它意义"。[4]

为什么唯阅读能够激活文本并产生意义呢？阅读时大脑不仅对原文进行摄取，而且对信息进行处理。这些处理包括：辨识、吸收、领悟、理解、记忆和回忆，同时进行着其他许多复杂的大脑活动；进一步，读者把个人知识和经验与文本中的句、段、章节联系在一起，产生联想和想象，因此文本"也是读者智慧展现的起点"[1]，并以此生出新的意义；更为重要的是，读者将感情融入阅读，衍生出独特的个人色彩浓厚的体会和感想。

对这一阅读过程，美国女作家施瓦茨讲得非常深刻："真正的书是躺在青蛙里面的王子。我们打开它，我们眼睛投下再生的一吻。这就是使人陶醉的力量。"[3]读者的阅读就是"眼睛投下再生的一吻"，阅读具有一种"使人陶醉的力量"，不管时间多么长久和地域多么遥远，这种"无坚不摧的力量"都能够使文本中的生命"再生",使已离世千百年的"作家的活人灵魂"再现。

阅读过程中,文本与读者之间进行着双向交换:智慧交流、感情互通、思想水乳交融。读者让文本展现生命,文本也使读者展现自我。读者在接受文本的同时也接受文本中的世界,阅读展现了阅读者如何彻底地进入"文本中的生命",并且文本"在灿烂夺目的复生中与我们的思想水乳交融。"[3]。阅读改变着读者的生活和情感,读者生活经验和情感也在改变着阅读。文本给予读者的是心的迷醉,在静默和专注中接受终生难忘的文本同时,读者的人生也因此在潜移默化地变化着——千百年前的作者在改变着生活在当今的读者人生。

3. 文本中的生命在"迂回"中新生

文本中的生命,即由文字表达的"作家"的活人灵魂,通过阅读传递给了读者,这是一种壮丽的传递,它使文本中的生命在读者的大脑中新生。我们可以试想:多少个世纪之前,一位伟大的被称为"作家"的思考,由文字书写体现出来,内中包含他的智慧和情感;多少个世纪之后,经受了时间的磨砺和空间的摧残,文本仍在,且在"时空隧道"中不时被一些称为"读者"的活人阅读。那位已经逝去千百年"作家"的活人灵魂,透过由文字实现的复杂的神经传递,找到了能够深刻体察"作家"所思所想的读者,实现了伟大的新生。这是人类智慧得以生生不息的伟大的生命信息的传递。那么,这种"壮丽的传递"又是怎样实现的呢?

书本中的语言是恒久不变的,在任何时间和地点都是同样的,其本身传达不了任何东西,传递主要依赖的是读者——"诠释者",读者的角色是让"书写用暗示与阴影来表示的东西"变成明显可见。阅读不是一种像感光纸那样捕获书本的直接过程,而是一种令人眼花缭乱、迷宫般的曲折变化,但又具有个人色彩的演绎过程。这个过程是间接的,书本中作者所写出的内容是通过穿越时空的传递,经过另一个活人的认识、感觉和理解,在大脑中反复琢磨、思考、联想和想象而获得"新生",因此是曲折迂回的。正如《普鲁斯特与乌贼》作者、美国塔夫茨大学阅读与语言研究中心主任玛丽安娜·沃尔夫教授所讲:"阅读正是一种神经上和智能上的迂回行为,文字所提供的直接信息与读者产生的间接且不可预测的思绪,都大大地丰富了阅读活动。"[5]P17 "迂回"这个词来自英国伟大作家狄更斯的颇有名气的诗句:"以迂回的方式道出全部真理",其不仅符合韵味而且又恰巧契合了阅读生理学。

我们可以设想:食物等物质食粮,进入人体,经过胃肠的消化,转化为多种营养而被人体吸收，促成我们身体的发育、成长和健壮；那么，阅读等精神食粮，进入大脑，经过思维，融入我们的思想，促成我们知识、修养的提高和成熟。这两方面，从人生的大道理来讲，都是同等重要的；而且对外界的物质和精神要素，同样都不是直接接受，而是通过自己的消化、吸收，也都以"迂回"的方式，使其转化为人类的肉体和精神，促成人类世代的传承和发展。

如果说人世间男女结合孕育了新的生命，那么在精神世界，读者和作者思维的结合萌动了新的思想，读者和作者心灵的结合化作了新的灵魂。因此阅读是作者的灵魂融入了读者心灵后的"新生"。

综上可见，阅读的传递是作者的智慧和情感，以文字和书本为媒介，历经"时空隧道"的磨砺，得以传到读者，又经过读者第六感觉和思维的"迂回"，得以在读者的精神层面实现了"新生"。也就是说，这种复生，不是复制，不是仿版，而是两种思想水乳交融后生成的一种创造性的新思想。

二、阅读的创造性特质

阅读原理告诉我们，读者通过阅读激活了文本中的生命，这个生命引领读者进入了一个从未踏入过的新的环境和一种新的生活———一个崭新的世界。一切是那样的新鲜和引人入胜，这刺激读者在自己生活经验的基础上产生多种多样发散性的联想，会产生和迸发出千奇百怪的臆想，前所未有的想象。这恰如英国"记忆力之父""思维导图"发明者东尼·博赞所讲："创新需要经历想象的历程，把大脑带入之前所未经过的新领域。这些新的联想会生发新的意识，即人们所说的'创造性突破'。"[5]P82 阅读能够引领我们感受大自然的奥秘、古人的生活和异国他乡的韵味，感知见所未见的奇闻逸事，聆听闻所未闻的奇谈怪论。正如南北战争时期的美国总统林肯用传神的语言对阅读的赞誉："妙就妙在它帮助我们挣脱了时空的重重枷锁，得以与逝者神交，与远方谈心，与未来对话。"阅读是使人类产生联想、迸发想象的最佳活动。联想和想象是创造性的基础。读者在阅读过程中和阅读后的奇思遐想，经过思维的沉淀，将会获得阅读成果——读者阅读后的所思所得。读者通过阅读的理解和吸收，将作者的思想与读者自己的思想相结合，产生了崭新的思想和意识，这就是阅读的创造性成果。

美国心理学专家玛丽安娜·沃尔夫在总结阅读发展的自然史时写道："阅读的发展永不结束，阅读这个永无止境的故事将永远继续下去，将眼睛、舌头、文字和作者带往一个新的世界，在那里鲜活的真相无时无刻不在改变大脑与读者。"[1]P153 持续的阅读将在读者面前展现"一个新的世界"——阅读创造的世界；在这个世界里，阅读创造性的成果即"鲜活的真相"，正时时刻刻在改变着读者的大脑以及相应改变着读者本人。

至此，我们可以导出一个结论：任何正常人阅读后必然会产生新的想法，阅读必然是也只能是创造性的；没有创造性就不能称其为阅读，尽管在创造性的程度上有所差别。阅读使文本的内容进入读者的大脑，经过读者的思考，产生了新的想法——读者大脑创造的想法；否则，没有新想法的阅读就等于是"白读"，即书的内容没有读进大脑中去。为此，教育心理学家对"读者"的含义做了相应的诠释：读者是通过文字转换和创造性来再现文本的意义。这是一个多么简要明了的定义啊！读者是"再现"文本的意义，但不是原样，而是"创造性"地再现。

"阅读不仅反映了大脑超越原有设计结构的潜能，同时也反映了读者超越文本或作者所赋予内容的潜能。"[1]P16 当我们读到一段感兴趣的文字时，大脑系统会整合所有的视觉、听觉、语义、句型等信息，而读者则自动将那段文字与其个人的思想及生活体验联系起来，从而产生各种发散性联想，意识到与那段文字相关的许许多多的情景与内容。进一步，读者对阅读的诠释往往会超越作者的思想，向新的方向思考，产生了超越作者思想的新的想法——作者不曾有的新思想。如果这位读者能够写出自己的新感受，在交流网络无所不在的今天，又会流传并影响更多的人，从而促进了人类知识、思想和意识的发展。

当前，电子革命首先是一场阅读领域的革命。如今人类传递信息早已超越了发音语言本身，超越了时空，而这一切都要归功于人类不同寻常的超感觉——阅读。"现在我们认识到，这种特殊的阅读实际上要求大脑进入紧张状态……这本身就是一种创造活动。读者在阅读过程中让自己的心灵挖掘、塑造白纸或电子屏幕上的超感世界，不但对体验作出反应，而且重新塑造体验。"[6]P316

阅读的这种创造性特质，具体表现在阅读的以下几个方面：阅读因人而异、阅读因地而异和阅读因时而异。

1. 阅读主体——个性化

阅读因人而异。

阅读的一个极其突出的特点是"个人行为"。读者的阅读完全出自个人意向，是随意的，阅读的所思所得存储在个人的大脑中，任何权威和任何压力都是无法改变的。阅读随读者之间的差异，哪怕微小的差异而大相径庭。费希尔说："正如思维一样，阅读是一个仁者见仁、智者见智的过程。"[9]

同一个文本，不同读者的阅读产生不同的意义。巴黎弗洛伊德学派的创始人之一米歇尔.德.塞尔托非常精彩地对比了阅读与书写的不同，认为："后者存储，凝定经久，前者过眼，转瞬即逝。阅读活动，少有留痕。它离散为无穷的独特行为，而且比较任意，不守清规。"[4]P87

阅读的主宰是读者，其可以按自己的所思所想，主观理解、阐释作品，并表述出来。读者心情好的时候读书和心情不好的时候读同一文本，体会大不一样，好像是书的内容变了一样。英国小说家弗吉尼亚·伍尔芙说："如果将一个人阅读《哈姆雷特》的感受逐年记录下来，将最终汇成一部自传。"费希尔则更进一步说："没有任何文本可以对读者发号施令，重要的宗教经文也不例外。读者自己选择如何去反应，如何去思考。阅读的奇迹就在于作者永远不是主宰。在阅读中，读者扮演上帝的角色。"[6]P317

因此，解读同样也都是个人行为，不可能有代表性的具有普遍意义的解读。

2. 空间环境——社会性

阅读因地而异。

世界在改变，社会在不断更迭，这些变化也在改变着每一个社会中的人，即改变着每一位读者。读者变化意味着阅读也将发生相应的变化。阅读具有极其明显的社会性，这是不言而喻的道理。正如费希尔所说："书面文本……它一次次被重新发现或重新认识，因为社会在变化，个人在变化，人们对同一文本的解读不会一成不变。"[6]P318君不见，同样一部文本，在一个社会被誉为经典，而在另一个社会却被打为禁书。不同的地域、不同的民族，对同一文本的解读，差别会很大；即使抛开社会性，生活习俗也会影响对同一文本的阅读理解。这些情况，俯拾皆是。

3. 时间环境——历史性

阅读因时而异。

同一个文本，同一位读者，不同时间的阅读，也产生了不同的结果。文化要素和生理要素的交互作用，使阅读者对文本进行着多方面的和反复的累加认知，其理解力和思维相应会受到所有这些认知的影响。书本中的人物不会改变，但读者对他们的理解却与日俱增，在37岁、57岁或77岁时读到的同一个文本，一定要比在17岁读时理解的多得多。

《阅读史》作者曼古埃尔对此也写出了自身的感受：所有的书籍都在"等着我们的批评和意见"，书籍本身是永久存在的，加上后来读者不间断的批评，"意味着无限的阅读是可能的，彼此相加下去。"[7]P108 在人类历史的长河中，逐步形成了许多经典著作。这些经典既不是作者自封的，也不是哪位权威赐予的；经典著作是作品中的金子，历经风雨的磨砺和摧残，人为的迫害，大浪淘沙，是金子总会发光的。阅读的累加性和历史性成就了"经典著作"。

寓于书籍中的灵魂，经过历史的累积，也在静悄悄地发生着变化，在不断地茁壮成长。"这个灵魂，不但是作者的灵魂，也是曾经读过这本书，与它一起生活、一起做梦的人留下来的灵魂。一本书，每经过一次换手接受新的目光凝视它的每一页，它的灵魂就成长一次，茁壮一次。"[2]P4 这个道理看起来有些难于理解，其实这同经典著作形成的历史进程，是同一个道理。

个人行为的多变性、空间环境的社会性和时间环境的历史性等都具体地展现了阅读的创造性特质；而这些创造性特质是由阅读的原理制约和决定的。

阅读是读者的个人行为，解读千人千样，不可能有标准。因此，《阅读史》作者曼古埃尔认为：解读没有完全所谓"正确的"的东西，也不可能有"最后的话"[7]P108。新西兰史蒂文·费希尔也说了同样的话："我们尊重苏格拉底这样的伟大哲人，但是所谓'正确的'或'权威的'解读并不存在。……没有一种阅读是终极的，读者在每一次阅读中都会重塑自我。"[6]P318

"正确的""权威的"或"最后的"导读和解读并不存在——这是由阅读创造性所引申的必然结果，是由阅读原理决定且历经数千年阅读实践考验出来的至理名言。这样讲并不否认许多导读和解读作品的优秀和伟大，更不是否定它们在漫长的阅读发展历史中的巨大作用。

在人类阅读历史中，确确实实出现了一些经过时间考验的公认较好的和较权威的导读和解读学者和著作。这些作品对人们"读什么"和"怎样读"，具有引领和指导作用；这些著作对于阅读的内容或有详尽的解释和细致的分析，或有合情合理的理解和体会，或者对阅读的内容进行了深入的研究，拥有独到的见解，这一切对后来的读者阅读具有全面的参考价值和深刻的启迪意义。读者人群的文化程度和理解能力参差不齐，所从事和熟悉的专业五花八门，且至今出版的人类精神作品何止千万种，这就更需要导读和解读的引领和指导，这也是图书馆阅读推广工作的意义所在。

但是，遵循阅读原理，精神食粮也必须依靠每个人的摄入和吸收，阅读的创造性是具体的体现在每个人阅读后的思考结果。因此，对于阅读来讲，读原著是必须的，并且要坚定不移地坚持！原著的解读具有重要的参考意义，但绝对不能够代替读原著。要知道，当读者希望解读者能够给予阅读的答案时，他给予的只能是他自己的思考，其再优秀，总是别人嚼过的馍。吃别人嚼过的馍不仅不香，还可能变味，读者自己永远尝不到原著的原汁原味，必将永别阅读的创造性。

积极开展阅读推广，通过导读引领读者读原著，特别是读经典作品的原著；在此基础上阅读解读作品，请专家讲解，扩展读者的知识面和提高理解水平，这些都是非常必要的。但是，阅读毕竟是个人行为，具体地有针对性地启发每位读者阅读的主动性和积极性，这才是阅读推广的症结所在。造声势、表面化的阅读推广活动，有一定作用，却永远解决不了阅读"最后一公里"的根本性问题。

参考文献：

[1] 玛丽安娜·沃尔夫.普鲁斯特与乌贼：阅读如何改变我们的思维[M].王惟芬，杨仕音，译.北京：中国人民大学出版社，2012.

[2] 卡洛斯·萨丰.风之影[M].范湲，译.北京：人民文学出版社，2006.

[3] 琳莎·施瓦茨.读书毁了我[M].李斯，译.北京：光明日报出版社，2000.

[4] 罗杰·夏蒂埃.书籍的秩序[M].吴泓缈，张璐，译.北京：商务印书馆，2013.

[5] 东尼·博赞.启动大脑[M].丁叶然，译.北京：中信出版社，2009.

[6] 史蒂文·罗杰·费希尔.阅读的历史[M].李瑞林，译.北京：商务印书馆，2009.

[7] 阿尔维托·曼古埃尔.阅读史[M].吴昌杰，译.北京：商务印书馆，2002.

第四部分
应用篇

 远古神话——民族之根、国民之魂

沈迪飞

从盘古开天地到三皇五帝，中国远古神话是中华文化的基因。我们的民族是一个博大坚忍、自强不息、富于创造和希望的民族，祖先伟大的立人立己精神值得作为后代子孙的我们学习和发扬。因为有祖先传承下来的伟大精神，我们中华民族才能成就为世界上唯一一个从古至今绵延五千年持续不息的文明古国。每当我们高唱民族的赞歌——《黄河颂》《龙的传人》时，无不为之热血沸腾、热泪盈眶。对此，哲学诠释学使我理解，那是因为华夏祖先们的基因在我们后代子孙的身体中凝聚成了血脉，产生了共鸣，那是先人们给我们后人遗传的潜意识和"前意识"，是从中华民族远古神话筑就了的民族的性格和特质。远古神话是我们的民族之根、国民之魂！英国最负盛名的宗教评论家之凯伦·阿姆斯特朗，在其著作《神的历史》中指出："神祇的神圣世界——诚如神话中所详述的——并非只是人们应该向往的理想，而是人类自身存在的原型，我们处于天国下方世界的生命，就是依照这个原始的形态而模铸的。"

一、什么是神话

1. 神话的定义和基本特征

西方诠释学起源于对古代经典的诠释，特别是对于远古神话、《荷马史诗》和《圣经·旧约》的诠释。对于"神话"的定义，鲁迅先生在《中国小说史略》（1920年版）中写道："昔者初民，见天地万物，变异不常，其诸现象，又出于人力所能之上，则自造众说以解释之；凡所解释，今谓之神话。""更加严格地来说，以神格为中心之某种说话叫做神话。""神格"是鲁迅先生从日文借用来的，

意思是"神的地位",即"神话是以神为中心的古代传说",偏重于"神的故事"。

从上述论述可见,神话必须同时具备以下三个基本特征:

(1)必须是人类演化初期、远古族群的人们集体创造并流传下来的故事。据此,嫦娥奔月、上帝伊甸园造人等是神话,英文为"myth"(神话),而非"legend"(传说)。

(2)神话必须是单一的事件。为此,那些以"从前、从前……"开头的"民间故事"也不能算是"神话"。神话必须是一个拥有特定场所、特定时间(即使两者都没有说得很明确),并且是叙述一个特定人物(或神佛)的故事。

(3)述说神话的承传者一定得对所述说的内容信以为真。

远古神话是史前人类对所经历的自然界或社会的解释和说明,以及征服自然或社会的愿望,是他们还没有能力对自然和社会现象作出合理解释的时代的精神产物。

2. 神话的起源和发展

人必然诞生于有相同血缘关系的某个社会群体之中。在原始社会,这种以相同的血缘关系结合起来的人类社会群体就是氏族,其成员出自一个共同的祖先。氏族大约产生于旧石器时代中、晚期。他们往往用一种动物或植物作为本氏族的图腾标记,形成图腾崇拜。图腾崇拜与图腾文化在世界文化史上占有重要地位。远古神话就源起于原始社会的氏族图腾崇拜。最早的神话是图腾神话,它是一种图腾的解释系统。狭义的图腾专指远古时代的民族崇拜物或民族标志;但图腾作为一种思想意识或文化形象,不仅古代有,现今社会也依然存在。现在世界各民族与国家几乎都有自己的图腾,他们是历史的继承和发展。如果把图腾的内涵加以延伸,现今世界许多国家的国旗、国徽上的图案,很多国际运动会、博览会等,均使用吉祥物,这都与古代的图腾崇拜意识有着密切的关系。

原始人类对自然现象和自然物不了解,认为图腾是上天的神,并崇拜之。我国的"龙"图腾崇拜,其实是许多氏族图腾的整合。原始社会中每个氏族或部落的图腾崇拜都不一样,有的崇拜"鱼",有的崇拜"鸟",诸如此类,不胜枚举。部落之间的混战与吞并也时有发生,这就形成了民族的融合,相应地必然要求图腾随之整合,于是变成了现在相似于多种动物的"龙"。龙的形象是逐步形成的,晚期发展而来的龙的形象最基本的特点是"九似",即"角似鹿,头似驼,眼似兔,项似蛇,腹似蜃,鳞似鱼,爪似鹰,掌似虎,耳似牛"(择自宋人罗愿为尔雅所作的补充《尔雅翼》)。传说龙能显能隐,能细能巨,能短能长,春分登天,秋分潜渊，呼风唤雨。作为图腾的"龙"，展示了中华多民族的逐步融合和一统。鹰崇拜广泛存在于古代许多民族中，它是古埃及法老时代王室的象征。草原游牧民族尤崇拜鹰，将最剽悍的骑手称为"草原雄鹰"。满族、蒙古族、赫哲族、鄂温克族、哈萨克族或是国外的古罗马帝国都有神鹰崇拜，但鹰崇拜最具规模的是第二次世界大战时期德国纳粹党，纳粹党又被称为纳粹鹰。

就所知的希腊神话发展史，神话来之于"神化"，最直观的就是对自然现象的拟人化与神化。在希腊赫西俄德的《神谱》中，最初的神祇都是自然现象，大地、天空、星辰、河海等均被赋予神性，演化为人格化的神灵。神话产生在生产力和人们的认识能力都十分低下的原始时代。那时人们的意识开始发展，但思维能力极其简单。原始人对自然界、自然现象和人类自身无法进行科学的理解和解释，只能凭借自己狭隘的生活体验加以想象和幻想。他们认为自然界也像人一样有意志、有性格、有感情，"万物有灵"，日、月、风、雨、雷等能力不同，性情各异，能够决定人的生死甚至人的命运，令人生畏。在没有文字的时代，对这些神奇原因的解释口口相传，正如鲁迅先生所说，"凡所解释，今谓之神话"。实际上原始人在不自觉地进行着口头的神话创作，并以不同的版本在氏族中世世代代流传下去，可以说图腾崇拜成就了神话的源起。

人们要解释宇宙万物和社会的起源，便幻想出混沌宇宙、盘古开天辟地、降妖除兽、帝王现身等，形成了开辟宇宙、人类起源、三皇五帝的神话。人们要解释日月西行、江河东去的现象，便幻想出"共工头触不周山""天柱折，地维绝""天倾西北""地不满东南"的故事。从这些神话故事可以看到原始人对周围世界及其自身的幼稚的认识和虚妄的想象，当然，也可以理解这正是原始人对其周围世界和他们自身的奥秘的某些探索。原始人所创造的这些神及其种种威力，只不过是还没有被人们认识的各种自然力在人们头脑中所引起的幼稚的幻想而已，是原始人通过幻想把各种各样的自然力加以形象化、人格化的产物。对此，马克思在《政治经济学批判》曾作过精彩的阐释："任何神话都是用想象和借助想象以征服自然力，支配自然力，把自然力加以形象化；因而，随着这些自然力的实际被支配，神话也就消失了。"神话是"通过人的幻想，用一种不自觉的艺术方式加工过的自然和社会形式本身"。因此，神话可以说是人类早期的不自觉的艺术创作。

中国神话学会主席袁珂先生的广义神话学观念拓展了神话的空间。他指出："在混沌状态综合体中和宗教结合紧密具有原始性的神话，一般可称之为狭义神话；从混沌状态综合体中脱离出来，走向神话本身固有的文学因素的文学道路以后，我们就可称之为广义神话了。"他认为，广义神话自原始神话以后，沿着两个方向演进：一是文学化，成为神话小说和有神话意味的说唱文学；二是与宗教和民俗相结合，成为仙话中的神话和民间神话故事。是的，远古神话沿着这两个方向发展至今，枝叶繁茂，相应神话史也一直写到了近现代。

3. 神话的类型

中国远古神话，如盘古开天地、夸父逐日、尧舜禅位、刑天舞干戚、伏羲发明八卦、炎黄之战、仓颉造字、八仙过海等，不仅丰富，而且多姿多彩。大禹治水、精卫填海、女娲炼石补天等神话反映了古代劳动人民改天换地的不屈不挠的奋斗精神；牛郎织女、月下老人、巫山神女等则表现了人民群众对自由幸福生活的向往；愚公移山、神农尝百草、劈山救母等可看到中华民族勤劳、善良、勇敢、执着的传统美德；盘古开天辟地、女娲造人、燧人钻木取火等神话，反映出古代劳动人民对天地玄黄、宇宙洪荒和人类起源的朴素解释。

神话大致分为七种类型：创世神话、英雄神话、始祖神话、自然神话、图腾神话、宗教神话和传奇神话。另有划分为五种类型：创世神话、始祖神话、洪水神话、战争神话和发明创造神话。希腊神话一般可分为三种类型：开辟神话、自然神话和英雄神话。

世界各国的创世神话有很多。比如我国的盘古开天辟地和女娲补天等，古巴比伦的神话史诗《埃努玛·埃立什》和古埃及赫里奥波里斯的太阳神神话等，这些都汇集了中国人、苏美尔人和古埃及人的创世思想。日本伊邪那岐命与伊邪那美命结缘神话，创造出一片苇原国土，一个相对于高天原和黄泉国而存在的人间世界。每个国家的神话故事都和这个国家的文化相联系，都是古代人民关于世界和人是从什么地方而来的思考和智慧的结晶。

中国古代的英雄神话反映先民自我意识的新觉醒，朦胧意识到自身成为世界的中心、宇宙的主人，其中主人多是半人半神或受神力支持的"英雄"。这类神话数量较多且极为壮观，如：鲧禹治水，鲧治洪水献出生命，禹继父业历尽艰辛，终于大功告成。它不像《圣经》所记，人类面临洪水浩劫，靠上帝恩赐的诺亚方舟才侥幸存活，而是强调同自然作斗争的英雄精神与夺取胜利的坚定信念。又如后羿射日。弈和鲧一样也是半人半神的英雄，是射技非凡的弓箭手。弓箭的发明，标志着人类社会进入蒙昧时代高级阶段。黄帝大战蚩尤并胜之，反映了氏族社会中原部落与南方部落之间的战争，描述了战争中的英雄。这类神话以男性英雄为中心，表明其产生于父系氏族社会。燧人氏发现钻木能取火，可以靠人力随时随地制造火；古希腊英雄普罗米修斯为人类而到天上盗取了火种，为纪念这位英雄，古代奥运会采取了点燃圣火的仪式，一直流传至今。

希腊英雄神话中的至上神宙斯，主管天空，因其掌握雷电，所以又被称为雷神，在母亲瑞亚的支持下，他成为第三代神王。阿喀琉斯是特洛伊战争中希腊军的杰出战士，因为小时候他的母亲忒提斯曾经将他浸泡在冥河里，几乎刀枪不入。绮色佳岛统治者奥德修斯是特洛伊战争中希腊杰出战士之一，特洛伊木马便出自他的计谋，在取得大胜之后，他便展开十年的返乡之旅，这构成了《荷马史诗·奥德赛》的主要内容。

上述仅仅介绍创世神话和英雄神话，其他类型神话中的神祇和英雄可由阅读而知之。

二、神的谱系

1. 神话典籍

我国神话典籍众多，包括神话、神话故事、神谱、神话小说和神怪小说等，历史悠久，门类庞杂，数量极多。

神话、神话故事比较完整的是先秦古籍《山海经》、西汉宗室淮南王刘安招募宾客编著的《淮南子》和东晋初年史学家干宝编撰的《搜神记》。在经典著作中也包含各种各样的神话，如《尚书》《庄子》《列子》《楚辞》《天问》《太平广记》《白虎通》《世经》《春秋繁露》《吕氏春秋》等。《三教源流搜神大全》《造神史话》《中国民间神话故事》《神仙传》《八仙传》等都是专话神仙的故事集。中国古代四大神怪小说是指《封神演义》《镜花缘》《聊斋志异》和《济公传》，其他神话小说有《西游记》《阅微草堂笔记》《何典》《齐谐》《穆天子传》《汉武内传》《上古神话演义》《神仙传》等，不一而足。

我国神谱类典籍有《中国神谱大全》《历代神仙通鉴》《中国神仙排行榜》《封神榜》《中国道教神谱》《中国道教诸神》《中国佛教诸神》等。中国历史悠久，是个富有造神传统的国度，其时间之久远，数量之众多，门类之齐全，令人叹为观止。《中国神谱大全》登录有道教三千六百位神仙。《中国佛教诸神》中栩栩如生的佛、菩萨、罗汉、护法神，六百余幅珍贵图片，立体呈现了中国的佛神世界。

2. 神的谱系——古希腊神谱

远古神话是具有普遍性的。凡人类起源的地方，就必然有被原始人类人格化的崇拜对象——图腾，每个氏族都有图腾，也就有其相应的神话。在历史的持续发展中，各个民族还为其神话中的神，创建了神的家谱。神话典籍是神的谱系的基础。

在古希腊，公元前8世纪—前7世纪，社会已进入文明时期，作为氏族社会精神产物的神话至此已基本定型。但由于希腊居民在古代曾发生过多次的迁移，除各部落氏族自己创造的神话而外，又继承了克里特、迈锡尼的遗产，并在和先进的东方接触中改造吸收了埃及和西亚的神话。因此希腊神话这时呈现出了纷繁多彩的现象。不同的神往往具有相同的职能和相同的故事，同一个神在不同的地区又会有不同的职能和不同的故事。古希腊诗人、"希腊教训诗之父"赫西俄德所著的《神谱》和《工作与时日》，以奥林波斯神系为归宿，把诸神纳入了一个单一的世系，完成了希腊神话的统一。《神谱》中关于宇宙的起源说，与老子《道德经》中的说法有些类似："有物混成，先天地生。寂兮寥兮，独立而不改，周行而不殆，可以为天下母。"

古希腊神话跟中国开天辟地的传说相似。在宇宙之初，混沌一片，混沌生了大地和女性神盖娅。作为第一代神王和众神之母的盖娅，创造了天空，就有了天神、男性神乌拉诺斯；创造了海洋，就有了海神彭透斯；创造了山脉，就有了山神乌瑞亚。

盖娅跟儿子天神乌拉诺斯结合生了六男六女，即以第二代神王克洛诺斯为代表的十二提坦神。第二代神王克洛诺斯与他的姐姐瑞亚结合，产生了后来众多出名的子女，开启了第三代神王宙斯的时代。第三代神王也就是最后奥林匹斯选出来以宙斯为首的十二主神：宙斯，掌管天界，第三任天神；赫拉，天后，即是宙斯的妻子也是姐姐，婚姻的保护神；波塞冬，宙斯的兄弟，掌管大海；德墨忒尔，农业女神，也是宙斯的姐姐；赫斯提亚，被称为处女之神，主管家庭事务，是灶神和健康之神；阿瑞斯，宙斯跟赫拉的儿子，被称为战神；雅典娜，宙斯的女儿，从宙斯的脑袋里产生的，也是智慧女神和女战神；阿波罗，太阳神，是宙斯和勒托之子，经常驾驶一辆马车穿梭于空中；阿佛洛狄忒，从海中的泡沫里产生，被称为爱、美和欲望之神；赫尔墨斯，宙斯跟迈亚的儿子，众神之中脚力最快的，是宙斯的传旨者和信使，还有一个身份是引导亡灵去冥界；阿尔忒弥斯，跟阿波罗是兄妹，即是美丽的女猎神及月神，也是青年人的保护神；郝淮斯托斯，火和锻造之神，铁匠和织布工的保护神。

3. 神的谱系——中国神谱

中国神谱分成上古、道教和佛教三大体系，彼此又相互联系。

（1）中华上古神谱

谈到上古神，首先要谈到的就是大家都知道但又不很清楚的混沌。混沌是指宇宙形成前之气、形、质三者浑然一体而未分离的迷蒙状态，是古代时空观念中的一个阶段，处于"先天五太"中的第四太——"太素"之后。（《列子·天瑞篇》）其图式为：太易→太初→太始→太素→混沌→天地→万物。中国古代有关混沌的神话，最著名的莫过于盘古于混沌中开天辟地："天地混沌如鸡子，盘古生其中。万八千岁，天地开辟，阳清为天，阴浊为地。……后乃有三皇。"（三国·吴·徐整《三五历纪》）"自从盘古开天地，三皇五帝到如今"，这是毛主席在1935年遵义会议上总结长征的一段话的开头。在最远古时代，我们国家历经了混沌盘古时代、上古三皇时代和中古五帝时代。上古三皇时代又有初中后各三皇，初三皇和中三皇就不提了，后三皇是燧人氏、伏羲氏和神农氏。中古五帝是黄帝、颛顼、帝喾、帝尧、帝舜。天皇，位列三皇之首；黄帝，位列五帝之首，并被尊为中华"人文始祖"。

（2）道教神谱

神仙，是道教基本信仰"道"的形象化体现，得道成仙是道士修行的目标和最后归宿。中国道教神仙产生于宇宙诞生之初，第一位是创始元灵。他有四大弟子：鸿钧老祖、混鲲祖师、女娲娘娘和陆压道君。鸿钧老祖收有三大弟子：太上老君、元始天尊和通天教主。太上老君就是著《道德经》的老子，是鸿钧老祖的大弟子，太上老君的唯一弟子是玄都大法师。元始天尊是鸿钧老祖的二弟子，也就是"盘古开天地"中的盘古，后世凡人感其开天辟地之功，皆尊盘古为元始天尊。

《中国道教神谱》奉老子为教祖，尊为"太上道祖"。教祖以下是从三清（玉清、上清、太清）天尊，即元始天尊、灵宝天尊、道德天尊，再以下则是太阳帝君、太阴元君等。

道教是敬天法祖的多神崇拜宗教，道教崇奉的神灵种类繁多，且说法不一。另外，道教还按照人间的秩序创造了天庭及其皇帝玉皇大帝和一系列官员，吸收了佛教地狱和海中世界的概念，作为天庭的附属，也创造了阎罗殿和水晶宫的一系列神仙官员，再加上地方神仙系列，如四值功曹、山神、城隍、土地、灶王等。道教还收录了中国古代神话中的西王母、八仙等作为天庭秩序之外的"散仙"。所以道教的神仙众多，还随时可以吸收地方百姓创造的任何神仙以及崇拜的名人，如妈祖、关帝（关羽）等都可以纳入道教的神仙系统。但一般宫观只供奉三清神像，其他的神可以建立自己的庙宇。

明代小说家许仲琳据之写出了长篇神怪小说《封神演义》，原著中提及昆仑十二仙，还有一套封神榜。封神名单是由太上老君、元始天尊和通天教主三神拟定，从修真界和人界选出三百六十五位八部神，依各自的根行进行册封。元始天尊的弟子姜子牙名尚，历经20多年挂帅伐纣，成功之后，奉师傅之命，下山执行封神行动。神仙们都归玉帝管，各司其职，维护三界的秩序。历史上确有姜子牙其人，被周武王分封于齐，是齐文化的奠基者，亦是中国古代的一位杰出的韬略家、军事家和政治家，并被诸家尊为"百家宗师"。

（3）佛教神谱

公历纪元前后，印度佛教逐步传入中国，经长期传播发展，而形成具有中国民族特色的中国佛教。由于传入的时间、途径、地区和民族文化、社会历史背景的不同，中国佛教形成三大系，即汉传佛教（汉语系）、藏传佛教（藏语系）和云南地区上座部佛教（巴利语系）。中国佛教的特色就是大、小乘并存，显（宗）密（宗）同在。严格地说，佛教起始于尼泊尔，发展在中国，又远传于日本、韩国。而佛教在印度本土由于受到印度教及后来传入印度的伊斯兰教的排挤，约在公元13世纪时期在印度本土消失。而保留并发展佛教的中国就成了当今世界佛教的真正故乡。佛教有经、律、论三藏，经是佛教教义的基本依据；律是佛教组织为教徒制定的纪律或行为规范；论是对经、律的解释或阐述。

《中国佛教诸神》描述了中国佛教神祇文化。佛、菩萨、罗汉与护法神是佛教诸神中的主神。佛教四大菩萨（观音、文殊、普贤、地藏），佛陀十大弟子，净宗十三祖师，五百罗汉和许多护法神等，共同构成了佛教的神祇世界。此外佛有横三世佛即三方佛（指西方极乐世界阿弥陀佛，中央婆婆世界的释迦牟尼，东方琉璃世界的药师佛），竖三世佛（指过去佛燃灯古佛、现在佛释迦牟尼和未来佛弥勒佛），三身佛（指自性身、受用身和变化身）和西方三圣（指观世音菩萨和大势至菩萨在西方极乐世界共同辅佐阿弥陀佛）等。

三、从神性到理性

1. 人神融合共处的远古世界

神话往往借助想象和幻想把自然力和客观世界拟人化，相应，神话中的神往往是人格化的。鲁迅先生在《中国小说史略》(1920年版)写道:"迨神话演进,则为中枢者渐近于人性,凡所叙述,今谓之传说。传说之所道,或为神性之人,或为古英雄,其奇才异能神勇为凡人所不及……"。对于人来说,这种渗透了人性的神显然更有魅力,它的历史也充满了激情。正因如此,希腊神话在历史上不断被搬上舞台,甚至在今天仍拥有大量的读者。

在神话中,远古世界的人和神是融合共处于一个世界的。希腊神话的诸神游戏于天界和人间,每个神祇都有许多有趣的传说,其间的关系也如同凡人一样。诸神们也有着与人同样的喜怒哀乐,七情六欲,如跟凡人的恋情。诸神凭着自己的喜好卷入了特洛伊战争,他们也不是神圣不可侵犯的。当女神阿芙罗底忒现身战场救援她的儿子埃内阿斯时,甚至被狄俄墨得斯所伤。有权势者如天后赫拉也不能幸免,被半人半神的英雄赫拉克勒斯"用一枚有三个倒钩的利箭"射中右胸,伤痛钻心。即便是至上神宙斯,也会为私情所动。《新约》中记载了耶稣降生于人世间,为人类治疗各种不治之症,使饥饿的人得以饱餐;他的心是无比宽容的,甚至告诫人们要爱仇敌。但在世俗界,他的至善却给他带来了诸多不幸,最后的结局竟然是被捕、被审判、被处以极刑。

在中国佛教界,高于人类的"四圣"与"诸天"当然属于佛教诸神的范畴,但人类只要做出超凡的业绩,也能被允许进入佛教诸神的行列。因此,佛教神谱是从修真界和人界选出三百六十五位八部神。道教也是如此,姜太公本是个凡人,因其作为元始天尊的弟子并讨伐殷纣有功,而能够奉师命担任封神者,并且封神后能凌厉霸气地高声宣布:姜太公在此,诸神退位。为人类做出贡献的杰出人物,也会进入神界,如关羽和妈祖。

神的世界和人的世界从融合到分离,是因为管理人界的神,干起了危害神界和人类的事情。为此,以盘古"大龙大凤"为首的老神们,开会决定将"神界"和"人界"分开,"神界"搬到高空居住,并制定"天规地法",以保护人类的安居和发展。宙斯在这里成了公道、正义和最高法律的化身,对一切违反法律的恶神和恶人都给予应有的惩罚。公平、正直和正义成为世人的共识,这超越了神意,是人类的一种理性思维。理性直接呼应了古希腊哲学,成为理解古希腊哲学的基础这是人类的一个巨大进步。

2. 从神迹到智慧

我们今天所谈论的西方诠释学,同古希腊神话有着深厚的渊源。古希腊紧邻地中海和爱琴海,所以古希腊文明又称海洋文明,是西方文明的源头,其时间从公元前800年到公元前146年持续了约650年。古希腊文明发祥于克里特岛，后来文明中心移至希腊半岛，出现迈锡尼文明。克里特岛文明与迈锡尼文明合称古希腊文明。公元前4世纪下半叶，马其顿的亚历山大大帝征服了整个希腊，并在帝国扩张的过程中将希腊文明传播至东方，史称希腊化时代（从公元前323年亚历山大大帝逝世到公元前30年罗马征服托勒密王朝为止）。在希腊化时代，以亚历山大大帝开辟的亚历山大城为中心，展开了对古代经典的翻译、整理工作。这是一项艰难而又规模宏大、旷日持久的工程，吸引了当时的众多学者。

这项工作在理性层面上推动了两个研究领域的发展：

（1）语言学研究

古希腊神话在长期的流传过程中产生了诸多不同的版本，其所用不同方言也有异于当时通行的语言，这对于亚历山大时代的学者来说，显然具有陌生性。人们在翻译、修订时所遇到的困难很多，但由此也积累了丰富的语言知识。只有在这时，才能从理论的高度来把握语言现象，形成系统的语言学。博学的亚里士多德（前384—前322）的《诠释篇》为此做出了不可磨灭的贡献，该书对语词的类别、定义、命题、逻辑推论的格式，作出了经典性的说明，毋庸置疑地成为语言学的真正发源地。语言和智慧是相通的，学者们的语言研究也必然会开启民智。《圣经·哥林多前书》之言真实地反映出了这一点："犹太人要的是神迹，希腊人追求的是智慧。"另一方面是对神的语言的理解，赫尔墨斯对于神的话语之翻译和诠释起到了沟通的作用。可见，即便是对于神的语言的理解，也是通过人的语言来实现的，换言之，"属灵的话"终究要转换成"人智慧所指教的言语"才能被理解。因此，所有的问题都最终归结为对人的语言之理解。

（2）对神的信念之反思

"神是否存在"这一问题在古希腊时代是不成问题的，虽信仰不同但却没有分歧。那时的宗教信仰绝非个人之事，人们相信民族的存亡兴衰皆取决于神的态度，而神的态度则取决于人们对它们的态度。在那时，"无神论"必然会引起神的愤怒而殃及整个民族和城邦，无异于社会公敌。但从希腊化时代起，由于已经逐步开启的民智而大不相同了，"神是否存在？"成了首要问题。为此，神的存在需要有合理性的证明。在希腊化时代之前，神的存在之证明途径是神所显示的"神迹"，"只能借着奇事、异能等"神迹，作为显出神的存在的"凭据"。这些神迹不需要人们去理解，只需要顺从，而其神奇无比的威慑力又使人不得不屈服。但到了希腊化时代，理性崛起，民智大开，单凭神迹显然已不足以服众，人们更需要对信仰的合理解释。这就需要对经典进行理性的反思，特别是需要智慧。在《圣经·新约》的篇章中已经出现有这样一些显示证明的"凭据"，从《圣经·旧约》到《圣经·新约》，"上帝的存在"已经从不言而喻的事到需要拿出"凭据"的证明了。这一事实说明了"犹太人要的是神迹"之《旧约》到"希腊人追求的是智慧"之《新约》的巨大变化。有人认为，《新约》乃以一种"非理性的方式（以神迹为凭据）来满足人们理性证明"的要求，虽然其理性的成分依然是相当微弱的。从神迹到智慧，从信仰到理性，信仰是原初民族精神生活的最高形式，理性则是现代人精神生活的最高形式。

3. 从神性到理性

古希腊自然哲学一开始便以寻求世界的本原为其主课题，这和《神谱》中追述诸神的起源有着明显的联系。在柏拉图时代，神的存在还是确定无疑的，他更感兴趣的是对神的存在提供证明。此一证明出发的基点就是"灵魂不死"的观念。显然，唯有灵魂不死，信仰以及一切精神世界的构造才能获得其永恒的意义和价值。柏拉图用一个人死了但灵魂不死的寓意深长的故事，向人们传达了一系列重要的信息：灵魂是不朽的，外在的躯体之生灭只是灵魂住所的更换，其方法就是"重新投生"；灵魂在"投生"之前要面临公正的审判，神将严厉地惩恶扬善；此后要面对的就是选择，这一选择将决定灵魂投生后的去向，这意味着"自己的命运不是神决定的，而是自己决定的"，受惩罚的责任完全要由自己承担。

为了让人们相信"灵魂不死"，柏拉图并未采用宗教神学中惯用的表达方式，即以宣布神意的口吻来颁布具有强制性的信条，而是劝说人们运用智慧作出明智的选择："如果我们相信它，它就能救助我们。"只有灵魂不朽，我们才有希望在世上活着的某个时候领悟善的理念。在柏拉图那里，最重要的问题不是断定神的存在，而是要使人们明白，相信神的存在和灵魂不死对人是有益的，作出这样的选择是明智的。在这个意义上，他的神话叙事，实际是在阐明人生之哲理，是通过智慧而达到对人生的理性反思。

亚里士多德对神的理解与柏拉图实为异曲同工，不过更进了一步，"神"进入了科学界。他认为，关于神的知识乃是某种科学知识："显然有三种（理论的）科学：物理学、数学、神学。理论科学是所有科学中最高的种类。在它们中间，神学又是最高的：因为它论述的是所有存在者中最崇高的东西。"（《形而上学》222页）这个最崇高的东西即作为最后的本原性的东西，被称为"神"的理性。它自身不动（永恒）而推动万事万物运动变化，因此是"最高的"，是一切运动变化最根本的原因。"理性是最具有神性的东西,它思考着最神圣与最高贵的东西而自身却不变。"(《形而上学》263页)由此出发,我们就不难理解亚里士多德对神话的解说:"我们远古的祖先以为天体是诸神,神性的东西环拥着整个自然。他们将此以神话的方式传于后世之传说中。"(《形而上学》262—263页)由于"天"位于运动者序列的最高层,故能够使之运动的必然是无形无相、不可感知、自身不动而推动万物的原动者,是神,是最高的实体,也就是理性。综上所述,亚里士多德无疑将神视为一种纯粹的理性,神是理性的行为本身。他所沉思的正是自己,因此既是思维的主体又是其客体。

柏拉图与亚里士多德的理性神学理论是希腊理性主义神论的一个缩影。在这里,我们清楚地看到了对于神的理解从神迹到智慧的转化,这一转化对后世神学产生了重大影响。神话思维作为人类诞生初期的基本思维模式,把领悟神和上帝的旨意作为自身的基本任务,强调神迹和信仰在理解和解释中的必要性和不可或缺性;但伴随着人类理性思维的发展,人类思维也经历着一种去神话化和科学化的过程。亚里士多德的逻辑学开启了科学思维的道路,经文艺复兴、宗教改革运动以及诠释学家施莱尔马赫和狄尔泰等学者们的不断努力,完成了人类思维的去神话化过程。实际上,希腊神话中的神谱已被消解,希腊哲人似乎并不关心神是否存在,所存留的只是神的名称,其至上神就是理性和科学。

五、远古神话是民族之根、文化之本、文明之源、国民之魂

1. 神话的意义

(1)历史意义

第一,《神的历史》作者英国凯伦·阿姆斯特朗说得非常好:"神祇的神圣世界——诚如神话中所详述的——并非只是人们应该向往的理想,而是人类自身存在的原型,我们处于天国下方世界的生命,就是依照这个原始的形态而模铸的。"(《神的历史》15页)神话,特别是远古神话,描述的是人类自身存在的"原始的形态",即人类历史存在的本来面目。创世神话涉及世界是怎么来的,人是怎么来的这两大基本内容。在这个意义上,《神谱》是双重意义上的"历史",它描述了诸神的起源与谱系,同时也勾勒和描述了被神化了的人类起源与发展。

第二,远古神话是初民"自身存在的原型",因此它蕴涵了初民真实的社会和制度,人与人之间的关系以及社会是怎么样逐步发展的。

第三，远古神话是初民们生活和活动的真实写照，是研究人类早期的生活、婚姻家庭关系、原始宗教、风俗习惯等重要的文献资源，具有丰富的历史价值。

理解到这三点是重要的，因为所有的神话，只有当它折射出创造它的那个时代、民族发展史、历史的重大事件时，才具有意义，这就是远古神话和现代神话的根本区别。远古神话是初民对其所信的东西之描述，因此它蕴涵了初民真实的世界，而现代神话则是人们出于现实目的的纯粹虚构。正因如此，人们才将荷马的诗作称为"史诗"。这可以用一句话来概括：远古神话既是现实的，也是历史的。

不仅如此，这些远古神话还蕴含着令人神思遐想的历史内涵，对历史和考古研究具有启迪、提示等潜移默化的作用。如，近年中国"玉文化"的发现就受此提醒，使我国历史学家提出了大传统（无文字的文化）的概念，区别于小传统（有文字记录的文化），即指时间上先于文字的史前时代。这一大传统概念将中华古文明的起源时间推到了一万年前，比传统文献所记载的华夏五千年多出了一倍时间。按哲学诠释学的视域融合原理，远古神话随着时间的推移和原始社会的变化，效果历史意识与现实的图景相融合，促使不断演化出新的图景。如《神谱》将盖娅置于第二代神王乌拉诺斯之前而作为第一代神王，很可能是出于母系社会的模糊记忆。《神谱》中的至上神并不是最古老的神，而是第三代神王宙斯；让人感觉这样的描述不是随意的，而可能反映了一个历史实在，即在那个时代，父权与君权已经确立。《神谱》描写的是宇宙和神的诞生，讲述从地神盖娅诞生一直到奥林匹亚诸神统治世界这段时间的历史，反映了母系社会向父系社会过渡的历程。同样，在女人绝对依附于男人的男权时代，远古神话中也反映了那残酷的图景：在《圣经》中是上帝取出亚当的一根肋骨造成夏娃，因此女人绝对依附于男人；作为女人和妻子的潘多拉是宙斯创造出来送给普罗米修斯的弟弟埃庇米修斯的礼物，将女人看作是人类罪恶和灾难之源，装着灾难、瘟疫和祸害的潘多拉盒子给人类带来了"一万种不幸"；夏娃唆使亚当偷食禁果，终被上帝逐出伊甸园。

（2）英雄崇拜

上古神话中有相当多的描写英雄神的故事，这在神话中是普遍存在的，这些英雄神的产生是原始人幻想的产物。当时，由于生产力的低下，人们无法战胜强大的自然力给人们带来的各种灾害，于是人们就幻想、创造出具有超人能力的英雄神。这些英雄神既是率领他们去战胜自然和征服自然的领袖，也是他们的保护者和朋友。事实上，这些在人们想象和幻想中产生的英雄神，往往就是本部族中出现过的某些智慧和才能出众的曾率领本部族人创造过英雄业绩的一些人物。鲁迅先生在《中国小说史略》（1920年版）中写道："神话大抵以一'神格'为中枢，……迨神话演进，则为中枢者渐近于人性，凡所叙述，今谓之传说。传说之所道，或为神性之人，或为古英雄，其奇才异能神勇为凡人所不及……"。

（3）文学意义

第一，神话本身就是文学的一种，且是口头吟诵流传最古老的文学，以浪漫主义描绘了丰富多彩而优美的神话世界，歌颂了可歌可泣的原始人类英雄的故事。它开创了人类文学和美学的历史。

第二，中国神话学会主席袁珂先生的广义神话学观念拓展了远古神话的空间。他指出，广义神话自原始神话以后，沿着文学化和神话史两个方向演进，文学化使神话发展成为神话小说和神话的说唱文学。

第三，神话的内容和各种神话人物对历代文学创作及各民族史诗的形成具有多方面的影响。特别是它丰富奔放、瑰奇多彩的想象和对自然事物形象化的幻想，与后代作家的艺术虚构及浪漫主义创作方法的形成都有直接的渊源关系。丰富多彩的神话作品，成为后世文学创作取之不尽、用之不竭的题材源泉。如，屈原的楚辞、庄子散文、李白诗歌，明代小说《西游记》《封神演义》以及毛主席的《愚公移山》《蝶恋花·答李淑一》和《七律·答友人》等。

第四，远古神话影响后世的文学发展。神话开创的为人生的主题、艺术规则为后世文学发展提示了方向。神话富于情感、富于形象、富于想象力的特征，也极大地影响着后世文学的发展。

（4）学术意义

《神谱》对希腊自然哲学的产生和发展有着直接的影响。古希腊自然哲学一开始便以寻求世界的本原为其主课题，这和《神谱》中追述诸神的起源有着明显的联系。希腊人探索神，有如追寻真理一样，其所达到的程度远高于西方古代世界的其他各民族，这是一种"离开神话向理性思想发展的倾向"，因而赫西俄德被看作是自然哲学的先驱之一。这逐步形成了古希腊追求理性的传统，最具有代表性的无疑是柏拉图和其学生亚里士多德；古希腊人在哲学思想、历史、建筑、文学、戏剧、雕塑等诸多方面有很深的造诣，产生了光辉灿烂的希腊文化。所以马克思才说"古希腊是人类纯真的童年"，逐步形成了世界西方文明的源头。

2. 远古神话形成和铸就了民族的性格和精神传统

神的出现，标志着初民对世界认识的一大进步。神其实是一切人为所不能的总和，是一个抽象而具体的概念。从神到神话，可以看出古代初民想象力的丰富奇伟，将不能解释的现象归结为神作，因此，远古神话是古代初民遗留的宝贵遗产，是一个民族和国家的瑰宝。远古神话反映的是图腾崇拜的基因，它流淌和凝聚在氏族世代子孙们的血液中，经过遗传和继承，通过氏族间不间断的融合和发展，又汇聚成为一个民族的性格、特质和传统，反映到头脑中则成就了一个民族的信仰。而远古神话的直接衍生物就是信仰，信仰则是原初民族的精神生活的最高形式。从有人类历史至今，信仰对一个民族生存和发展具有重大意义。信仰经历代效果历史意识的累积、聚集和凝结，成为整个民族的潜意识，在哲学诠释学则称为"前意识"。在这个意义上，远古神话是民族之根、文化之本、文明之源、国民之魂，远古神话是人类的文明和文化的取之不尽用之不竭的源泉，是世世代代永放光彩的精神财富。

远古神话因地域而出现重大差异，不同地方之神的际遇也千差万别。这个差别，从开天辟地到如今、从基因到传统、从根本到特质、从本源到信仰，铸就了民族之间的天壤之别。

在古希腊，神话中的诸神充满了灭绝人性、好斗的精神传统。第一，在最高神权的角逐中，第二代神王克洛诺斯，是推翻其父亲乌拉诺斯才上位的。当宙斯生下来后，为防孩子一生下来就被克洛诺斯吃掉，宙斯母亲瑞亚用计调包，并交由桉树仙女抚养长大。成人后的宙斯在母亲的帮助下推翻了他的老爸克洛诺斯，当上了第三代神王。看来神也逃脱不了命运的诅咒，都要经历血淋漓的子弑父、父食子的过程。第二，好战的希腊诸神游戏于天界和人间，或觥筹交错，沉湎于声色，或好勇斗狠，争执不断，搅得天昏地暗，其所作所为使其失去了神应有的尊严。第三，古罗马继承和发展了古希腊诸神好斗的精神传统，从公元前8世纪到公元4世纪的一千多年中，历经王政、共和和帝国三大时代，对外侵略连年不断；而且罗马帝国的统治者为了寻欢作乐，还修建了血腥的斗兽场，以观看人与兽、人与人之间的你死我活的角斗为快乐，彻底失去了人性；这样的传统到近现代则发动了两次世界大战。第四，在《旧约》中反映的古代犹太民族，其神祇同古希腊一样，也具有很强的暴力倾向。他们常通过对异教信徒的血腥惩罚而证明其权威性，给人以恐怖之感而使人屈服，种族灭绝是他们最为极端的手段。就连上帝也不例外，如耶和华对摩西说，他要将"亚玛力人的名号从天下全然涂抹了",秉承旨意,约书亚杀了亚玛力王和他的百姓们。

相比之下,中华民族远古时代的神话讲的是将智慧和力量用于征服自然、为民造福的事业上。如,后羿射日、鲧禹治水、愚公移山等;尧舜禹三帝禅让故事,将部落首领之位让给有才华,有能力的人,让更贤能的人治理国家;这样的精神传到后代,就演变为不对外发动战争,而是修筑万里长城,反对外族侵略。这就是中华远古神话铸就的中华民族的精神传统,历经世世代代几千年的锤炼,变得厚重、坚韧,即使被外族侵入,国土被占领,中华民族精神从未被摧毁。这就是神话和精神传统的力量,所以远古神话是中华民族之基因,是国家之魂魄!

由此可见,一个好斗的民族精神传统,毁灭了古埃及和古巴比伦两大世界古文明;一个和谐的民族精神传统,不仅成就了世界唯一的五千年文明古国,而且至今倡导"全球一体化"。

3. 神话学

由于其的巨大作用,远古神话引起了人们的广泛重视,它已从洪荒、混沌的远古世界的产物飞跃入人类20世纪的学术殿堂。

神话学是研究人类神话及其文化现象的一门科学,英文"Mythology",也是指关于狭义的神话叙事的科学研究。神话学的主要任务是对人类大量的活态(口头)神话、神话文献、神话实物和神话图像材料进行理论概括,提出它产生、发展、演变的规律,以及神话创作、创编、传承、媒介、审美、传播的内涵。神话学是在神话产生和流传过程中逐渐形成的,经过2000多年发展,神话学已经成为一门国际性的人文学科和跨学科研究领域。

1903年是中国神话学的诞生年,三部从日本翻译过来的文明史著作在我国最早使用了"神话"和"比较神话学"概念。随后,文学家如鲁迅、周作人、茅盾,历史学家如夏曾佑、顾颉刚、陈梦家以及人类学家如黄石、林惠祥等,纷纷涉足神话领域。20世纪80年代,中国神话研究有了较大的发展,出现了许多神话著作和研究专家。中国神话和神话学研究历经了萌芽期、奠基期、拓展期、低谷期,从20世纪70年代末期起进入历史发展的新时期,产生了"三套集成"(民间故事集成、民间歌谣集成和民间谚语集成)和不少专著,1984年中国神话学会成立。2000年之后,上海交通大学还成立了神话学研究院等。

2 《荷马史诗》的诠释

沈迪飞

一、《荷马史诗》——世界四大史诗之首

世界四大史诗并没有一种确定的说法,得到公认的是《荷马史诗》《吉尔伽美什》《神曲》《埃涅阿斯纪》。

1.《荷马史诗》概述

《荷马史诗》相传是由古希腊盲诗人荷马创作的两部长篇史诗——《伊利亚特》和《奥德赛》的统称,是他根据民间流传的短歌综合编写而成。有关特洛伊战争的神话故事与传说在古代希腊各地广为传诵。许多游荡于古希腊世界的说唱艺人、吟游诗人乐此不疲,从而使之代代相传,荷马的光辉诗篇便取材于此。《荷马史诗》语言简练,情节生动,形象鲜明,结构严谨,是西方第一部重要的文学作品,荷马也被称为欧洲四大史诗诗人之一或之首。法国伟大作家维克多·雨果在《莎士比亚》一文中写道:"世界诞生,荷马高歌。他是迎来这曙光的鸟。"《荷马史诗》以扬抑格六音步写成,集古希腊口述文学之大成,是古希腊最伟大的作品,也是西方文学中最伟大的作品。

《伊利亚特》和《奥德赛》两部史诗各分成24卷,《伊利亚特》共有15693行,《奥德赛》共有12110行。两部史诗在内容上各自独立又互有关联。《伊利亚特》讲述的是在特洛伊战争中,阿喀琉斯与阿伽门农间的争端。《奥德赛》讲述的是特洛伊沦陷后,奥德修斯返回伊萨卡岛上的王国,与妻子珀涅罗珀团聚的故事。

《荷马史诗》是一部"希腊的《圣经》",它是早期英雄时代的大幅全景,也是艺术上的绝妙之作。它以整个希腊及其四周的汪洋大海为主要情节的背景,充

分展现了自由主义的情景，并为日后希腊人的道德观念，进而为整个西方社会的道德观念，立下了典范。这首先是一种追求成就，自我实现的人文伦理观；其次是一种人神同性的自由神学，剥除了精神世界中的神秘恐惧。《荷马史诗》不但文学价值极高，也是古希腊公元前11世纪到公元前9世纪的唯一重要的历史文献，反映了迈锡尼文明，所以这一时期也被称为"荷马时代"或"英雄时代"。《荷马史诗》也是一部古代希腊从氏族社会过渡到奴隶制时期的社会史、风俗史，在历史、地理、考古学和民俗学方面具有很高价值。

2.《荷马史诗》从流传到编订

（1）《荷马史诗》的流传

大多数学者认为《荷马史诗》是经过几个世纪口头流传的诗作的结晶。795年，德国学者沃尔夫沿着这一思路对史诗进行了细致的研究，从而断言，史诗的每一部分都曾作为独立的诗歌由歌手们演唱，后经多次整理加工才成为今天我们看到的样子。后来，沃尔夫的同胞拉赫曼更加明确地阐述了他的观点，从而形成了"短歌说"。因为其时距特洛伊战争尚不太久远，希腊人对战争的记忆仍较清晰，而在公元前7世纪至公元前6世纪，许多著作已经引用了荷马史诗中的话，因此比较有说服力的说法是，荷马史诗成型于公元前8世纪。赫西俄德是荷马之后另一位重要的史诗作家，以长诗《工作与时日》和《神谱》著称于世。其创作时间也在公元前8世纪，这一时代与《工作与时日》所描述的社会状况相吻合。

学界对《荷马史诗》尚有争议，普遍的说法是：作者荷马，古希腊盲诗人，生平和生卒年月不可考。他生活的年代，当在公元前10至公元前8世纪之间。目前没有确切证据证明确有荷马其人，所以也有人认为他是传说中被构造出来的人物。

《荷马史诗》写的是公元前12世纪希腊攻打特洛伊城以及战后的故事。史诗的形成和记录，几乎经历了奴隶制形成的全过程。特洛伊战争结束后，在小亚细亚一带就有许多歌颂战争英雄的短歌流传，这些短歌的流传过程中，又同神的故事融合在一起，增强了这次战争英雄人物的神话色彩。经过荷马的整理，至公元前8世纪和公元前7世纪，逐渐定型成为一部宏大的战争传说。大约在公元前6世纪中叶，当皮西特拉图在雅典执政时，它才被最后用文字固定了下来。到公元前3世纪和公元前2世纪，又经亚历山大图书馆学者的编订。这部书的形成经历了几个世纪，掺杂了各个时代的历史因素，可以看成是古代希腊人的全民性创作。

(2)《荷马史诗》的编订

《荷马史诗》是在民间的口头文学基础上形成的,它的原始材料是许多世纪里积累起来的神话传说和英雄故事,保存了远古文化的真实、自然的特色。它同时表明,在远古地中海东部早期这个古代文化中心,其文学曾达到相当高度的繁荣。史诗开始用文字流传下来之后,又经过许多世纪的加工润色,才成为现在的定本。这种特殊优越条件是与古代爱琴海文明以及后日雅典和亚历山大里亚时代几百年间奴隶制文化的繁荣分不开的。它既是古老的民间流传的史诗,又是达到高度艺术水平的文学作品。

作为诠释学的思想来源之一的语言学发萌于古代希腊,这一时期的所完成的一项重要工作,就是亚历山大时代的学者们编订荷马的著作。当然,他们的"工作并不限于确定文本,而且还进一步依靠将语文学、语法学和考订学结合起来的技术重新实现意义:恢复与过去了的精神世界的联系,理解长期被遗忘了的语言用法……重新进入到文本之中"(斯特万《解释学的两个来源》,《哲学译丛》1990年3期)。只在这时,语言学才发展到其成熟阶段,"才获得连续性和稳定性"。这一阶段的语言研究水平在亚里士多德的著作中得到了充分的反映,研究成果集中在《范畴篇》和《诠释篇》中。在《范畴篇》,已出现了"语法家"一词。他所概括的不少语言规则直到今天仍是适用的,并已包括了许多重大的诠释学问题的萌芽,如语言意义的客观性,心灵、言语与文字的关系部分与整体的关系问题等。由于古希腊学者的卓有成效的工作,建立了一座通向古典神话时代的桥梁,人们通过语言的中介恢复了他们与那个陌生的、充满激情的精神世界之联系。

3.《荷马史诗》的版本特色

今天所能看到的《荷马史诗》的旧抄本,最早约在公元10世纪左右。两部史诗都保存了不少手抄本,但是内容都相同,它们所根据的都是公元前3世纪和前2世纪间亚历山大图书馆的几位学者的校订本。这就是说,在公元前3世纪和前2世纪间亚历山大图书馆几位学者校订之后,史诗已经有了最后定本,此后它的内容就没有任何改动了。

那时最后校订《荷马史诗》的学者,最著名的有三人。一是泽诺多托斯(约公元前285年),据说他对原诗的文字做过不少加工,内容上也凭自己的判断有所增减;现在两部史诗都分成24卷,就是泽诺多托斯编定的。这表明他对原诗的结构做过一些重大增删,原来这两部史诗的长短大概没有这样整齐。第二个校订荷马史诗的著名学者是阿里斯托芬(约公元前195年),他校订史诗比较慎重,更尊重旧抄本，没有做很多主观的增删。第三个著名学者是阿里斯托芬的弟子阿里斯塔科斯（约公元前160年），他也很尊重旧抄本，认为一切改动都要有所依据。这三位学者都是当时希腊学术中心亚历山大城著名的图书馆的主管人，有机会看到很多藏书，有很好的条件来进行校订工作。

由此可见，在他们那个时代，这两部史诗还存在繁简不同的抄本，文字上也有出入。现代西方学者曾辑录了古代著作里的《荷马史诗》引文，共有480多行片段，都是公元前5世纪和公元前4世纪的。这些引文有的与现在定本完全相同，有的大致相同，有的不见于今本。一般来说，不同的约占一小半。许多古希腊作家，如柏拉图、希波克拉忒斯、埃斯库罗斯、品达罗斯、色诺芬、亚里士多德和阿里斯托芬等都引用过荷马史诗，那些引文往往与今本不完全相同。如亚里士多德引用了《奥德赛》卷9的一段关于独目巨人的描写，文字与今本一样，但是他说那段是出自《伊利亚特》卷10，是描写一只野猪的。还有他说在《奥德赛》卷23奥德修斯对佩涅洛佩的一段话有60行，但是从现在的本子看来，这段只有33行。这些变动和内容繁简不同，说明在公元前5世纪和公元前4世纪通行的史诗抄本同今本还有不少差异。

二、《荷马史诗》的历史性

1.《荷马史诗》展示了从氏族公社进入奴隶制社会的过渡形态

希腊神话对于古代希腊乃至整个西方文化有着极为重要的、特殊的意义。在《荷马史诗》中，已经出现了古希腊人关于"历史"的最初概念，且在一些篇章中还出现了表示"历史"概念的词语。尽管这个词语在史诗中使用时的含义并不确定，但是它至少已经包括了这样的意思：通过对目击者提供的证词进行调查，从而获得事实真相。后来希腊语中的"历史"一词，就是从这个含义演变而来。

《荷马史诗》向我们展示了公元前12世纪至公元前9世纪时古希腊人的社会状况，以及他们从氏族公社进入奴隶制社会的过渡形态。从中我们可以看到：古希腊在从氏族公社向国家转变的过程中，没有受到任何来自外部和内部的暴力干扰；古希腊的国家组织纯粹是通过私有财产的产生和阶级分化，从氏族公社中产生出来的。《荷马史诗》以一定的历史事实为依据，结合神话传说，广泛地反映出当时希腊社会从原始公社制向奴隶制过渡时期的经济、政治、军事等方面的情况以及希腊人民的生活和斗争。

2. 作品的历史考据

古代欧亚大陆曾有过不少重要文化中心，从公元前2500年或更早，到公元前1000年初，地中海东部的爱琴海一带曾有一个繁盛的早期奴隶制文化，由于亚洲西部和埃及一带很早就有了繁盛的早期奴隶制文化，以爱琴海为中心的早期文化与古代西亚和埃及文化也有不少联系。关于史诗《伊利亚特》所说阿凯亚人攻打伊利昂城的传说是有一些历史根据的。从过去一个世纪间西方考古学家的发现看来，荷马史诗中许多描写并不完全是诗人的想象。在19世纪末，德国学者施里曼曾在小亚细亚西岸的希萨里克发掘一座古城的遗址，这个古城就是古代特洛伊人的都城伊利昂。它曾在公元前2000年到公元前1000年间至少被焚毁过9次，其中第7次被毁可能就是攻打伊利昂城战争的历史依据。有些学者曾提出一种比较可信的假设，即根据当时的航海条件和地理位置看来，这个地区控制了古代通向黑海的通商路径，而黑海又是古代西方通向东方的必经之地；为了获得东方的粮食和财富，地中海东部人民不惜一次又一次冒险渡海去攻下这个要塞。著名的寻找金羊毛的希腊神话，也反映了古代人在黑海一带航海的历史事实。

在希腊的迈锡尼地方，考古学家也曾发现古代巨大陵墓和巨石建筑的城址和石狮，陵墓里还发现死者所穿戴的华丽的服装和金银首饰，以及装在死者面上的黄金面具和精美的青铜兵器。这些发现证明有关古代迈锡尼的霸主阿伽门农的传说也是有历史根据的。20世纪初，英国学者伊文思又在克里特岛发现了重要的古代文化遗址，说明这里有较迈锡尼更早且更繁荣的文化。他发现了两座规模巨大的古代王宫，还有工场、库房、陵墓等，很多涂有精美图案的陶器、青铜雕刻和兵器，反映舞蹈和战争、狩猎等场面的彩色壁画，以及一种类似象形文字的古代文字。这里比迈锡尼更早的青铜器文化年代约在公元前3000或公元前2000年到公元前1000多年之间。到了公元前1450年左右，在克里特岛以北发生了强烈地震，以克里特为中心的文化，在遭受这次巨大的自然灾害后一蹶不振；很可能地震使得当地的强大舰队全部毁灭。此后爱琴海的海上霸权由克里特岛一带转移到迈锡尼等地。近年来，西方考古学家还在发掘克里特岛的古文化遗址，不断有新的发现。看来，克里特岛一带曾有过灿烂的古代文化，比希腊本土早。这里的领袖曾是地中海东部的霸主。古代希腊传说也说克里特岛曾有一个强大的君主弥诺斯，他曾建造巨大的迷宫，并使雅典等地向他纳贡；另一著名的传说认为古代海上曾有一个强盛的国家，名叫亚特兰蒂斯，后来因违反天意，全部沉入海底。这大概也是指古代克里特岛一带遭受强大地震的历史事实。继克里特文化之后的迈锡尼文化也曾为地中海东部霸主，但到公元前1150年，由于北方部族的南移和入侵，也开始衰亡。

在《荷马史诗》里，许多事物的描写同克里特-迈锡尼文化的实物相符，如《奥德赛》里所说的墨涅拉奥斯的宫殿和菲埃克斯人的王阿尔基诺斯的宫殿，有各种青铜和金银装饰，美好的花园和葡萄园，宫里充满粮食、美酒和果实，随同酒宴还有各种竞技娱乐和舞蹈等，这些都可以说明荷马史诗的内容是以一些古代的历史传说为依据的。同时，有些描写又与克里特-迈锡尼时代的实物不同，例如从考古发现的壁画来看，古代克里特人都是短发，而且头发是黑色，而史诗里描写的阿凯亚人都是长发，而且头发是黄色；克里特人战斗时用的盾牌是长形，史诗里的盾牌却是圆形；克里特人穿的盔甲也与史诗所描写的不同。这些说明荷马是生在好几百年后的诗人，当时克里特-迈锡尼文化早已灭亡，所以当他描绘过去文化的繁荣景象时，也不免利用后日实际生活中的一些事物。他并不是当时生活的目击者。有些西方学者还曾考证史诗里许多英雄如阿喀琉斯、赫克托尔等都是北方部族传说里的英雄，不一定与攻打伊利昂城的史实有关。

3. 作品的历史价值

《荷马史诗》一方面是在民间的口头文学基础上形成的，它的原始材料是许多世纪里积累起来的神话传说和英雄故事，保存了远古文化的真实、自然的特色；另一方面表明，在远古地中海东部早期这个古代文化中心，它的文学曾达到相当高度的繁荣。史诗开始用文字流传下来之后，又经过许多世纪的加工润色，才成为现在的定本。这种特殊优越条件是与古代爱琴海文明以及后日雅典和亚历山大里亚时代几百年间奴隶制文化的繁荣分不开的。荷马史诗既是欧洲文学史上最早的优秀文学巨著，也是研究希腊早期社会的重要历史文献。

《荷马史诗》以一定的历史事实为依据，结合神话传说，广泛地反映出当时希腊社会从原始公社制向奴隶制过渡时期的经济、政治、军事等方面的情况，以及希腊人民的生活和斗争。历史上常把这一时期称之为"荷马时代"，并且主要根据史诗提供的材料来研究这一时期的社会经济状况。比如经济上，土地归公社所有，但私有制正在形成，人们生活在"民族胞族—部落"的父系民族组织中，阿喀琉斯、俄底修斯等都是拥有私有财产的部落首领。铁器的使用已经开始，人们运用铁制的农具和兵器生产劳动和战斗。史诗中有关于匠神和锻工场所的描写，显示出当时金属制作工艺的技术水平。政治生活上，实行的是军事民主制，由民众大会讨论决定重大问题，但这种"民主"经逐渐流于形式，阶级分化已较明显，部落首领的权力越来越大，出现了奴隶的占有和买卖。在其他社会风俗和文化生活的各方面，史诗中也有比较广泛的反映。

三、《荷马史诗》的教化意义

希腊神话对于古代希腊乃至整个西方文化有着极为重要的、特殊的意义，希腊神话以及对神话的解释，实际上起着训谕的作用，于其时，它可以说是教化的主要手段，乃是以神的名义提供了一套社会的行为规范要求与价值尺度。正如英国作家凯伦·阿姆斯特朗在其名著《神的历史》中所言："神祇的神圣世界——诚如神话中所详述的——并非只是人们应该向往的理想，而是人类自身存在的原型，我们处于天国下方世界的生命，就是依照这个原始的形态而模铸的。"（《神的历史》15页）

1. 歌颂和崇拜英雄

史诗的主题思想是歌颂氏族社会的英雄，因而只要代表氏族理想的英雄，不管属于战争的哪一方，都在歌颂之列。《伊利亚特》的基调是把战争看成正当、合理、伟大的事业，但同时又描写了战争的残酷、给人民带来的灾难、人民的厌战反战情绪，并通过英雄们的凄惨结局，隐约地表达了对战争的谴责。《奥德赛》是歌颂英雄们在与大自然和社会作斗争中，表现出的勇敢机智和坚强乐观的精神。

英雄史诗用神奇的笔调描写英雄的形象、突出英雄在历史发展过程中的主导地位，其目的并不是贬低大众，而恰恰是为了抬高作为那些英雄的子孙们的希腊人，是为了抬高那些创作和传播英雄业绩的人们本身。因为一个有着英雄祖先的民族是值得自豪的。英雄史诗之所以能够长期而广泛地流传，并不仅仅在于它能娱人耳目，更重要的是它能启发人们的心智、鼓舞人们的斗志、引导人们缅怀祖先的英雄业绩、继承和发扬祖先的荣光、像英雄的祖先那样去进行生存斗争。正是由于这个缘故，当时希腊的各个城邦都竞相把《荷马史诗》中的英雄人物尊为自己的祖先，甚至连荷马本人也成了各城邦争夺和崇拜的对象。

2. 自由主义的人文伦理观

《荷马史诗》是早期英雄时代的大幅全景，也是艺术上的绝妙之作，它以整个希腊及四周的汪洋大海为主要情节的背景，展现了自由主义的自由情景，并为日后希腊人的道德观念，进而为整个西方社会的道德观念，立下了典范。继此而来的，首先是一种追求成就，自我实现的人文伦理观，其次是一种人神同性的自由神学，剥除了精神世界中的神秘恐惧。《荷马史诗》于是成了"希腊的圣经"。

3. 以人为本崇尚正义

在史诗中，我们还可看到以人为本思想的反映，赞美人的智慧，嘲笑神的邪恶，赞美、歌颂人间，蔑视上天，这种以人为本的思想又常常是同歌颂民族贵族英雄主义相结合的。恩格斯曾指出：全部《伊利亚特》是以阿喀琉斯和阿伽门农争夺一个女奴的纠纷为中心的。掠夺光荣，敢于掠夺者才是英雄，这种思想倾向显然适合当时奴隶主贵族的胃口。

另一位史诗作者赫西俄德的《工作与时日》主题非常明确，它以神的口吻告知人们何谓"正义"之举，其中不乏生活的智慧。诗中说，世上有两种不和之神，"一种天性残忍，挑起罪恶的战争和争斗"，另一种对人类友善，"她刺激怠惰者劳作"，使人们羡慕他人勤劳致富而变得热爱工作。而前者则是挑起人们嫉恨而引发争端（同上书1-2页）。它告诫王公大人："请你们也要好好考虑这个惩罚永生神灵就在人类中间，且时刻注意不考虑诸神的愤怒而以欺骗的判决压迫别人的人们……"其中有正义女神，谁只要伤害它，歪曲正义而作出了愚蠢的事，就会遭到报应。在赫西俄德描述中，人世间的所有灾难皆因普罗米修斯欺骗宙斯而起。（注：宙斯的惩罚并不公正，普罗米修斯欺骗宙斯，但宙斯并未直接惩罚他，而是惩罚了他的欺骗行为的受益者人类。如果人们相信神的惩罚是公正的，那么这一惩罚只能解读为：任何欺骗行为终究不能得逞，欺骗必将招致灾难性的后果。如赫西俄德所言："害人者害己，被设计出的不幸，最受伤害的是设计者本人。"）

诗的教化作用的另一个重要方面体现在它被吟唱的音乐中。在古代希腊，"诗"即"歌"，柏拉图则用mousike泛指音乐和诗（《理想国》70页）。亚里士多德认为，音乐的用途主要有三种，即伦理的、实践的、振作精神的作用，详言之，其作用依次为：（1）道德教化，亦即教育民众。在古代希腊，诗的听众乃是整个民族，因此诗歌成了广泛的民众教育之形式；（2）净化，亦指内心、道德与宗教的净化。这是音乐作为顺势治疗的净化之功用，如愉悦人的心情、平复人的愤怒等；（3）休闲。音乐可以给人以美的享受，使人放松，可以让人们在疲乏的工作之后恢复精力、振作精神。（亚里士多德《政治学》第8卷第7章）

四、《荷马史诗》的信仰意义——从神性到理性

现今所谈论的诠释学，起源于对古代经典的诠释，特别是对于《荷马史诗》

和《圣经·旧约》的诠释。显然，这些古代经典总体上说是排斥理性的，其依据乃是神迹，而神迹不是需要人们去理解、以便通过人的理性作出判断和选择的。它们所需要的只是顺从，而其神奇无比的威慑力又使人不得不屈服，忤逆神意必将招致灭顶之灾。当我们从神使赫尔墨斯的职能来理解诠释学的起源及其意涵时，就已经表明了诠释学与神话的密切关联。从历史上看，人们最初关注的《荷马史诗》和《圣经·旧约》的诠释问题，焦点是对于神的信仰。

1. 从神迹到理性

（1）《圣经·旧约》以神迹证明神的存在

在虔信的信徒那里，神存在的证明是神所显示的神迹。由于神很少现身说法，大多数信徒难得一见，而要靠神的使徒来指引。而使徒所依据的仍然是神迹。如《圣经·哥林多后书》所言："我在你们中间，用百般的忍耐，借着神迹、奇事、异能，显出使徒的凭据来。"显出"使徒的凭据"也就是显出上帝存在的凭据。《哥林多后书》属于《新约》中的篇章，《新约》可视为《旧约》所供奉的上帝之持续证明。但是，要显出"凭据"已经说明了《旧约》与《新约》在证明方式上的变化。在《旧约》中，神具有很强的暴力倾向，他训示和惩戒的对象是作为整体的民族，常常通过对异教信徒的血腥惩罚而证明其权威性与正确性，种族灭绝是其最为极端的手段（如耶和华对摩西说，他要将"亚玛力人的名号从天下全然涂抹了"。秉承他的旨意，约书亚杀了亚玛力王和他的百姓……）。而在《新约》中，代表上帝的耶稣之形象则是一个强与弱的混合体。他的"强"体现在其信仰上的坚定与高尚的心灵，因此会有越来越多的人追随他；而在政治上则明显处于弱势，《新约》中记载的神迹多在耶稣为人治疗各种不治之症、使饥饿的人得以饱餐等。他的心是无比宽容的，甚至告诫人们要爱仇敌。但是他的至善却给他带来了诸多不幸，最后的结局竟然是被捕、被审判，被处以极刑。如果不是有事先曾预言的复活之举，他的死几乎成了人间最大悲剧和冤案。且不论耶稣有否神力来强迫人们接受他的信仰，他事实上没有采用强制性的手段使人屈服。他与他的使徒对上帝存在的证明是通过神迹而使人们深信不疑，真正心悦诚服地选择这种信仰。

概而言之，《新约》乃以一种非理性的方式（以神迹为凭据）来满足人们理性证明的要求，虽然其理性的成分依然是相当微弱的。因此，我们就不能排除这样一种可能性，由于受到了希腊理性主义的影响，才从犹太教中产生了基督教信仰。

（2）从神迹到智慧

就宗教意识而言，希腊人可能是"天真"的，而希伯来人则是早熟的；"犹太人要的是神迹，希腊人追求的是智慧。"（《圣经·哥林多前书》2；22）在《旧约》中去除了很多神话的成分，直接以至上神的名义颁布律法信条，自然更适于作为宗教圣典。然就理性的层面而言，希腊人像追寻真理一样探索神，所达到的程度远高于西方古代世界的其他各民族。其中最具有代表性的无疑是柏拉图和亚里士多德。

到了希腊化时代，理性崛起，民智大开，单凭神迹显然已不足以服众。人们固然需要信仰，但更需要一种对所信的东西之合理解释。这就需要对经典进行理性的反思，这项反思工作适逢其时地展开了，并取得了丰硕的成果，而且其直接起因是对古代经典的翻译、整理工作。这是一项艰难而又规模宏大、旷日持久的工程，吸引了亚历山大时代的众多学者。

这项工作在理性层面上推动了两个研究领域的发展：第一是语言学研究。在日常生活的语言环境中，也许人们并不会注意到语言学；唯当我们处理以陌生的语言写成的文本时，他的重要性才真正宣示出来。对于亚历山大时代的学者来说，希腊神话的语言显然具有陌生性，可以肯定，在其长期的历史流传过程产生的诸多不同版本的神话、所使用不同方言有异于当时通行的语言；而希伯来圣经更是年代久远的外语作品。人们在翻译、修订这些经典时所遇到的困难是不难想见的，由此也积累了丰富的语言知识。只有在这时，从理论的高度来把握语言现象、形成系统的语言学才成为可能。它也确实应运而生了，博学的亚里士多德为此做出了不可磨灭的贡献，他的《诠释篇》对语词的类别、定义、命题、逻辑推论的格式，已作出了经典性的说明，毋庸置疑地成为语言学的真正发源地。第二是对神的概念、信念之反思。由于经典不是纯粹的文学作品，在其本来的意义上，更是人们的世界观念之表达，对神的描述直接包含着人们的信仰和价值取向，亦即为他们所肯定的道德规范和行为准则。这无疑是一项更为困难的工作，其首要的问题则是神的存在之合理性证明。神是否存在？这一问题在古希腊时代，不同的信仰者是没有分歧的。宗教信仰绝非个人之事，人们相信，神祇对于一个民族、城邦具有极为重要的意义。那时对神不恭不敬的"无神论"必然会引起神的愤怒而殃及整个民族和城邦，所以无神论者（以及异教徒）无异于社会公敌。神的存在无疑得到了普遍的承认，差别唯在于对神的理解及其证明方式。

（3）从智慧到理性

亚里士多德在其哲学体系中也设立了神的至高无上的位置，但他所谓的神即理性，以为理性乃是自身不动而推动者，它创生万物，"生命本为理性之实现，而为此实现者唯神；神之自性实现即至善而永恒之生命。"（《形而上学》247—248页）理性之本性虽为至善，但必须通过思想活动才能臻于至善。思想的对象差异万千，唯当理性思考自身时方能抵达至善的最高境界。正因如此，"默想（神思）（注：即对神本身的思考）为唯一胜业"（同上书248页）。这沉湎于"默想"的神，几乎没有宗教意涵，少有信徒，更遑论广泛传播了。

如果说，基督徒对神的理解与接受立足于个人的体悟的话，那么在古希腊哲人那里，对神的探索则完全站在理性的立场上展开的。希腊神话的诸神游戏于天界和人间，或觥筹交错，沉湎于声色，或好勇斗狠，搅得天昏地暗，虽然其品行不端却又不乏可爱之处，但无论如何是不可信赖的。因为他们的所作所为使其失去了神应有的尊严，其权威性甚至会受到人类的挑战，更不用说他们之间的争执了。依迪丝·汉密尔顿说："如果荷马的著作确实是希腊人的圣经，他叙述的那些故事也被希腊人当做精神领域的真理所接受，那么我们只能得出这样的结论——希腊人大体上来说是天真的，甚至是孩子气的，他们对道德的行为处之漠然。"（《希腊精神》212页）这些话不无道理，不过仅限于神话本身而论。在严格的意义上，希腊神话并非宗教神学之著作，其中没有类似于圣典、教规戒律的叙述。但这并不表明希腊人对"道德的行为处之漠然"，其道德取向实际上寓于神话叙事过程中的贬褒抑扬之中。这里面就包含了诸多不确定的因素，也给理性的反思留下了广阔的空间。

2. 柏拉图与亚氏的理性神学理论

（1）柏拉图之"灵魂不死"

柏拉图并未确立一种指向特定信仰的神学体系，也未拟定严格的宗教戒律。他更感兴趣的是对神的存在提供证明，对于宗教信仰而言，这也许是更为根本的东西。此一证明所从出发的基点就是灵魂不死的观念。显然，唯有灵魂不死，信仰以及一切精神世界的构造才能获得其永恒的意义和价值，而人类梦寐以求的东西——未来与希望——便寓于其中。人是灵魂与躯体的统一体，躯体存在的暂时性生灭变化是有目共睹的事实。如果人的死亡真正是神形俱灭，一切关于未来的思考便不啻痴人说梦。

人们已知道自己的躯体从何而来，向何而去，对于灵魂，则不甚了了。柏拉图对此的说明颇为奇特，他没有直接阐明灵魂为何物，而是讲述了一则引人入胜的故事，叙述的是勇士厄洛斯死而复生，并受神的委托向人类传递另一个世界的消息。他的灵魂离开躯体后，经历了许多我们闻所未闻的事：法官坐在天地之间审判亡灵，正义者从右边升天，不正义者从左边入地；被告知，生前所行的每一件坏事都要受到十倍的惩罚；生前的所作所为皆出于灵魂的选择，命运女神拉赫西斯曾宣布，"不是神决定你们的命运，是你们自己选择命运"；灵魂作出选择后，拉赫西斯给每个灵魂派出一个监护神，"以便引领他们度过自己的一生完成自己的选择"。如此等等。这一切结束后，亡灵们夜宿于阿米勒斯河（冥河）之畔，当他们喝了冥河之水后便忘记了一切昏昏入睡。到了半夜，雷声隆隆，天摇地动，"所有的灵魂便全被突然抛起，向流星四射，向各方散开去重新投身。"（《理想国》418—426页）由于厄洛斯事先被禁止喝冥河水，复活后才能记得所发生之事。故事结束时柏拉图说了这番话："愿大家相信我的如下忠言：灵魂是不死的，它能够忍受一切恶和善。让我们永远坚持走向上的路，追求正义和智慧。这样我们才可以得到我们自己和神的爱。无论是今世活在这里还是在死后（像竞赛胜利者领取奖品那样）得到报酬的时候。"（《理想国》426页）

此故事的寓意确是意味深长的。它向人们传达了一系列重要的信息：灵魂是不朽的，其方法就是"重新投生"；灵魂在"投生"之前要面临公正的审判，神将严厉地惩恶奖善；此后要面对选择，将决定灵魂投生后的生活方式，这意味着，自己的命运不是神决定的，而是自己决定的，责任完全要由自己来承担。由于柏拉图采取的是神话叙事的方式，故事就具有不容怀疑的"真实性"。依据柏拉图，我们在出生时已拥有了所有的知识，而不是经教育习得的，教育过程无非是使人回忆起原先已经拥有、而当下已然忘却的知识而已（《理想国》277页）。最难回忆起的就是善的理念，它是一切知识和真理之源，似乎只有少数真正专心致志于"真实存在"的哲学家能够辨认出它。

虽然柏拉图丝毫不怀疑故事的真实性，坚信其中所表达的信念，但却无法肯定人们也会同样地接受这些信念。于是他并未采用宗教神学中惯用的表达方式，而是劝说人们运用宗教的智慧作出明智的选择："如果我们相信它，它就能救助我们。"只有灵魂不朽，我们才有希望在世上活着的某个时候领悟善的理念。正因如此柏拉图说"愿大家相信我的如下忠言：灵魂是不死的"，并劝说人们持之以恒地追求正义和智慧，方能得到神的爱。因为神本身是至善的，其所爱的就必定是善人，而为神所爱者神必赐福于他。因此，他的神话叙事，与其说是叙述神异的故事，不如说是阐明人生之哲理，是通过神话而达到对人生的理性反思。

（2）亚里士多德之"神"的理性

亚里士多德认为，关于神的知识乃是某种科学知识："显然有三种（理论的）科学：物理学、数学、神学。理论科学是所有科学中最高的种类，在它们中间，神学又是最高的：因为它论述的是所有存在者中最崇高的东西。"（《形而上学》222页）这个最崇高的东西即作为最后的本原性的东西，在《神谱》中被称之为"混沌"，在阿那克西曼德那里叫做"阿派朗"（即无限，兼有本原与属性双重含义），而在亚里士多德那里，则是被称为"神"的理性。其最后的结论不是根源于观察，而完全是理性的推论。他从运动的角度将存在者分为三类，名之为三种"实体"：第一类是地球上的万物，人们可感可知其变化，是变化的实体；第二类是指地球以外的天体，属于可感可知的永恒实体；第三类是天体以外的永恒实体，是不可感知的最高存在。此处"永恒的"与"最高的"含义，就是其自身不动（永恒）而推动万事万物的运动变化，因此是"最高的"，是一切运动变化最根本的原因和目的。据亚里士多德，"理性是最具有神性的东西，它思考着最神圣与最高贵的东西而自身却不变。"（同上书263页）而"最神圣与最高贵的东西"就是理性本身，此即表明了亚里士多德的"理性"与一般意义上的思想活动之区别：思想活动为外在的事物经由感官而引起，不免流于臆想，不足为训；理性的目标乃是至善，而至善原本不是见之于感官的存在物，它只存在于理性之中，因此理性只有通过对自身的沉思才能彰显内在于它的至善，其表现形态就是我们关于理性、亦即"神"的知识。由此出发，我们就不难理解亚里士多德对于神话的解说："我们远古的祖先以为天体是诸神，神性的东西环拥着整个自然。他们将此以神话的方式传于后世之传说中。以后为劝诫民众遵循礼法与普遍至善，以神异故事的方式扩充了古代传说；他们以人或者其他有生命之物的形态描述诸神。……若我们除去后世附会之言，仅仅去其最初的东西本身、亦即诸神源初的本质，就会于其中发现神之本意……显而易见，这便是我们的祖先和最早的先驱之观念。"（同上书262—263页）不过祖先的观念驻足于天体星辰，虽然，天体是永恒的，并且万物之动变皆由此而生，但是它们本身亦在运动，必定要由其他的推动者致使其动。由于天体位于运动者序列的最高层次，故能够使之运动的必然是无形无相、自身不动而推动万物的原动者，它便是理性，是神，是最高的实体。

综上，亚里士多德无疑将神视为一种纯粹的理性，神是理性的行为本身，他所沉思的正是自己，因此既是思维的主体又是其客体。他并未创造世界，也不出席末日审判，而只是拟定了致使世间万物得以运动发展的法则。与其说希腊哲人阐发的是宗教学说，不如说是高度思辨的哲学体系。他们用"本原""实体""理性"等艰深的哲学术语取代了关于神的感性论述，如前所述，这样深奥的神的观念常人很难理解，少有信众。但是其影响是深远的，当然不是通过普通信徒，而是通过神学家们同样深奥的神学著作而影响后世。亚里士多德的学说经阿奎那的阐发，竟成为基督教神学的有力支柱，在很大程度上影响了中世纪的经院哲学，甚至对中世纪阿拉伯哲学也具有不可忽视的作用。具有神学背景的阿尔法拉比（875—950）在逻辑、物理学、伦理学领域追随亚里士多德，将其《形而上学》中高扬的神圣理性视为理智的最高能力；阿维洛依（1126—1198）直接称亚里士多德为真主所造就，他的"学说是最高的真理"。（赵敦华《基督教哲学1500年》293—299页）

柏拉图与亚里士多德的理性神学理论乃是希腊理性主义神论的一个缩影，在这里，我们清楚地看到了对于神的理解从神迹到智慧的转化，这一转化对后世神学产生了重大影响。无论是什么宗教信仰，无论这些信仰在其本质上具有多么强烈的非理性倾向，但是其阐发过程却基本上被理性化了。实际上，希腊神话中的神谱已被消解，所存留的只是神的名称，"其至上神就是理性"。柏拉图讲神是至善的，既然如此，神就不可能是传说中的诸神，荷马史诗中说的"宙斯混吉凶，虽意赐凡夫"也不可信，特洛伊战争愈来愈惨烈也不是神的挑唆和怂恿。希腊哲人似乎并不关心神是否存在，而是皆在阐明，如果诸神存在，他们应当是什么样子。对神的描述应当有益于所有社会成员、特别是对年轻人的教育。（《理想国》75页）

五、《荷马史诗》作为经典的确立

1. 史诗是什么

关于世界四大史诗并没有一种确定的说法，其中得到公认的是《荷马史诗》《吉尔伽美什》《神曲》《埃涅阿斯纪》四部。

荷马史诗与《神谱》将宙斯视为至上神，从神话的角度为尘世的君权与父权至上性提供了合法性的证明，古代的东西只有同现代结合才有意义，只有这样它才能在古代希腊得以广泛的流传并保存下来。理解到这一点是非常重要的，因为所有的神话，只有当它折射了创造它的民族发展史、历史的重大事件时，才具有意义，这就是远古神话与现代神话的根本区别之所在。远古神话是初民对其所信的东西之描述，因此它蕴涵了初民真实的世界，而现代神话则是人们处出于现实目的的纯粹虚构。正因如此，人们将荷马的诗作称为"史诗"。

2.《荷马史诗》的人民性和群众性

希腊人以其独特的审美素养审视流传下来的大量诗歌，而确立了《荷马史诗》等优秀诗作为经典作品。其理由不言自明，概括起来："由于四大史诗是整个古典时期希腊教育和文化的基础，而且迄今至罗马帝国时代和基督教传播时期，它又成为仁爱教育的支柱，所以荷马又是最有影响的人物之一。希腊人把史诗不仅看作是文学作品，也不仅是希腊团结与英雄主义的象征，而且是从中取得伦理甚至是实践准则的久远源泉。"（《简明不列颠百科全书》第3卷727页）不过此定论似乎不全面，遗漏了一项非常重要的因素，即希腊人实际上首先将史诗视为他们的民族的历史，相信史诗所叙述的是他们的祖先真实的历史。

荷马史诗本为吟咏诗人口头流传的诗歌，史诗中所说的诗人之原义即为"歌手"。我们现在所看到的定本是在亚历山大时代确定的。一般认为，希腊直到前9或前8世纪初才有了一套拼音文字系统，现今发现的用拼音文字书写的铭文约在公元前730年。据此，如果荷马写作《伊利亚特》的年代是在公元前750年以后，其创作或有可能得益于文字的帮助。但文字形成之初，且荷马本人被疑为盲人（注：在希腊语中Homers即盲人的意思）与文盲，此可能性微乎其微。而且希腊人较之文字更注重口头表达。柏拉图就对文字颇有微词，而赞赏对话。认为文字不能追问，不能解疑，虽有助于记忆，却是外在的文本，无法使我们记取真理。只有对话才能达到对真理的理解，且形成对于这种理解了的真理的记忆。因此将荷马史诗视为口传的诗歌应更为可信，它最初是口传的文本，属于一种吟诵传统。从荷马史诗的创作直至亚历山大时代的传唱过程中，逐渐成熟了一些抄本（注：希腊文史家研究，一个荷马史诗的记录共有三类抄本：个人抄本、城市抄本、通俗的民间抄本）。这些抄本从内容、形式、质量上均不相同，就成了荷马史诗文字文本的雏形，经过亚历山大时代学者们的精心整理、校订，才成为我们今天看到的、令人叹为观止的艺术珍品。据传亚里士多德曾亲自为其学生亚历山大大帝校订过一本《伊利亚特》，亚历山大大帝在其一生11年的征战中始终携带着此书，爱不释手。

3. 经典是历经广泛流传而为历代读者所认可的作品

一部著作能够成为经典，不是哪一个帝王恩赐的，也不是哪一位名家决定的，更不是召开某个权威大会投票通过的。"经典"的获得，是非常公平的。它的评判者绝对不是某一个要人和名人，而是广泛的读者大众。而且还不是一地一时的读者大众，而是经过成千上万大众读者的阅读。如果阅读后反映是欢迎，那么这部著作就自然会流传给后人阅读；如果反映是不欢迎，那么这部著作就自然会流传不下去。流传范围不同决定了不同的经典。如果在世界广泛流传而为历代读者所认可的作品，这是世界经典；而如果在一个国家广泛流传而为这个国家历代读者所认可的作品，那即是国家经典。

法国伟大作家雨果说："一部杰作已经成立，便会永存不朽。第一位诗人成功了，也就达到了成功的顶峰。你跟随着他攀登而上，即便达到了同样的高度，也绝不会比他更高。哦，你的名字就叫但丁好了，而他的名字却叫荷马。"德国哲学家黑格尔认为："在荷马的作品里，每一个英雄都是许多性格特征充满生气的总和，荷马借不同的情景，把这种多方面的性格都揭示出来了。"革命导师恩格斯说："荷马的史诗以及全部神话——这就是希腊人由野蛮时代带入文明时代的主要遗产。"

综上所述，不难看出，荷马史诗等作品，首先是因为它们的内容（具有教化意义）和形式（很高的艺术性、亦即审美价值）以及广泛的影响（为民众所信赖和接受）而受到学者们的关注，继而因学者的关注而整理出了作为定本的文字文本，此举进一步强化了荷马史诗的权威性，最终被人们确立为经典。

 **3** 从昆曲《牡丹亭》到伽达默尔哲学诠释学视域下的戏剧观

——对青春版《牡丹亭》的诠释

孙 洵

2020年3月，在早先购买的台湾小说家、评论家和戏剧家白先勇所著的一排书中，我不假思索地找出《牡丹情缘——白先勇的昆曲之旅》读起来。也不知为何，在白先勇的一整排书中，唯独这本最让我惦念。因为一边看书，一边上网观看该书提到的以昆曲青春版《牡丹亭》为主的相关戏曲的视频，所以这本书的阅读时间拖得比较长，但越读越感到饶有兴味。

当然，深深坠入其中的不仅仅是这本书所描绘的白先勇制作青春版《牡丹亭》的昆曲之旅，更有"如花美眷，似水流年"般的昆曲世界。重要的是，对于一个如我这般对戏曲几乎没有任何经验的人，仅仅通过手上的这本书，加上面前的一方屏幕，便轻易地在不知不觉中深深沉醉于青春版《牡丹亭》所呈现的唯美之中，流连忘返，不能自拔。那种无以替代的人生体验，犹如迈克尔·茨威巴赫在青春版《牡丹亭》的观后感《一门精致的艺术》中所描述的那样："那种体验就如压倒一切的欢乐和迷惑……我为之长久地震惊。"[1]P411 书读完了，我这个读者从此又多了一重身份："昆虫"（昆曲迷的谑称）。欣赏昆曲，无疑是"昆虫"最美的"赏心乐事"，也因此生活中的"一切时、一切处"皆为"良辰美景"。投入其中，也不免常常感叹："身在何地，今夕何夕"[1]P145 从此，"情不知所起，一往而深"[1]P239，就像茶道的一种观念"一得永得，一次获得，便永不失去"[2]P001，可能会永久地迷恋上了有着"中国戏曲之祖"雅称的、中华民族美学成就最高的表演艺术昆曲，直到地老天荒。

白先勇先生在《牡丹情缘——白先勇的昆曲之旅》一书中反复说："昆曲无他，得一美字：唱腔美、身段美、辞藻美，集音乐、舞蹈集文学之美于一身"。[1]P29青春版《牡丹亭》是由白先勇先生振臂集结的"海峡两岸，一群对中国文化有热忱、对昆曲更是爱护有加的文化精英、戏曲精英"[1]P2众志成城，共同打造出的充分凸显昆曲之美的巨大文化工程，美到摄人心魄、扣人心弦，美到轻而易举地将门外汉升级为"昆虫"。从我自身的亲身经历就可以证明，《牡丹情缘——白先勇的昆曲之旅》的编辑陈均所言不虚："近些年见昆曲爱好者，谈到青春版《牡丹亭》，多言由其入门。因睹青春版《牡丹亭》而爱好昆曲，此后或更深一步，喜好传统昆曲及习曲，或以'昆虫''粉丝'而参与昆曲，态度又有所异，但对青春版《牡丹亭》多有一份初心存焉。"[1]P441我几乎可以武断地推测，青春版《牡丹亭》应该是中国昆曲历史中呈现给观众的对于《牡丹亭》的最美诠释。

一、戏剧与昆曲

1. 戏剧的定义与诠释学

（1）中国著名学者王国维的戏剧定义

我国近、现代相交时期享有国际声誉的著名学者王国维（1877—1927），"在《戏曲考原》中首先提出了'戏曲者，谓以歌舞演故事也'这一著名的戏曲定义。然后，又在《宋元戏曲考》中进一步发挥：'必合言语、动作、歌唱，以演一故事，而后戏剧之意义始全。'"[3]通俗地说，戏剧指以、动作、舞蹈、音乐、木偶等形式达到叙事目的的舞台表演艺术的总称，是由演员扮演角色在舞台上当众表演故事的一种综合艺术。例如，我国的戏曲表演有唱、念、做、打之"四功"之说。其中，"唱"指唱功，"念"指具有音乐性的念白，二者相辅相成，构成歌舞化的戏曲表演艺术两大要素之一的"歌"；"做"指舞蹈化的形体动作，"打"指武打和翻跌的技艺，二者相互结合，构成歌舞化的戏曲表演艺术两大要素之一的"舞"。

（2）古希腊著名学者亚里士多德的悲剧定义

而在国外，关于戏剧最著名的定义应该是古希腊著名思想家亚里士多德（前384—前322）对悲剧所作的："悲剧是对一个严肃、完整，有一定长度的行动的摹仿；它的媒介是经过'装饰'的语言，以不同的形式分别被用于剧的不同部分，它的摹仿方式是借助人物的行动，而不是叙述，通过引发怜悯和恐惧使这些情感得到疏泄。"[4]可见，亚里士多德对悲剧的定义更注重"行动""语言"及"情感"这三个要素。

（3）诠释学的诠释对象包括戏剧等整个艺术领域

毫无疑问，戏剧这门艺术与文学、绘画、雕塑、音乐、舞蹈、电影、服装设计、建筑设计等其他艺术一样，都是精神科学或人文科学的研究对象。而哲学诠释学的主要创始人、当代德国哲学家伽达默尔在他的哲学诠释学开山之作《真理与方法》中，明确指出："诠释学本来就必须这样宽泛地加以理解，它可以包括整个艺术领域及其问题。正如任何其他的需要理解的本文一样，每一部艺术作品——不仅是文学作品——都必须被理解，而且这样一种理解应当是可行的。因此诠释学意识获得一个甚至超出审美意识范围的广泛领域。美学必须被并入诠释学之中"。[5]P241

2. 昆曲——中国"百戏之祖""人类口述和非物质文化遗产代表作"

（1）昆曲的由来及不朽之作

昆曲，原名"昆山腔"或"昆腔""昆剧"，是中国古老的戏曲声腔、剧种。昆曲是汉族传统戏曲中最古老的剧种之一，也是汉族传统文化艺术、特别是戏曲艺术中的珍品，被称为百花园中的一朵"兰花"。昆曲发源于600多年前的苏州昆山，由昆山人顾坚草创。到明代嘉靖年间，杰出的昆曲音乐家、改革家魏良辅对昆山腔进行大胆改革，吸收了当时流行的余姚腔、弋阳腔、海盐腔的特点，形成了新的声腔，广受欢迎。因为这种腔调软糯、细腻，好像江浙人吃的用水磨粉做的糯米汤团，因此起了个有趣的名字，叫"水磨调"。

昆曲糅合了唱念做打、舞蹈及武术等，以曲词典雅、行腔婉转、表演细腻著称，是被誉为"百戏之祖"的南戏系统下的曲种之一。昆曲以鼓、板控制演唱节奏，以曲笛、三弦等为主要伴奏乐器，其唱念语音为"中州韵"。白先勇先生认为："这是一种极高难度的表演艺术，其美学成就，无出其右。昆曲载歌载舞，无歌不舞，是把歌唱和身段融合得天衣无缝的表演。西方歌剧有歌无舞，芭蕾有舞无歌，这两种表演艺术的精髓，昆曲兼而有之。"[1]P4昆曲唱腔华丽婉转、念白儒雅、表演细腻、舞蹈飘逸，加上完美的舞台置景，可以说在戏曲表演的各个方面都达到了最高境界。正因如此，许多地方剧种，如晋剧、蒲剧、湘剧、川剧、赣剧、桂剧、越剧、闽剧等，都受到过昆剧艺术多方面的哺育和滋养。

昆曲中的许多剧本，如《牡丹亭》《长生殿》《桃花扇》等，都是古代戏曲文学中的不朽之作。昆曲曲文秉承了唐诗、宋词、元曲的文学传统，曲牌则有许多与宋词元曲相同。这为昆曲的发展打下了良好的文化基础,同时也造就了一大批昆曲作家和音乐家,这其中梁辰鱼、汤显祖、洪昇、孔尚任、李玉、李渔、叶崖等都是中国戏曲和文学史上的杰出代表。

（2）昆曲的鼎盛时期

从昆曲的历史发展上看,18世纪之前的400年,是昆曲逐渐成熟并日趋鼎盛的时期。在这段时间里,昆曲一直以一种完美的表现方式向人们展示着世间的万般风情。正是这种富丽华美的演出氛围、附庸风雅的刻意追求,使得昆曲日益走向文雅、繁难的境地。明末清初史学家、文学家"张岱在《陶庵梦忆》里,记载了每年苏州虎丘山中秋夜曲会大比赛的盛况,与会者上千,喝彩声雷动,热闹非凡。"[1]P16"《儒林外史》第三十回写道,当地（南京）有一百三十多个职业戏班。风流名士杜慎卿在南京名胜莫愁湖举办唱曲比赛大会,演出的旦角人数有六七十人,而且都是上了妆表演的。唱到晚上,点起几百盏明角灯来,高高下下,照耀如同白日。歌声缥缈,直入云霄。"[1]P17《红楼梦》中元妃省亲时点的"四出戏：《家宴》《乞巧》《仙缘》《离魂》,后来发现原来这些都是昆曲,而且来自当时流行的传奇本子：《一捧雪》《长生殿》《邯郸梦》,还有《牡丹亭》"[1]P16 18世纪后期,地方戏兴起,打破了长期以来的演出格局,戏曲的发展也由贵族化向大众化过渡,昆曲至此开始走下坡路。

（3）昆曲的衰落与重振

19世纪中叶,京剧兴起,昆曲败落之势更显,许多昆曲艺人转行演出流行的京剧。1949年新中国成立,大力扶持和振兴中国传统的戏曲事业,昆曲才有幸得以重获新生。1956年,浙江昆剧团改编演出的《十五贯》在全国产生广泛的影响,周恩来总理曾感慨地说："一出戏救活了一个剧种。"之后,全国许多地方相继恢复了昆曲剧团。

昆曲于2001年被联合国教科文组织列为"人类口述和非物质遗产代表作"。2006年被列入第一批国家级非物质文化遗产名录。2018年12月,教育部办公厅公布北京大学为昆曲中华优秀传统文化传承基地。

二、《牡丹亭》与青春版《牡丹亭》

1.《牡丹亭》——昆曲百花园中那朵国色天香的牡丹

（1）《牡丹亭》的写成与故事梗概

《牡丹亭》,也称《牡丹亭还魂记》《还魂梦》或《牡丹亭梦》,是中国明代戏曲家、文学家汤显祖（1550—1616，江西临川人，字义仍，号海若、若士、清远道人）根据话本小说《杜丽娘慕色还魂记》改编、创作的传奇（剧本），刊行于明万历四十五年（1617）。

该"传奇讲述的是南安太守杜宝之女杜丽娘，春日游园，触景生情，梦中与一书生柳梦梅幽会。醒后旧情难忘，感伤而亡。杜宝升官离任时，在其墓地造一梅花观。柳生进京赴试，借宿观中，拾得杜丽娘殉葬的自画像，心生爱慕。杜丽娘魂灵遂与其幽会。柳生依其指示，掘墓开棺，杜丽娘起死回生。柳生临安应试，试后去代丽娘向杜宝传报还魂事，反被杜宝误为盗墓贼。朝廷开榜，柳梦梅高中状元。误会消释后，全家团圆。"[6]P1-2

（2）《牡丹亭》的独特魅力

该剧故事新奇，文辞典雅，语言秀丽。汤显祖曾自道："一生'四梦'，得意处唯在《牡丹》。"[7]"临川四梦"，又称"玉茗堂四梦"，指汤显祖的《牡丹亭》《紫钗记》《邯郸记》《南柯记》四剧的合称。或许四剧皆有梦境，才有"临川四梦"之说。"汤显祖得意《牡丹亭》处，也应包括其文字。"[6]P2 而且，"明清人对《牡丹亭》的推崇，也多在其文字。"[6]P3 难怪该剧一经问世，便产生许多传奇效果。曹雪芹在《红楼梦》第二十三回《西厢记妙词通戏语，牡丹亭艳曲警芳心》中"写林黛玉隔墙听曲，听得'心动神摇'，如痴如醉，暗自感叹'原来戏上也有好文章'。"[6]P3 据明张大复《梅花草堂笔谈》记载，"昆山娄江有位叫俞二娘的女子，秀慧能文，'酷嗜《牡丹亭》传奇，蝇头细字，批注其侧'。俞二娘感叹杜丽娘终究美梦成真，而自己却不成美梦，最终竟'断肠而死'。"[6]P3 乾隆间优贡生鲍倚云在《退余丛话》记载，"杭州有位叫商小玲的女伶，色艺著称一时，尤其擅演《牡丹亭》，'每演至《寻梦》《闹殇》诸出，真若身其事者，缠绵凄婉'。一日演《寻梦》，唱至'打并香魂一片，阴雨梅天，守得梅根相见'时，一时气绝，香消玉殒。"[6]P3-4 足见《牡丹亭》语言文字的魅力有多么震撼、多么扣人心弦了。

（3）《牡丹亭》的文学价值

白先勇说："昆曲的文学性特别重，所以昆曲的唱段都是些曲牌合成的，昆曲继承了中国古代的诗词，从唐诗宋词元曲一直下来，这个大的传统，是这样的一个文本，是抒情诗的大传统。"[1]P143 而我则深感，"此曲只应天上有"，昆曲《牡丹亭》的曲文也绝非凡人所能著成。我忍不住猜测：汤显祖或者仙人下凡成肉身，或者终归骑鹤仙去，总之，如此博学多识而又运用自如的人，人间似乎是不太可能存在的。戏文中引用或改写了我国众多重量级的经典书籍，如四书五经、二十四史、唐诗、宋词、元杂剧、佛和道的经书，以及故事传说、神话中的经典诗句或故事，还包括《文心雕龙》《太平广记》《资治通鉴》《闺范》《周礼》《荀子》《世说新语》等。这些经典词句、典故，虽然并非汤显祖的原创，但是就像白先勇先生所言："刚刚看到汤显祖的两个曲牌都是非常有名的，用的羞花闭月都是陈腔滥调的，他转一下子，意境就完全变了，这就是大文学家厉害的地方，顺手拈来，把文字可以弄得很美。"[1]P302 我恍若无意间闯入了繁花盛开的百花园，瞥见了那朵艳冠群芳、国色天香的牡丹。

由明至今，《牡丹亭》几乎成为昆曲之代名词。该剧是中国戏曲史上杰出的作品之一，与《崔莺莺待月西厢记》《感天动地窦娥冤》《长生殿》（一说《崔莺莺待月西厢记》《桃花扇》《长生殿》）合称中国四大古典戏剧。

2. 青春版《牡丹亭》——对《牡丹亭》迄今最唯美的诠释

《牡丹亭》的原本写成于四百多年前的明代，全本共有五十五折，演出时长约二十小时。当时的戏曲通常在私人庭院之类的地方上演，铺上红地毯，点上白蜡烛，演员慢慢表演、仔细演绎，观众慢慢欣赏、仔细品味，也许观众还一边看戏，一边喝着茶、吃着饭。四百年间，社会环境变迁巨大，当年的表演形式已经远远不能适应当今社会的观众需求了。

据网友"一株守候草"介绍，"牡丹亭是一出非常适合入门昆曲的戏：1、上演场次非常多，而且整体质量比较高：近些年北京上演的昆曲，盘一盘估计《牡丹亭》能占差不多将近半壁江山了"[8]"一株守候草"在该文中盘点了我国目前除个别折子戏外，全本、小全本和专场的昆曲《牡丹亭》的版本：青春版、中日版、"春风上巳天"系列五个多小时的精华版、俞言版《2012牡丹亭》、张继青老师1986年电影、北昆魏春荣、邵峥版、陈世争全版，此外，还有跨界京剧大师梅兰芳、著名昆剧表演艺术家俞振飞合演的昆曲电影《牡丹亭·游园惊梦》和上海昆曲团昆曲名旦华文漪和"儒生"岳美缇合演版等。可以说，每一个版本都是制作人对《牡丹亭》原本的又一次诠释，不同的制作人又有不同的诠释原则和理念，当然就可能产生完全不同的诠释结果。

在制作青春版《牡丹亭》时，由白先勇召集的"昆曲义工"团队以"正统、正宗、正派的昆曲表演传统"[1]P3 为目标，所遵循的大原则为："尊重古典而不因循古典，利用现代而不滥用现代，古典为体，现在为用，是在古典传统的根基上，将现代元素，谨慎加入，使其变成一出既古典、又现代的艺术精品。"[1]P2-3

青春版《牡丹亭》在剧本、演员、舞台设计、服装、音乐、角色等方面的打造，"都经过周密的整体考虑，完全为青春版《牡丹亭》唯美的风格打造。"[1]P4-5 "工夫不负有心人"，从青春版《牡丹亭》在国内外演出的盛况来看，这一最精致优雅的美的目标可谓圆满达成。

按照伽达默尔哲学诠释学的观点，即便是观赏同一场青春版《牡丹亭》，由于每个观赏者的"前见"和"效果历史意识"的不同，他们对青春版《牡丹亭》的理解和诠释的结果肯定也是不同的，正如"一千个读者就有一千个哈姆雷特"一样。我通过阅读《牡丹情缘——白先勇的昆曲之旅》一书，结合观看青春版《牡丹亭》的演出视频，深深体会到青春版《牡丹亭》的"五美"。

（1）剧本编整——精炼、对称之美

首先，戏本是一出戏的灵魂，因此，改编剧本无疑是一项很重要的工作，它直接影响演出的成败。汤显祖的《牡丹亭》曲文，在文学造诣上可谓登峰造极，所以，白先勇说："我们在编剧的时候要充分，要体现汤显祖原著的精神，一个大原则是只删不改"[1]P138。此外，青春版《牡丹亭》编剧小组"将《牡丹亭》定调为一则'爱情神话'，所以我们编剧的主轴便完全围绕着一个'情'字下功夫。"[1]P133经过青春版《牡丹亭》的编剧小组成员几个月时间的反复琢磨、脑力激荡，终于"把五十五折的原本，撮其精华删减成二十九折，分上中下三本，三天连台演完，从第一出《标目》演到最后一出《圆驾》，基本上保持了剧情的完整。"[1]P127上本名为"梦中情"，中本"人鬼情"，下本"人间情"。剧本的删编，去芜存菁，一改昆曲原来给人的拖沓缓慢的老旧印象，使昆曲的剧本重新焕发青春的活力。

在生角（男性角色）、旦角（女性角色）的戏份上，青春版《牡丹亭》也做了更加合理的调整。"一般《牡丹亭》的演出本偏重杜丽娘，以旦角表演为主。我们的剧本，还原汤显祖原著精神，加强柳梦梅角色，生旦并重。……如此，我们的剧本生旦双线发展，达到了对称平衡之美。"[1]P128原本第二十四出的《拾画》，是生角在花园中演出的一出戏，仅仅由《金珑璁》《一落索》《好事近》《锦缠道》《千秋岁》五个曲牌和一个《尾声》组成。很多版本的《牡丹亭》把《拾画》处理成了过场戏，只唱《好事近》《千秋岁》两个曲牌，把词意极美、曲牌婉转缠绵、极富抒情韵味的《锦缠道》都砍掉了。"我们把《锦缠道》曲牌加入了《拾画》，而且把《拾画》分量加重变为主戏，将《叫画》（原著为《玩真》）与《拾画》捏成一折，全部在园中表演，一气呵成。"[1]P134这样改编之后出现于第二本

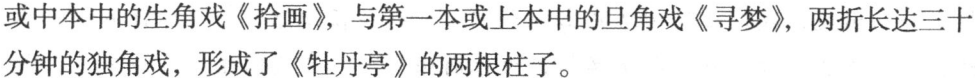

或中本中的生角戏《拾画》，与第一本或上本中的旦角戏《寻梦》，两折长达三十分钟的独角戏，形成了《牡丹亭》的两根柱子。

（2）主角选择——色艺双全、青春古典之美

在演员方面，青春版《牡丹亭》选中了苏州昆剧院小兰花班形貌唱作俱佳的俞玖林、沈丰英这对金童玉女分饰男、女主角，并聘请具有"巾生魁首"之誉的浙江昆剧院名演员汪世瑜及饮誉中国昆曲界的"旦角祭酒"江苏省昆剧院张继青亲自指导和传授，终于将两块璞玉雕琢成了大器。"直到四月二十九日首场开幕，沈、俞一对璧人台上一亮相，一个千娇百媚，一个玉树临风，活脱脱好像玉茗堂主汤若士笔下的柳梦梅与杜丽娘从出四百年前的《牡丹亭》中走了出来，一出二十一世纪的《还魂记》，终于顺利开锣。"[1]P136

（3）舞台设计——写意、简约之美

在舞美和灯光方面，聘请了台湾舞台工作者中的领军人物：林克华（舞美、灯光）、王孟超（舞美）、黄祖延（灯光）。青春版《牡丹亭》将中国书画作为舞台背景，例如在《言怀》一出戏中，背景是四幅顶天立地的书法立轴，是台湾书法大家董阳孜用行草书写的柳宗元的文章。既宣传了中国的书法文化，又写意、简约、低调，起到了极好的衬托作用。

（4）服装设计——淡雅、精致之美

在服装方面，青春版《牡丹亭》的美术总监王童一改过去戏曲中大红大绿的戏服传统，他"特意遵照传统观念，质料与样式不多做改变，但在色彩的搭配，以淡雅鲜嫩为主，以示青春，而且色彩变化也跟随人物内心及剧情氛围的需要。"[1]P135 而且，"王童替这出戏精心设计了两百套戏服，他去苏州多次，亲自挑选绸料，寻找几代相传的老绣娘。青春版《牡丹亭》的服装典雅精致，美轮美奂，对戏曲界产生革命性的影响。"[1]P4 青春版《牡丹亭》浓淡相宜、刺绣精美的戏服令人眼前一亮、耳目全新。

（5）角色重塑——俊扮、文雅之美

青春版《牡丹亭》的总导演汪世瑜先生"对其他次要人物的塑造也有大胆突破。石道姑一角本属丑行，但有的演出，丑角插科打诨太过，角色丑化。汪世瑜却让石道姑俊扮，由苏州昆剧院一级演员陶红珍饰演，满口苏白，非常出色。虽然破了格，但效果特好。《道觋》一折，台下笑声不断。其他如溜金娘娘杨婆改成俊扮也是成功的，吕佳表演出彩。"[1]P204 此外，因为白先勇先生认为《牡丹亭》这出戏的成败就在花神，所以他非常重视花神的戏份。"从前花神只在《惊

梦》一场出现，我们让花神总共出现五次。让花神在《惊梦》吹动杜丽娘的春情，在《离魂》带她死，在《冥判》为杜丽娘辩解，在《回生》带她重生，最后，再在大团圆的《圆驾》出场，歌颂男女主角的爱情，提醒观众这出戏是一个神话。"[1]P225青春版《牡丹亭》的十三位花神，由台湾舞蹈家吴素君编舞，由服装设计师王童设计绣着十二种月令的花卉的美丽披风，又雅又艳，姗姗出场、美若天仙的花神成为整出戏的又一大亮点。

在现有的昆曲《牡丹亭》的诸多版本中，有以唱腔宛若天籁而独占鳌头的版本（如张继青、俞振飞、华文漪、岳美缇等老一辈表演艺术家参与演出的版本），有以演员个人魅力、感染力和气场而独具竞争力的版本（如中日版、"春风上巳天"系列版），也有以创新为亮点取胜的版本（如北昆魏春荣、邵峥版《牡丹亭》）。但无论从剧本编排、舞台设计、音乐配合、角色处理、演员阵容等方面来说，最美的版本，我认为还是非青春版《牡丹亭》莫属。

三、伽达默尔哲学诠释学视域下的戏剧观

在对昆曲青春版《牡丹亭》的陶醉之余，我不禁联想到我们"诠释学与阅读"读书小组自成立以来一直孜孜以求的主题。如前所述，既然伽达默尔认为诠释学应该覆盖如文本一般的戏剧等艺术作品的理解和诠释，他甚至将艺术经验和历史传承物的经验作为整个诠释学的研究起点，因为"通过一部艺术作品所经验到的真理是用任何其他方式不能达到的，这一点构成了艺术维护自身而反对任何推理的哲学意义。"[5]导言P5那么伽达默尔哲学诠释学具体包含哪些有关艺术作品的诠释理论和论点呢？艺术作品的存在方式到底是什么呢？人们如何才可能理解和诠释一部艺术作品呢？我们是否可以将这些理论和观点用于对青春版《牡丹亭》的理解和诠释呢？

1. 游戏是一切艺术作品的存在方式

在我们的日常生活中，提起游戏一词，我相信许多人都比较能够接受"互动性的娱乐行为"这一通俗直观的定义。的确，从古老传统的儿童游戏：丢手绢、老鹰抓小鸡、跳房子、击鼓传花、放风筝，到成人游戏：象棋、升级、争上游、麻将、桥牌、德州扑克，再到现代的各种电子游戏，如王者，无不以互动和娱乐或消遣为主要特征。这种定义与"亚里士多德所说的，它是'为了休息之故'而产生的"[5]P149的意思极其相似。

其实，游戏因其与艺术的本质关联，还是近代美学的一个重要概念。德国古典哲学创始人康德（1724—1804）在其《判断力批判》中，在论述艺术和手艺的区别时写道："艺术甚至也和手艺不同，前者叫做自由的艺术，后者也可以叫做雇佣的艺术。我们把前者看作好像它只能作为游戏，即一种本身就使人快适的事情而得出合乎目的的结果（做成功）；而后者却是这样，即它能够作为劳动、即一种本身并不快适（很辛苦）而只是通过它的结果（如报酬）吸引人的事情、因而强制性的加之于人。"[9]P147康德把诗看作是"想象力的自由游戏"，把音乐和绘画看作"感觉游戏的艺术"。德国18世纪著名诗人、哲学家、历史学家和剧作家席勒（1759—1805）在他的《审美教育书简》中指出："人同美只应是游戏，人只应同美游戏"。[10]P80康德和席勒将对艺术作品的审美活动和游戏相联系，强调在审美活动中主体精神的自由性。而伽达默尔却将游戏概念作为本体论阐释入门的核心概念，将我们经验艺术的方式视为游戏的方式。伽达默尔说："如果我们就与艺术经验的关系而谈论游戏，那么游戏并不指态度，甚而不指创造活动或鉴赏活动的情绪状态，更不是指在游戏活动中所实现的某种主体性的自由，而是指艺术作品本身的存在方式。"[5]P149借助对游戏这一核心概念的重新探究，伽达默尔重新定位了游戏、游戏者、观赏者三者之间的关系，做出了自己对艺术的独特的本体论诠释。

（1）游戏者不是游戏的主体，游戏先于游戏者而存在

首先，伽达默尔认为："游戏显然表现了一种秩序，正是在这种秩序里，游戏活动的往返重复像出自自身一样展现出来。"[5]P154不仅如此，"预先规定游戏空间界限的规则和秩序，构成某种游戏的本质。"[5]P157每种游戏都有自己独特的一套游戏规则，这些游戏规则便规定了游戏往返重复运动的方式。谁想参与某种游戏，谁就必须遵守这种游戏的游戏规则，否则将被其他进行游戏的人排除在外。"因为游戏具有一种独特的本质，它独立于那些从事游戏活动的人的意识。"[5]P151任何游戏都是独立于游戏者而存在的，无论是否有游戏者正在进行这项游戏，它都客观地存在于那里。"其实，游戏的原本意义乃是一种被动式而含有主动性的意义。所以我们讲到某种游戏时，说那里或那时有游戏'在玩'，有游戏在发生，有游戏在进行。"[5]P153原本明明是被动的游戏，却好像具有自己独立自主的主动性。所以，伽达默尔才说："游戏的真正主体显然不是那个除其他活动外也进行游戏的东西的主体性，而是游戏本身。"[5]P153盲目自大的人们，看似可以潇洒自如地操控某项游戏，却因游戏独特的魅力、迷惑力而着迷和忘我，被游戏深深吸

引而不能自拔，实际上已在不知不觉中被游戏着，成了真正的被动者，游戏反而成了主宰一般。白先勇如下的这段评述由华文漪扮演杜丽娘的《牡丹亭》的话，也是较好的例证："就正如观众今晚是先被华文漪的舞蹈、眼神、唱腔吸引住，然后慢慢地投入进去"。[1]P93

（2）游戏是为观赏者而存在的，戏剧是一种观赏性游戏

按照伽达默尔的观点，自我表现不仅是游戏的存在方式，而且也是游戏最突出的意义所在。由此我们可以推理，游戏的表现活动一定是为某人的表现活动，尤其是宗教膜拜游戏和观赏游戏。例如，我国于1998年清明节举办的首次民间祭礼活动"祭中华始祖炎帝神农氏仪式"，又如我国佛光山澳门禅净中心于每年农历四月初一举办的浴佛法会，旨在庆祝人天导师释迦牟尼佛降诞人间的喜悦。这些宗教膜拜仪式需要观看者或信众，并且更重要的是，这些仪式就是为了他们而表现的。所以，伽达默尔说："这里游戏不再是对某一安排就绪的活动的单纯自我表现，也不再是有游戏儿童于其中出现的单纯的表现，而'为……表现着'。这里一切表现活动所特有的这种指向活动好像被实现了，并且对于艺术的存在就成为决定性的东西。"[5]P159可见，正是因为这些"观看性地参与到表现活动中去"的观赏者的在场，游戏才得以完整地表现和完成。所以，可以说，游戏是为观赏者而存在的。

伽达默尔充分讨论了游戏的本质之后，进一步提出戏剧是一种观赏性的游戏："甚至戏剧（Schauspiel）也总是游戏，这就是说，戏剧具有成为某种自身封闭世界的游戏结构……事实上，最真实感受游戏的，并且游戏对之正确表现自己所'意味'的，乃是那种并不参与游戏、而只是观赏游戏的人。在观赏者那里，游戏好像被提升到了它的理想性。"[5]P161在戏剧这种形式的游戏中，是剧作家、作曲家和演员等游戏者，共同实现了戏剧的表演。但是，戏剧和所有其他形式的艺术作品一样，"艺术作品的存在就是那种需要被观赏者接受才能完成的游戏。"[5]P240观赏者成为这种游戏中不可缺少的一个要素。而且，正是被一出戏剧卷入而沉湎于其中的观赏者，才最有可能成为真正理解和诠释这出戏剧所蕴含的意义的人。因此，在听戏者那里，戏剧才获得了它的完整意义。

（3）游戏朝着艺术的"转化"——所有中介的自我扬弃

伽达默尔是如此定义"转化"概念的："我把这种促使人类游戏真正完成其作为艺术的转化称之为向构成物的转化。"[5]P163转化的本质就是"转化本身则是救赎，并且回转到真实的存在。"[5]P166游戏一旦完成了其作为艺术的转化，亦即

向构成物的转化,那么,我们自己本身所生存于其中的世界、在那里从事游戏的人的同一性以及原先的游戏者将都不继续存在,"所存在的东西仅仅是被他们所游戏的东西[5]P165。"

我们知道,艺术作品的表现总是通过某种中介活动来实现的。例如,诗歌通过朗诵者而表现,戏剧经由戏剧演员的模仿、扮演而上演,音乐必须有演奏者的演奏才能响起,电影和电视剧总是经过演员对剧本角色的模仿的拍摄和播放才能上映。但是,只要这种种游戏完成了其作为艺术的转化,那么中介也只能是一种彻底的中介,即"中介的元素作为中介的东西而扬弃自身。"[5]P177而且,我们生存于其中的世界也消失不见了,诗人、剧作家、作曲家等游戏者,以及从事中介活动的朗诵者、表演者、演奏者、演员等全都不复存在了。所存在的只是真实的东西,只是游戏者所游戏之物。例如,通过俞玖林、沈丰英在青春版《牡丹亭》中精彩绝伦的模仿和演绎,令人们对他们扮演的角色留下了惊艳难忘的印象。此时此刻,俞玖林扮演的柳梦梅就是真实的柳梦梅,沈丰英扮演的杜丽娘就是真实的杜丽娘,整部《牡丹亭》就是一部发生在此时此刻的真实的人间悲喜剧。所以,伽达默尔说:"表演者所表现的东西,观赏者所认识的东西,乃是如同创作者所意指的那样一种塑造活动和行为本身。这里我们具有一种双重的模仿:创作者的表现和表演的表现。但是这双重模仿却是一种东西:在它们两者中来到存在的乃是同一的东西。"[5]P173

2."共在"说——观赏是一种真正的参与方式

正是在这种艺术作品在表现中出现的统一性和同一性前提之下,我们才可能提及对一出戏剧进行理解和诠释的可能性问题。此外,作品自身的同一性还应包括作品自身处于时间和情况的变迁中所发生的一切变迁方面。而且,"所有变迁方面都与它共时的。"[5]P178这就涉及审美存在的时间性问题。"共时性"本来具有克尔凯郭尔所赋予的神学意蕴,即"共时性并不是同时存在,而是表述了向信仰者提出的这样一种任务,即要完全联系在一起地传达两件并不是同时的事情,即自身的现在和基督的拯救,以使后者仍然像某种现在之事(不是作为当时之事)被经验并被认真地接受。"[5]P187而在我们所论及的审美经验中,共时性是指"某个向我们呈现的单一事物,即使它的起源是如此遥远,但在其表现中却赢得了完全的现在性。"[5]P187例如,创作于明万历二十六年(1598)的《牡丹亭》,源自四百多年前的明代剧作家之手,但在如今的表现中却赢得了它的完全的现在性,令人仿佛觉得它就是一出发生于现实生活中的真实故事。"共时性构成了'共在'

的本质。"[5]P187

（1）"共在"——心灵的"共振"

这样，我们就来到了我们这部分内容的中心概念："共在"。伽达默尔对"共在"概念所作的定义如下："观赏者的存在是由他'在那里的共在'所规定的。'共在'的意思比起那种单纯的与某个同时存在那里的他物的'同在'要多。共在就是参与。谁共在于某物，谁就完全知道该物原来是怎样的。共在在派生的意义上也指某种主体行为的方式，即'专心于某物'。所以观赏是一种真正的参与方式。"[5]P183 对于伽达默尔关于"共在"的定义，我觉得我们可以反过来倒推：因为观赏者"专心于某物"，即专注于所观赏的东西，所以，他才能够共时性地看待和处理多年前发源于遥远的地方的艺术作品，以使它们获取完全的现在性，成为他"在那里的共在"，即他共在于该物，因此，他就完全能够理解和诠释该物原来是怎样的。按照伽达默尔的观点，如果我们在观赏某种艺术作品的时候，达到了某种忘却自我存在的痴狂境地，正如我们沉溺于某种上瘾的游戏时的那种沉迷得难以自拔的状态，那么我们就自然把握了这种艺术作品的本来意义以及我们自身世界的真理。

"共在"概念对于我们来说，可能既陌生又难以理解。其实，我认为"共在"的意思和"共振"和心灵的"共舞"倒是有几分相似，这在我们平时的读书体验中就经常发生，而且非常明显。同一本书，对于不同的人，读书的经验肯定是不同的。有的人一下子就读了进去，津津有味，欲罢不能，废寝忘食；而有的人无论怎么强迫自己，都无法读下去，如同嚼蜡一般，一点儿进入不了自己的大脑。同一本书，对同样的一个人的不同人生阶段来说，读书的经验也是完全不同的。也许第一次打开的时候，因为完全找不到感觉，只能合上书本，暂且放下。不知过了多久之后，书还是那本书，但是书本一经打开，便如一块威力强大的磁铁一般，把人猛地一下子吸了进去。从理论的高度来说，这种现象犹如读者和作者发生了"视域融合"的结果。从我们自身的读书经历来看，我们自觉自愿地浸淫于作者为我们构建的世界之中而乐不思蜀，我们好像有那么一点儿真正认识到了作者隐藏于文字后面的真正含义，这种类似"偷窥"的快感令我们成了快乐的"书虫"而乐此不疲。我们好像与作者产生了心灵的"共振"和"共舞"，我们自己的思想、观念和作者的思想、观念相互作用、相互影响后，又重新更新我们自己的思想和观念的仓库。我们认识了作者的世界后，又重新认识了我们自己生存于其中的世界和我们自身。"正是从他作为观赏者而丧失自身这一点出发，他才有可能指望达到意义的连续性。这就是观赏者自身世界的真理，他在其中生活的宗教世界和伦理世界的真理，这个世界展现在他面前，他在这个世界里认识了自己。"[5]P188-189

（2）将"共在"说运用于对青春版《牡丹亭》的诠释

对于伽达默尔的"共在"说观点，我们可以尝试将之运用于对青春版《牡丹亭》的诠释现象。以我个人"遭遇"青春版《牡丹亭》的经验来说，我也算受到青春版《牡丹亭》的引领跨入了昆曲的大门，成了一名资浅的曲迷。和资深的内行"昆虫"相比，我还只能属于昆曲的外行人。俗话说："内行看门道，外行看热闹"，内行看戏看重的是戏剧的灵魂：唱腔，所以中国民间自古就有"听戏"一说。"戏子的腔、厨子的汤"，应该指的也是相同的意思吧。就像网友"一株守候草"所说的："只有听了多出戏的老戏迷，才会慢慢悟到唱腔才是更持久的吸引——和谈恋爱一个道理。"[8]虽然，我还没有上升到老戏迷的那种分辨昆曲唱腔水准高低的程度，但这并不影响我为了昆曲而如痴如狂、忘却自我和专心致志。那么，如果按照伽达默尔的"共在"说，我就应该与青春版《牡丹亭》"共在"了，因此，我"就完全知道该物原来是怎样的"，即我就有可能理解和诠释青春版《牡丹亭》了。

参考文献：

[1] 白先勇.牡丹情缘[M].北京：商务印书馆，2016.

[2] 闫红.刹那芳华——误读红楼[M].合肥：安徽教育出版社，2013.

[3] 吴戈.戏曲的定义与王国维的戏剧观[J].戏文，1997（06）：60-62.

[4] 倪胜.何为戏剧？——关于戏剧定义（上）[J].新世纪剧坛，2017（06）：18-25.

[5] 伽达默尔.真理与方法[M].北京：商务印书馆，2016.

[6]（明）汤显祖.牡丹亭[M].北京：人民文学出版社，2019.

[7]（明）王思任.批点玉茗堂牡丹亭词叙.

[8] 一株守候草.为什么重看《牡丹亭》.https://www.douban.com/note/715643076. 2019-04-24.

[9] 康德.判断力批判[M].邓晓芒，译.北京：人民出版社，2002.

[10] 席勒.审美教育书简.北京：北京大学出版社，1985.

 **湘西印象**
——哲学诠释学"效果历史"和"前理解"概念的应用篇

孙 洵

一、印象

1. 印象

在2021年10月的湘西自驾游启程前夕,经一位多年的书友兼老师的推荐,我购买了中国20世纪最优秀的作家之一、湖南凤凰县人沈从文先生著名的书籍《湘行散记 湘西》。可惜的是,在"进入"沈从文先生透过《湘行散记 湘西》为我娓娓铺陈和描述的湘西之前,我已经真实地进入了湘西,踏上了那块陌生而神秘的土地。直到从湘西尽兴而归,才翻开《湘行散记 湘西》,但整个人一下子就被"吸"了进去。现实世界中的一切仿佛暂时退去,人穿越时空,回到大约一百年前的湘西。

沈从文先生在《湘行散记 湘西》一书《湘西》部分的《题记》中说道:"至于我这册小书,在本书第一章即说得明明白白:只能说是一点'土仪',一个湘西人对于来到湘西或关心湘西的朋友们所作的一种芹献。"[1]百度百科对于"土仪"这个现代人很陌生的词语的释义为"用来送人的土产品。"而对于这本沈从文先生口中像土特产品似的书籍,我觉得它其实就是沈从文先生关于湘西的部分记忆、回忆或印象。就像沈从文先生在该书《老伴》一文的开篇所说的印象的意思:"我平日里想到泸溪县时,回忆中就浸透了摇船人催橹歌声,且为印象中一点儿小雨,仿佛把心也弄湿了。"[1]

第四部分 应用篇

提到"印象"一词，人们不免会想到印象派油画。印象派强调画家自身对客观事物的感觉和印象，根据画家自己的观察和感受，通过光与色彩的表现，捕捉景物微妙的色彩变化和瞬间的印象。但是，印象派向人们所传达的不是摄影作品般原封不动的世界，也不需要每个细节如结构、比例、颜色等都必须与现实生活保持一致，而是画家的所见所闻再加上自己的幻想、想象的总和，即印象，从而体现了艺术来源于生活而高于生活的本质。

如果我们从更广的范围加以思考，便可推知：每个人（或读者）对于所谓的客观对象的感知、阅读、理解和诠释的结果，如对于一幅风景、一段历史、一个地方（如桂林、丽江、西湖、海南岛、湘西、北纬四十度地理带）、一个事件等，无不是这一对象在人的头脑里留下的一种印象。但是，重要的是，即便是一模一样的对象，就比如上个世纪初的湘西，对于不同的人留下的印象一定是不同的，甚至是大相径庭的。例如，日出作为一种自然现象，相信每个人都曾经见过，如海边的日出、黄山顶上的日出、平日里的城镇和乡村的日出。但是，莫奈的《日出·印象》所诠释的日出却是完全不同的样子，给人以特别生动的美感。这是为什么呢？

2. 哲学诠释学"效果历史"概念及应用

20世纪60年代初，哲学诠释学的主要创始人伽达默尔在他的哲学诠释学开山之作《真理与方法》一书中指出："真正的历史对象根本就不是对象，而是自己和他者的统一体，是一种关系，在这种历史关系中同时存在着历史的实在和历史理解的实在。一种名副其实的诠释学将会在理解本身中展示这种特有的历史实在。我把这所要求的称为'效果历史'（Wirkungegeschichte）。理解是一种效果历史事件。"[2]

我认为伽达默尔关于"效果历史"概念的定义，实际上揭示了历史对象或一般对象的非客观性。如果将"效果历史"概念运用到一般的对象上，便可称为"效果对象"。在这里，"效果"又可译为"产生影响"或"起作用"。一个对象，当然也包括历史，只有通过某种联系或方式对某位读者产生了某些效果或影响、起到了某种作用时，这些效果、影响或作用才是这个读者对这个对象的理解或者印象。由于即便是同样一个对象，它对每个人产生的效果或影响、起到的作用也是不同的，是因人而异的，所以每个人的"效果对象"就是不同的，是因人而异的。这就说明一切对象都不可能是绝对客观的，它们给予每个人的印象总是各不相同的。

237

从读者（包括历史学家、旅游观光者、画家、作家、书本的阅读者等）这一端出发来看，某位读者关于特定对象的所见所闻、回忆、记忆、联想、想象、幻想、错觉、别人对该对象的理解和诠释等等，无论正确与否，统统综合起来构成了这一读者对该对象的理解或印象，这种理解或印象其实就是这一读者与特定对象之间发生的某种关系或某种统一体。就像沈从文先生在《湘西》部分的《引子》中所批评的："这种游记和通信刊载出来时，又给另外一些陌生人新的幻觉与错觉，因此湘西就在这种情形中成为一个特殊区域"。[1]由于读者对于对象的理解、认识或印象，同时存在着可能正确的成分（如历史的实在）和读者自己理解中不一定正确的东西（如历史理解的实在），这也证明了一切对象都不可能是绝对客观的。

这种关系或统一体，在沈从文先生的书中也能找到痕迹。如"二十年来生者多已成尘成土，死者在生人记忆中亦淡如烟雾，唯书中人与个人生命成一稀奇结合，俨若可以不死，其实作品能不死，当为其中有几个人在个人生命中影响，和几种印象在个人生命中影响。"[5]这种"稀奇结合"，其实就是作者和书中人物之间相互融合、纠缠不休的一种关系或统一体。

正因为每个人的"效果对象"是不同的，所以就会有莎士比亚名言所反应的"一千个读者眼中就会有一千个哈姆雷特"这种现象的出现。这也真正解释了为什么莫奈画出的日出印象和别人心目中的日出印象如此不同，也解释了为什么沈从文先生的湘西印象是那么神圣、空灵和纯美：

"那种黛色无际的崖石，那种一丛丛幽香炫目的奇葩，那种小小洄旋的溪流，合成一个如何不可言说迷人心目的圣境！若没有这种地方，屈原便再疯一点，据我想来他文章未必就能写得那么美丽。"[1]

"我呢，在沉默中体会到一点'人生'的苦味。我不能给那个小妇人什么，也再不作给那水手一点点钱的打算了，我觉得他们的欲望同悲哀都十分神圣，我不配用钱或别的方法渗进他们命运里去，扰乱他们生活上那一分应有的哀乐。"[1]

3. 哲学诠释学"前理解"概念及应用

哲学诠释学的"前理解"概念又可以称为"偏见"。"前理解"意指在新的理解产生和发生之前已经存在的一种理解，或一种理解状态，它是"主体进行理解前的已理解的精神储备"[3]。德国哲学家、20世纪存在主义哲学创始人海德格尔进一步分析了"前理解"的构成："任何理解的先决条件都要由三方面的存在状态构成"[3]，即"先有"（人所必要存在的某个历史与文化）、"先见"（我们思考任何问题所要利用的语言、观念及运用语言的方式）、"先知"（我们在理解前已具有的观念、前提和假定等）。可以说，"理解所处的这种作为人的存在的状态，也可称作理解的'前理解'状态。它先于主体与客体区分的自觉意识，理解必须由'前理解'开始，而不是从'主体'开始。"[4]"前理解"使理解成为可能，它是一切理解赖以发生的前提和先决条件，是一切新的理解的出发点，也决定了理解的结果或新的理解或印象的模样。这也能解释为什么同样的对象却给人以不同的印象。

对照"前理解"的构成，我们可以看看沈从文先生对于湘西的"前理解"。沈从文先生的先有就是他出生和生长于其中的中国甚至于整个世界这个大的历史和文化背景，以及湘西这个地方的独特历史和文化；他的先见就是他利用的湘西方言、观念及运用湘西方言的方式，他利用的湘西方言和观念已经在不知不觉中掺杂了他自己诠释出来的新的意义，他运用湘西方言的方式也一定与别的同乡不同；他的先知就是在他阅读理解湘西之前已经形成的观念、前提和假定等。沈从文先生在二十岁时离开湘西之前，在社会剧烈大动荡下，这"二十年噩梦般恐怖黑暗生活"经历，塑造了他独特的世界观、观念、前提和假定。

"咸同起义风潮"和"庚子国变"这两段历史，虽然沈从文先生本人并没有亲身经历，但都对他的人生产生了深远的影响。由于他那得到清朝提督衔、云南昭通镇守使和贵州提督官位的祖父，所以，"即或我爸爸希望做一将军终生也做不到，但他把祖父那一分光荣，用许多甜甜的故事输入到这荒唐顽皮的小脑子里后，却引起了很大的影响。"[7]庚子联军入京的第三年，他的父亲是镇守大沽口炮台的罗提督身边的一员裨将，北京失陷后，才回到了家乡。"他仿佛早就看出我不是个军人，不希望我做将军，却告给我祖父的许多勇敢光荣的故事，以及他庚子年间所得的一分经验。"[7]

中国于1911年爆发的辛亥革命，在革命尚未成功时的湘西，针对几千无辜农民的愚蠢杀戮，给刚好知道"人生"的沈从文先生上了印象极深的一课，"但革命印象在我记忆中不能忘记的，却只是关于杀戮那几千无辜农民的几幅颜色鲜明的图画。"[7]

1917年沈从文先生十五岁，"小学刚毕业，就被送到土著军队中当兵，在一条沅水和它的支流各城镇游荡了五年。"在亲眼看到军队残害百姓的无数蠢事后，沈从文先生产生了对广大无辜苗民和农民的深刻同情："这一分经验在我心上有了一个分量,使我活下来永远不能同城市中人爱憎感觉一致了。……使我对于城市中人在狭窄慵懒的生活里产生的作人善恶观念,不能引起多少兴味,一到城市中来生活,弄得忧郁强悍不像一个'人'的感情了。"[7]

在当兵的五年时间里,沈从文先生做过司书、警察所办事员、司书、书记、文件收发员和报馆校对,结识了两位博学有趣的人、一位具有"稀有的精神和人格""治军有方,名誉极佳"的统领官和一个"真真实实的男人",因此在知识、思想和见识上得到极大的增长和开拓。因而了解了外面那个拥有火车、轮船、电灯、电话、鱼雷艇和氢气球的古怪而先进的世界,学习了"宋元哲学""大乘""因明"和"进化论"知识,认识了种种犯罪行为"背后所隐伏的生命意识"。此外,他还接触了无所不包的《辞源》和商务印行的《说部丛书》(包含狄更斯的《冰雪因缘》《滑稽外史》《贼史》)、《四部丛刊》、宋及明清的旧画、几十件铜器、古瓷及碑帖。接近和认识了报纸这种"了不得的东西",如《申报》,还有后来"五四"新文化运动中涌现出来的期刊《新潮》和《改造》。所有这些东西以及沅江流域的动人光景及各样人事,"各种生活营养到我这个魂灵,使它触着任何一方面时皆若有一闪光焰。"[7]

"我看一切,却并不把那个社会价值掺加进去,估定我的爱憎。我不愿向价钱上的多少来为百物作一个好坏批评,却愿意考查它在我官觉上使我愉快不愉快的分量。我永远不厌倦的是'看'一切。宇宙万汇在动作中,在静止中,我皆能抓定她的美丽与最调和的风度,但我的爱好却不能同一般目的相合。我不明白一切同人类生活相联结时的美恶,另外一句话说来,就是我不大能领会伦理的美。接近人生时我永远是个艺术家的感情,却绝不是所谓道德君子的感情。"[7]

"为了读过些新书,知识同权力相比,我愿意得到智慧,放下权力。我明白人活到社会里应当有许多事情可作,应当为现在的别人去设想,为未来的人类去设想,应当如何去思索生活,且应当如何去为大多数人牺牲,为自己一点点理想受苦,不能随便马虎过日子,不能委屈过日子了。"[7]

二、沈从文先生的湘西印象

沈从文先生的《湘行散记 湘西》一书《湘西》部分的《题记》,在我看来就像一幅印象派油画,勾勒出了湘西给他留下的印象。也像印象派油画都有的亮点一样,如莫奈的印象派画作《日出·印象》中的太阳、小船和吊车,《题记》也突出了湘西的几个亮点。如前所述，沈从文先生的湘西印象，也就是他对20世纪初的湘西阅读和理解的结果，是由他的"效果历史"（在这里即"效果湘西"）和他对湘西的"前理解"所决定的。

沈从文先生在《题记》的一开头，便对书名做了说明和解释："我的这本小书只能说是湘西沅水流域的杂记，书名用'沅水流域识小录'，似乎还切题一点。"[1]虽然湘西应该包括湖南省西部更加广大的区域，但是一般的文献记载所指的湘西主要还是指的是沅水流域，即"西南公路沿沅水由常德到晃县一段路"[1]。若按这个说法，湘西沿沅水（即沅江）从南至北的走向，应该包含洪江、芷江、新晃（旧称晃县）、怀化、溆浦、麻阳、辰溪、凤凰、吉首、泸溪、沅陵、桃源和常德等地。《题记》中的亮点包括西汉末年至东汉初年将领马援被困死在位于沅水中部的壶头山、春秋时被放逐的楚国诗人屈原曾在湘西生活的痕迹、中国边远各省统治制度之一种的土司制度和清代两百年来屯兵练勇的治苗方策。

我认为《题记》的最大亮点，就像《日出·印象》中的太阳似的亮点，在于剖析湘西落后的根本原因和解决方法。沈从文先生首先指出湘西并不像湘西人自己认为的那样地瘠民贫，"事实上，湘西的桐油、茶叶，都有很好的出产。地下的煤铁，虽然不如外人所传说富厚，至于特殊金属，如锑、砒、银、钨、锰、恭、金，地下蕴藏都相当多。"[1]但是，当时的湘西的状况却是"湘西到今日，生产，建设，教育，文化，在比较之下，事事都显得落后"。[1]沅水流域上下二十多个县，当时竟然没有一所像样的中学。沈从文先生认为，导致这种现状的根本原因，"这是湘西人负气与自弃的结果！负气与自弃本来是两件事，前者出于山民的强悍本性，后者出于缺少知识养成的习惯；两种弱点合而为一，于是产生一种极顽固的拒他性，不仅仅对一切进步的理想加以拒绝，便是一切进步的事实，也不大放在眼里。"[1]湘西当时的进出口货物都被江西帮、汉口帮商人把持在手里，这么大的生意湘西本地人都不屑参与，确实令人难以想象。湘西虽然地杰人灵，人才辈出，但为家乡做过贡献的成功人士却屈指可数，基本上无所建树。

如果希望改变这种现状，沈从文先生向同乡呼吁："天时地利待湘西人并不薄，湘西人所宜努力的，是肯虚心认识人事上的弱点，并有勇气改善这些弱点。第一是自尊心的培养，特别值得注意。因即以游侠者精神而论，若缺少自尊心，便不会成为一个大角色。何况年轻人将来对地方对历史的责任，远比个人得失荣辱为重要。"[1]为了帮助湘西人培养自尊心和自信心，沈从文先生作为一名作家，自然非常期待利用文字的力量为此做些努力："《边城》中人物的正直和热情，虽然已经成为过去了，应当还保留些本质在年轻人的血里和梦里，相宜环境中，即可重新燃气年轻人的自尊心和自信心。"[6]

这是《题记》最大的亮点，也是沈从文先生对湘西最为刻骨铭心和急于改变的现状和印象。

三、我对湘西的印象点滴

对于一般人对湘西可能具有的印象，沈从文先生在一百多年前就曾经估计过。在今日看来，这种情形似乎也相差不多：地险、人蛮、放蛊、赶尸、桃花源。我们于2021年10月中旬完成的湘西自驾游，途径湘西的洪江古城、黔阳古城、芷江龙津桥和凤凰古城后，汽车转向西方贵州东北部的梵净山行驶。算起来，我们真正游览湘西的时间极少，不超过48小时，实地走过的地方只有不到湘西一半的区域。我个人对湘西的印象在旅行之前并不多，大多来自各种媒介，而且非常之浅薄。在湘西的短暂行程中，我以一个匆匆过客的视角，戴着自己对湘西"有色眼镜"（即效果历史和前理解），对湘西增进了一点儿直观的认识和了解，新印象叠加到旧印象中，又形成了新的印象，也形成了新的效果历史和前理解。返回之后是沈从文先生的《湘行散记 湘西》一书让我对大约一百年前的湘西有了较为全面而深刻的认识和理解，印象也被全面重新刷新。

过去，我对湘西最深的印象不外乎"地险人蛮"。这次到访凤凰古城，方得知乌龙山位于湖南省湘西自治州龙山县桂塘镇，距凤凰古城28公里。其次，但凡读过一点儿书的中国人，几乎没有不知道与世隔绝的"世外桃源"这一美丽传说的。沈从文先生说："常德就是武陵，陶潜的《搜神后记》上的《桃花源记》说的渔人老家，应当摆在这个地方。"[1]沈从文先生在《常德的船》一文中，写道："常德沿沅水上行九十里，才到桃源县，再上行二十五里，方到桃源洞。"[1]这个桃源洞，应该就是《桃花源记》中"林尽水源，便得一山，山有小口，仿佛若有光。便舍船，从口入。"的那个小口子了。我们此次的行程里没有常德这项安排，也就没有了机会去桃源访古。但是桃花源记的故事却如雷贯耳，有时甚至令人无法断定世界上是否真的存在一个美好纯净的桃花源了。对桃花源的美好印象悠久而难忘。

在我们的湘西行中，闻名遐迩的凤凰古城是我们的一项重头戏似的安排。在当代人的普遍认知里，凤凰古城可能是湘西最出名的、也是最令人向往的旅游胜地了。后来我才从《湘行散记湘西》了解到，一百多年前，这个本名镇筸城的地方之于整个湘西的重要性。沈从文先生认为，这个地方的人，对于整个湘西发展的好坏关系重大。这里，不仅是苗子放蛊的出发地和辰州符的集中地，也是三楚子弟的游侠气概保留得最多的地方。我们是于10月13日下午的四点过，从出产香草香花的芷江出发导航到凤凰的。晚上六点刚过，汽车便静静地驶入了凤凰古城，我们顿时感觉眼前一亮。这是我们三天来所到过的最大的城市，城市灯光明亮，路灯下凤凰造型的灯饰精美耀眼，颇有一定规模的酒楼、饭馆林立，国内外各大品牌宣传广告一应俱全。但若仔细分辨，在一切现代化的城市轮廓下，还是能在灯光稍暗处和光鲜的店面后依稀看到老建筑深灰色的形貌。到酒店放下行李，我们在酒店门口的"湘西部落"餐厅匆匆地享用了一顿湘西美食后，就急急忙忙地直奔凤凰古城核心景区。

　　季羡林先生曾这样说过："湘西那一片有点神秘的土地，其怪异的风土人情，通过沈先生的笔而大白于天下。湘西如果没有像沈先生这样的大作家和像黄永玉先生这样的大画家，恐怕一直到今天还是一片充满了神秘的 terra incognita（没有人了解的土地）。"人杰地灵的凤凰古城能够成为闻名遐迩的"南凤凰"，我不知道出生于凤凰的民国第一任民选内阁总理熊希龄、文学巨匠沈从文先生和国画大师黄永玉先生的影响和功劳有多么巨大，但是，沈从文先生那富于浓厚情感的笔触确实给世人留下无比可爱美好又独特的印象。

　　离得好远，我们就听到了各种音乐交汇在一起的声音，宏大而悠远。我们不由得加快脚步，顾不得仔细欣赏沿路的青石板古街、土特产、青石路、古旧房，兴奋地迈着略显疲惫的步伐，来到位于凤凰古城核心景区的沱江边，顿时被凤凰古城的壮丽气势震撼了。整个古城沿着她的母亲河沱江顺势而建，河水清澈，水流轻缓。江边，不时出现一台旋转得不急不慢却像要永远"唰唰"转动下去的老水车。河岸两侧的房屋、跨江的各式大小、新旧桥梁、位于沱江沙湾北岸、六方七级的万名塔、面临沱江、背靠青龙山上的万寿宫、北门古城楼等各种建筑，边缘和主体结构被灯光修饰着，全像是被勾勒了金边，五光十色、轮廓清晰，此时连同房檐下的大红灯笼一起，被一一倒映在水面上，仿佛水下还存在着另外一个一模一样的世界，等待着人们去探寻。站在沱江边，静心遐想，任思绪缥缈而去，有时真的分不清水上、水下哪个世界更真实一些。

　　沿沱江而建的明清风格古朴房舍，灰砖灰瓦、接瓦连椽、飞檐翘角、错落有致。位于东门虹桥和跳岩附近的苗族特色的半干栏式建筑吊脚楼，建于清朝和民国初年，前临古官道，后悬于沱江之上，分上下两部分，上面是三、四层高宽敞明亮的房屋，下面被细密的竹子支撑，能通风、防潮、隔热、御寒。临江的房屋如今已被装潢成了商店、旅店、酒楼、照相馆、酒吧、咖啡馆等休闲娱乐场所。不少店铺租售本地民族服饰和道具，供游客租买拍照，还可以提供有偿摄影师专门为游客服务，价钱公道。我们到访的日子是国庆黄金假期后的一个工作日，没想到游客仍然如此之多。只见江边人头攒动、摩肩接踵，把新冠病毒的危险暂时抛在了脑后。

凤凰古城核心景区里的沱江并不长，但一道道造型各异的老桥、新桥、大桥、小桥架起了沱江上的一道道风景线。架设在沱江景色最美的地方的仿古设计水泥亭桥是雪桥。雪桥分上、下两层，底层为直桥，顶层为拱桥，登上拱顶的风雨亭极目远望，可将古城美景尽收眼底。雪桥、雪桥，我想在下雪的时节应该更美吧！连接沱江两岸的还有古老的常常出现在沈从文先生小说里的红石汀步桥"跳岩"和"吱呀"作响的木板桥，既古典又浪漫，仿佛是连接了过去和现在的桥，仿佛令人触摸到了过去生活的痕迹。古城最著名的是始建于清康熙九年（1670）的用本地红条石砌成的石拱桥。它原名"卧虹桥"，又称"虹桥风雨楼"，位于古城的中心。桥为三孔两墩，桥墩呈船形，不仅美观大方，且能减轻和分解流水冲力。但也许正如其名所蕴意的，虹桥风雨楼经历了洪水、拆除、战乱等厄难，今天终于重新以壮观和俊美的姿态呈现在世人的眼中。虹桥其实就成了一道重叠的风景，一道由下而上、由古至今穿越了几百年历史的风景。

都说凤凰古城是三天两天都看不完的，而我们只有可怜的一晚上的时间，自然无法找寻山顶残毁的碉堡和驿路上多数已成为民房的营讯的遗址，更不消说去试图挖掘以上世纪田三怒为典型代表的游侠者精神和放蛊、做巫、落洞女子的痕迹了。只好第二天一早驾车西行前，再次前来拜访，算是一点儿弥补。第二天，在酒店吃过早餐，烟雨蒙蒙中我们又走到沱江上连接南华门与江北交通的公路桥南华大桥。桥下的沱江江面上，筑有一道弧形水坝，形成的落差如同一排小小的瀑布。我们放眼望去，凤凰古城此刻静悄悄的，没有了灯红酒绿，没有了艳光四射，所有的商业活动都暂时停止，只剩下古城本真的纯朴面貌，像纯良的民风一般，朴实无华，却富于情致、秀丽动人。凤凰古城乃至整个湘西，留给我们的印象，即"效果湘西"或"效果历史"，更美了。我们也形成了对于湘西的新的、更美的"前理解"。

参考文献：

[1] 沈从文.湘行散记[M].北京：人民文学出版社，2017.

[2] 伽达默尔.真理与方法：诠释学Ⅱ[M].洪汉鼎，译.北京：商务印书馆，2010.

[3] 殷鼎.理解的命运[M].北京：生活·读书·新知三联书店，1988.

[4] 帕尔默.诠释学[M].潘德荣，译.北京：商务印书馆，2012.

[5] 沈从文.边城[M].武汉：武汉出版社，2018.

[6] 沈从文.长河[M].南京：江苏人民出版社，2016.

[7] 沈从文.从文自传[M].北京：人民文学出版社，2017.